Octavia

Wilhelm Walloth

OCTAVIA

Historischer Roman

area

Wilhelm Walloth: Octavia

Einbandgestaltung: agilmedien, Köln
Einbandabbildungen: Bridgeman, London
Satz & Layout: Bernhard Heun, Rüssingen
Gesamtherstellung: Oldenbourg Taschenbuch GmbH,
Hürderstraße 4, 85551 Kirchheim

Printed in Czech Republic 2004
ISBN 3-89996-084-X

Erstes Kapitel

Schon begannen sich die grauen Steinsitze des *Circus maximus* zu beleben. Die Tore waren geöffnet, Kopf an Kopf drängte sich die Volksmasse durch die Hallen, flutete aus den Logentüren in die schmalen Gänge, die Sitz von Sitz schieden, stürzte wie ein plötzlich entfesselter Katarakt über die Stufen hinunter oder wuchs empor wie die Woge eines Stromes, die ein Tal auszufüllen droht. Bald war nichts mehr zu sehen vom Marmor des Gebäudes, überschwemmt von Köpfen war die ungeheure Wanne bis hinauf, wo die letzten Säulen der äußersten Umfassung das Blau des Himmels berührten. Köpfe, nichts als summende, brausende Köpfe, ein Wogen von Köpfen, ein Berg von Köpfen, in dessen gewaltigem Ring der weiße Sand der Arena im Sonnenlicht brennt. Wie friedfertig liegt er da, der weiße Sand, der sich rot färben soll, wie hängen diese Tausende von Augen an diesem Sand. Jetzt noch spielen die blendenden Sonnenstrahlen auf seinen Körnern, aber das römische Volk will ihn rauchen sehen von Blut, der Tod soll darüber hinschreiten wie ein phönizischer Färber, wenn er die Purpurschnecke auspreßt über dem weißen Wollmantel, daß der dunkle Saft herniederträufe, rote Pracht dem weißen Stoff verleihend. Die Fahnen wehen, die Erzbildnisse glänzen im Licht des Morgens, die Sessel der Senatoren harren, und vor dem goldenen Stuhl des Kaisers bauscht sich ein prächtiger Teppich hinab bis in die Arena. Nun verdunkelt sich die Szene, hoch oben über den Köpfen der Zuschauer weg rollt eine Wolke und nimmt der Sonne das Recht, mit ihrer Gluthitze Roms Bürger zu belästigen. Ein Riesenschirm, gewoben aus buntem Stoff, spannt sich von einem Gipfel des Menschengebirges zum anderen hinüber, er schwankt und rauscht und verhüllt den Himmel, mit schallendem Beifallruf begrüßt die Menge den kühlen Schatten, der sich langsam über sie hinbreitet. Manchmal vernimmt das aufmerksame Ohr ein dumpfes Grollen oder ein langgezogenes, heiseres Bellen, welches das summende Gespräch der Menschenmasse mit tierischem Laut übertönt. Dann beben die erwartungsvollen Herzen, dann stößt wohl einer den anderen an und sagt: Hörst du die Löwen hinter dem Gitter zürnen? Und der andere entgegnet, während er sich vergnügt die Hände reibt: Wie hungrig die Tiere sein mögen! – Die letzten Verspäteten kommen an, und die Sklaven legen ihnen Kissen auf die freigehaltenen Plätze. Ein fast noch knabenhafter Jüngling, der schon vor Sonnenaufgang hier gesessen hatte, zieht sein Frühstück, aus mehreren Pfirsichen nebst Backwerk bestehend, aus der Tasche, ein anderer, ein armer Weber, verzehrt seine mitgebrachte Wurst auf den Knien und beschwert sich über die an ihm Vorüberdrängenden, die ihm fast den Bissen aus dem Mund stoßen. Auch Garköche bieten ihre dampfenden Pasteten feil, und die vornehmen Frauen da unten auf der vordersten Sitzreihe schwingen die Fächer, lachen und grüßen sich. Liebespaare, die dicht beieinander sitzen, erhalten zuweilen den scherzhaften Zuruf, doch etwas näher zu rücken, der allgemeines Gelächter hervorruft. Ein ungezogener Knabe wirft Obstkerne nach den unter ihm sitzenden Dirnen und wird vom wachhabenden Soldaten unsanft mit dem Lanzenschaft zurechtgewiesen. Nun füllen sich allmählich die Stühle der Senatoren, immer ungeduldiger wird die Menge: Doch jetzt tritt ein Augenblick des Schweigens ein, behelmte Krieger, in deren Waffen die Sonne blitzt, erscheinen in der kaiserlichen Loge, bald darauf muß er erscheinen, der Herr der Welt, der Kaiser Roms, Nero. Wie gespannt die Menge lauscht, jetzt regen sich die schweren Vorhänge, von schwarzen Händen werden sie zurückgeschlagen. Das ist Spiculus, der nun mit verbindlicher Handbewegung einen stattlichen, von faltenreicher Toga umrauschten Mann einlädt, auf dem vorderen Stuhl Platz zu nehmen, und das ist Petronius, der Festordner, der ihm den goldenen Stuhl eilfertig zurechtrückt. Da steht er, vom Beifall des Volkes umrauscht, der Mann, zu dessen Belustigung Jupiter die Welt schuf, und überschaut die Versammlung. Ein gnädiges Lächeln umspielt für einen Moment seine schönen, aber blassen Lippen. Über das abgespannte, weichliche, fast weibisch geschwungene Gesicht fliegt ein gekünstelt liebenswürdiger Zug, und Seneca, dem der Kaiser soeben eine seiner feinen Bemerkungen zuflüsterte, verbeugt sich und teilt den Begleitern sofort diese Bemerkung mit, die natürlich den lebhaftesten Beifall findet, da sie selbst Seneca für ungemein witzig erklärt. Nun tritt der Kaiser bis an die Brüstung. Die Senatoren erheben sich, er aber winkt ihnen, sich zu setzen. Noch immer an der Brüstung lehnend, mustert der Herrscher den weiten Raum, und einige der Zuschauer erregen sein allerhöchstes Wohlgefallen, dem er in etwas zynisch-jovialer Weise Ausdruck gibt. „Wer ist der dicke Mann da oben auf der dritten Galerie?" fragt er mit nachlässigem Lachen. „Es schickt sich doch eigentlich nicht, einen solchen Wanst im Zirkus zur Schau zu tragen. Möchte sehen, wie der Kerl vor einem Paar Leoparden davonlief. Und dort, das ist wohl ein Barbier, der mit der langen Nase, die er den Leuten beständig in die Ohren steckt. Sagt doch dem Menschen, er möge künftig eine Larve bei Tag nicht vergessen. Wie kann man mit solcher Nase die Luft beleidigen. Übrigens, den möchte ich im Netzfechterkampf sehen. Und dort den Mageren auch. Sagt ihm, er solle sich Blei in die Sohlen gießen, damit ihn der Wind nicht fortjagt. Ah! Und da sitzen ja auch meine Senatoren, sind doch nur die Drahtpuppen des Kaisers, trotz ihrer purpurgestreiften Würde. Und was hält mich ab, sie dem Volk einmal nackt in der Arena zu zeigen? Sieh' da, auch Piso, er wird immer älter und finsterer. Und dort, die züchtige Amilia, nun, die möcht' ich ebenfalls einmal in der Arena haben oder ihr einen jungen Pantomimen des Nachts im Schlafgemach verbergen. Wie sich aber die schöne Justina heute geschmückt hat, möchte wissen, wie ihr Gatte zu dem Reichtum kommt!" –

So plaudert Nero behaglich vor sich hin, ohne eine Antwort abzuwarten, trommelt mit den Fingern auf der Logenbrüstung, beschaut durch einen geschliffenen Smaragd die Zuschauer und versinkt schließlich in gelangweiltes Schweigen. Der Konsul Piso flüstert seinem Nachbar zu: „Er sieht satt aus, Justinus." In der Tat, als sich der Kaiser nun setzt, flüstert er seinem Freigelassenen zu: „Der Seefisch, lieber Aperinus, liegt mir recht schwer im Magen, sage dem Koch, er solle ihn mir nicht wieder bringen, sonst werde ich ihn in seine eigenen Töpfe stecken lassen." Die ärgerlich schlaffe Miene des Monarchen verwandelt sich wieder in eine gezwungen-freundliche, als Spiculus die Falten der Toga rings um den Sessel malerisch ordnet, aber dem Gefolge scheint es, als ob Nero mit dem Schlaf zu kämpfen habe, denn zuweilen neigt er den breiten Nacken, zuweilen schließen sich seine Augen. Dann fährt er wieder empor. Nun unterdrückt er gar ein Gähnen und fragt, warum die Spiele noch nicht beginnen. Petronius entschuldigt sich. Man habe ein sehr schönes Christenmädchen den Tieren zum Fraß bestimmt, ob der Kaiser den Tod derselben sich bis zuletzt aufsparen werde oder ob sie als die erste die Arena betreten solle? Der Kaiser entgegnet wie im Halbschlaf irgendein Wort, das Petronius nicht versteht und auf das er, um nicht zweimal zu fragen, „ja, mein Gebieter!" antwortet. Burrus, der strenge Burrus, flüstert seinem Nebenmann in die Ohren: „Der Kaiser ist wieder einmal betrunken." Der Nebenmann aber tut, als habe er diese Gotteslästerung überhört. Petronius schwingt jetzt ein weißes Tuch, worauf die Tuba erschallt, das Zeichen zum Beginn des Spiels gebend. Die Fechterspiele, die nun abgehalten werden, langweilen das Volk, es verlangt nach derberer Kost, und während die Fechter rasselnd aufeinander losschlagen, plaudern die Galerien weiter, ohne sich nur nach dem unblutigen Kampf umzuschauen.

„Agrippina, Agrippina“, flüstert es nun durch die Reihen. „Seht, wie stolz sie einherwandelt.“

Die Mutter Neros trat in ihre Loge. Tigellinus übernahm es, an den schlafenden Monarchen heranzutreten und ihm die Nachricht von der Ankunft seiner Mutter zu verkünden. Des Kaisers Züge verdunkeln sich zwar, aber schnell gefaßt, den letzten Rest der Schläfrigkeit abschüttelnd, grüßt er die Kaiserin, ja, er schickt einen Sklaven zu ihr hinüber, sie möge doch das Spiel an seiner Seite mit ansehen, und Agrippina erscheint denn auch in ihres Sohnes Loge, woselbst sie der Sohn vor allem Volk umarmt. In einer Sitzreihe rechts vom Stuhl des Kaisers erschien jetzt Otho mit seiner schönen Gemahlin Poppäa Sabina. Vatinius, der Lustigmacher des Kaisers, bringt es fertig, seinem Gebieter einen verstohlenen Wink zu geben, den dieser augenscheinlich vorher mit dem verwachsenen Zwerg verabredet hatte, denn sobald dieser Wink gegeben wurde, wendet Nero sein Haupt der Loge des Otho zu, errötet leichthin und wendet sich mit doppelter Freundlichkeit der Mutter zu. Auch Sabina errötet und flüstert mit ihrem Gatten. Es entgeht den Höflingen nicht, daß der Monarch, während er sich mit seiner Mutter unterhält, öfters seine Blicke auf die schöne Sabina wie zufällig gleiten läßt und daß Sabina diese Blicke erwidert. Auch im Publikum scheint man die beiden zu beobachten. Mannigfache Schlüsse werden aus der beredten Augensprache Sabinas gezogen, kühne Behauptungen werden aufgestellt. „Und wie ist mein hoher Sohn mit seiner jungen Gemahlin zufrieden?“ fragt im Laufe der Unterhaltung Agrippina, während da unten die Gladiatoren sich vergeblich abmühen, Aufmerksamkeit zu erregen. Ganz Rom wußte, daß das Verhältnis des kaiserlichen Ehepaares keines der zärtlichsten war. Agrippina, die ebenfalls die Unruhe ihres Sohnes bei Sabinas Erscheinen bemerkt, hatte absichtlich mit diplomatischer Klugheit diese Frage gestellt. Nero biß sich auf die Lippen. Indem er sich abwendete, streifte sein Auge das der Mutter, und dieses Auge verriet ihm, daß sie wieder einmal in ihrer tadelsüchtigen Laune war. Agrippina läßt nicht nach, Octavias Sittsamkeit zu preisen. Nero entgegnet nichts, sondern späht, als überhöre er die Lobhymnen auf seiner Gattin Treue, nach der Arena hinunter. Schließlich malt sich, da die Mutter seine Gleichgültigkeit gegen die Tochter Claudius mit einer nicht mißzuverstehenden Wendung tadelt, Ungeduld in den Zügen des Herrschers. Er unterbricht die Worte Agrippinas: „Sie ist mir zu sittsam", sagt er und winkt seinen Liebling Spiculus herbei, dem er einen Auftrag in die Ohren flüstert. Spiculus verschwindet, um gleich darauf wieder in der Loge des Kaisers zu erscheinen, demselben heimlich einen Papyrusstreifen in die Falten der Toga zu schieben. Mißtrauisch prüft der Sohn das Antlitz der Mutter, ob ihr Spürsinn die verborgene Korrespondenz entdeckt hat, leise läßt er den Papyrusstreifen in seine Hände gleiten – aber siehe da, auf dem Streifen ist kein Wort zu lesen, der Empfänger dieses Briefes muß sich gedulden, bis er nach Hause kommt, um Kohle auf die mit Milch* geschriebenen Schriftzeichen zu streuen. Nur dann färben sie sich sichtbar schwarz.

„Schlaue Sabina", murmelt der beglückte Kaiser.

Indes murrt das Volk und die nachgiebigen Festordner, denen sein Wille Befehl ist, ziehen die Fechter zurück. Die Eisengitter am äußersten Ende des Gebäudes rollen. Aus dem finsteren Behälter kriecht es unförmig, ein kurzes Murren, dem ein tiefes Dröhnen folgt, erschüttert die Luft, und gleich darauf schlägt der Schweif des Löwen den Sand der Arena. Er, der Schrecken der Karawane, war auf unförmigen Wagen unköniglich durch die Provinzen des Reiches geschleppt worden und muß dem Pöbel durch seinen Grimm Staunen abnötigen. Schweigend empfängt das Volk den König der Wüste, den Beherrscher der öden Geklüfte des Atlas, der noch vor kurzem im Mondenschimmer auf der Felsenplatte nach Raub ausspähte und den kühnen Luftsprung auf den

* Ovid, ars amandi.

Nacken der Giraffe wagte und der nun mit gebücktem Kopf dicht an der Mauer einherschleicht, ein unzufriedenes Knurren ausstoßend. Dann legt er sich nieder, sein mähnenumwalltes Haupt richtet sich empor, noch einmal gähnt er mächtig und leckt mit der roten Zunge die borstigen Lippen. Dann schließt sich der zähnestarrende Abgrund seines Rachens, sein Auge blinzelt wie im Schlaf, die Tatzen legt er übereinander und gleicht nun einem Marmorbild. Mehr und mehr füllt sich der ummauerte Ring mit den Tieren der Einöden, der Wälder, der Berge, der Sümpfe. Unaufhörlich rasseln die Gitter, die Peitschen der Aufseher klatschen, das Volk begrüßt die wilden Gäste mit Zuruf. Heimtückisch umschleicht der geschmeidige Tiger Indiens den breiten Auerochsen Germaniens, der Bär des Nordens mustert mit kleinem rotem Auge den Eber, der Wolf lechzt hungrig mit heraushängender Zunge, die Schlange ringelt sich zum wüsten Knäuel, die Hyäne Ägyptens mit den grünen blind-unheimlichen Augen verkriecht sich und hinkt ängstlich von einem Schlupfwinkel zum anderen. Furchtsame Gazellen zittern, Strauße fliehen, Tatzen, Hufe, Mähnen, Schweife wogen in seltsamem Gemisch, und wie wenn ein Orchester seine Instrumente stimmt, um das Konzert zu beginnen, brüllt, brummt, grölt und schnauft diese aus allen Weltgegenden in einen Raum zusammengezwungene Tiermasse. Das Volk tobt, muntert auf, verflucht. Die Tiere sehen sich von einem wimmelnden Gebirge von Köpfen umrahmt und werden scheu. Rote Tücher werden unter die Bestien geschleudert, um sie zu erzürnen, glühende Eisenstangen schieben sich aus den Gittern, die Trägen anzufeuern. Da plötzlich bricht der erste Beifall am südlichen Ende des Zirkus los. Ein Stier, der mit seinen Hörnern einem Löwen zu nahe kam, erhielt einen Tatzenhieb, der ihm die rechte Hüfte bis auf die Knochen aufriß. Das erste Blut wird jubelnd begrüßt, und wie mit einem Zauberschlag ist der allgemeine Kampf, der Krieg aller gegen alle, entbrannt. Der Sand wirbelt auf in langen, weißen Säulen, auf den Hinterfüßen steht der

Bär, mit den furchtbaren Tatzen die Luft zerreißend, der Löwe kauert sich zum Sprung nieder, jappende Zähne schlagen sich in bluttriefende Nacken, entsetzliche Töne der Wut, schrilles Geröchel, heiseres Bellen kitzelt die Ohren des immer tobsüchtigeren Volkes. Die Köpfe beugen sich vor, man zeigt sich die verschlungenen Knäuel der Kämpfenden, die klaffenden Wunden. Aber noch nicht zufrieden ist das souveräne Volk mit dem Schauspiel. Die Szenen entbehren noch des höchsten Reizes. Die Schauer des Todes umarmen bis jetzt nur unvernünftige Geschöpfe, wie erst muß es dem Auge des geistbegabten Menschen wohlgefallen, geistbegabte Wesen sich entsetzen zu sehen vor diesen starrenden Rachen, diesen erhobenen Klauen! Hat man keine Verbrecher mehr im Vorrat? Warum greift man nicht zu der Judensekte, den Christen? Welcher Anblick ist schöner, als eine 16jährige Mädchenbrust bluten zu sehen unter der Klaue des Löwen? Mitleid, Grausen und Sinnenreiz mischen sich so köstlich in der Brust des Schauenden, wenn sie ihre schönen Arme hilfesuchend emporstreckt? Und der unschuldige Jüngling, wenn seine schlanken Glieder sich gegen die Umarmung des Bären sträuben, welch ein Studium für den Bildhauer? Wie kommt jeder Muskel in Geltung, wie rührend ist sein verstörter Blick, der vom Leben Abschied nimmt. Und der Greis, wie lehrt seine stille Ergebung den Philosophen, den Tod zu verachten. Und der Säugling, wie rührend ist's, wenn er, den Daumen im Mund, den Tieren entgegenlacht, gar nicht wissend, um was es sich handelt, und wie ihn die Mutter ans Herz drückt und ihn verbirgt und die Schnauze des Wolfes an ihr in die Höhe leckt. Solch ein Anblick läßt das Blut siedend durch die Adern schießen, da fühlt man erst, was es heißt, sich in Sicherheit befinden. Der Ruf „Menschen, Menschen!" wird allenthalben laut, man verlangt Menschen mit den Bestien ringen zu sehen. Und auch diesem Wunsch wollen die Festordner willfahren. Am äußersten Ende des Zirkus befindet sich ein Anbau, in dem sich die zum Kampfspiel bestimmten Menschen aufhalten, um abzuwarten, bis die Reihe an sie kommt. Ein Gewölbe ist's, durch dessen vergitterte Fenster kaum der Tag zu blicken wagt, grün sind seine feuchten Steine bewachsen, von denen sich die bleichen Gesichter der Verurteilten abheben. Ringsum stehen, die Lanze im Arm, Krieger, mitleidslos auf die Szenen des Jammers blickend, die sich ihnen bieten. Doch es ziemt den Christen nicht, laut zu jammern. Sie sitzen still beieinander auf den Steinbänken oder halten sich an den Händen gefaßt. Mütter ermahnen ihre Kinder, Greise ihre Söhne, sie richten sich gegenseitig auf mit liebevollen Worten, mit den Worten, die der Erlöser sprach, als er am Kreuz hing, und manches Auge leuchtet in höherem Glanz. Die eisenbeschlagene Tür öffnet sich, lauter herüber, wie ein fernes Gewitter, wie Sturmgeheul schwillt das Gebrüll der Bestien, das Toben der Menge. Der wachhabende Hauptmann wählt das erste Paar aus, dem sich die Arena öffnen soll, zwei Jünglinge sind es, die er wählt, sie saßen aneinandergelehnt, der eine jüngere, fast noch ein Knabe, schaut blaß zu Boden, der andere, ältere, kräftig gebaut, umfaßt des verzagten Kameraden Schulter mit entblößtem Arm. Der Knabe legt zusammenschauernd sein Haupt an des Älteren Brust, greift krampfhaft nach dessen Hand und schlägt sein großes, jammertrunkenes Auge zu ihm empor. Ein ergebenes Lächeln, ein schmerzliches Zittern der Unterlippe ist des Älteren ganze Antwort. Was kann er sagen? Welchen Trost kann er dem Jugendgenossen bieten? Der Hauptmann ruft: „Was zögert ihr?" Und sie nähern sich der Tür. Dort versagt dem Knaben die Kraft, er verbirgt sein schönes Gesicht, und der Ältere, vom übergroßen Schmerz überwältigt, unterstützt den Wankenden. Ein Soldat will Hand anlegen, um den Sinkenden zum Stehen zu nötigen.

„Was soll ich von dir denken, mein Drusus", haucht der Ältere, den Soldaten abwehrend, dessen rauhe Hand den wie Leblosen heftig schüttelt. Zitternd umschlingt nun der Knabe seines Freundes Hals, und der Freund trägt ihn hinaus, das schmerzentstellte Gesicht mit den tränenschweren Augen fest auf die ferne Arena gerichtet. Die eisenbeschlagene Tür fällt ins Schloß, das Tosen des Kampfspiels dringt gedämpfter durch ihre Borden zu den Ohren der Unglücklichen. Im dunkelsten Winkel des Raums stehen zwei alte Männer, die des Christentums überführt wurden. Sie waren Jugendfreunde und hatten im neunzehnten Jahr die Feldzüge nach Germanien mitgemacht. Damals hieß ihnen leben, daß sie genießen, und sie genossen, bis die seltsame Kunde von dem Mann am Kreuz zu ihnen drang. Sie liebten und tranken, und jetzt unterhalten sie sich über die Unsterblichkeit der Seele, und ihre Augen leuchten freudiger, als da sie zusammen in die Germanenschlacht sprengten. Auch Sklaven kauern am Boden. Wen begeisterte das Beispiel des sanften Welteroberers nicht, welche Sklavenbrust schlug nicht höher, als sie das Wort von der Brüderschaft der Menschen vernahm und von der Freiheit, die der Tod gibt. Die Augen der Geknechteten dürsten nach dieser Freiheit, der Tatzenschlag des Löwen ist ihnen willkommen. Alle diese blassen, entsagenden, gramvoll-gefaßten Gesichter erheben die Seele des Schauenden, auch wenn sie blutet und sich abwenden möchte. Die rührendste Gruppe der Verurteilten jedoch ist diejenige, die sich dort unweit der Tür umschlungen hält. Selbst der finster dreinblickende Krieger, der Jude Rufus mit der Lanze im rauhen Arm, der da an der Tür lehnt, möchte sich abwenden von dieser Szene, aber sein tiefliegendes Auge kann sich nicht trennen von jenem Mädchen, das da auf den feuchten Steinfliesen kniet und Abschied nimmt von den drei Geschwistern, deren Jugend nicht versteht, um was es sich handelt. Immer wieder fesselt seinen Blick die zarte, weiße Gestalt, deren Bewegungen so wirr, so hastig sind und der man die innere Todesangst nur in dem großen Auge liest, dessen Dunkel weit geöffnet in unbekannten rätselhaften Fernen sich zu verlieren scheint. Sie wendet sich von einem Bruder zum anderen, sie kann sich nicht genugtun in Liebesbeweisen, in Aufmunterungen, Ermahnungen und Abschiedsküssen, aber man erwidert ihre Zärtlichkeit nicht. Wie ein lähmendes Netz liegt es über den alten Eltern, dem Mann mit dem langen, weißen Bart, der Frau mit dem runzligen Gesicht. „Vater, sage doch der Schwester, sie solle bei uns bleiben", weint das jüngste Kind und drückt sein holzgeschnitztes Pferd an die Augen. „Wir wollen nach Hause, ich habe so sehr Hunger." Vater und Mutter sehen schweigend auf die Kinder herab, sie sollen ihr Lieblingskind Lukretia verlieren, das sich ohne ihr Wissen zum Christentum bekannte. Heimlich, hinter dem Rücken der Eltern hat die Tochter der hagere hohläugige Jüngling, der dort neben ihr das Kruzifix an die Stirn preßt, eingeweiht in die Geheimnisse des neuen Aberglaubens. Gestern ertappten die Söldlinge beide, als sie in den Katakomben vor dem Kreuz knieten, und heute schon sollen sie büßen für die Keckheit, Jupiter geschmäht und einem Schwärmer angehangen zu haben.

„Und du, mein Regulus", flüstert Lukretia mit starren, unbeweglichen Zügen, den jüngsten Bruder an der Hand nehmend, „nicht wahr, du bleibst brav, du folgst den Eltern, wenn ich nicht mehr bin, wie du mir gefolgt bist, und liebst sie, wie du mich geliebt hast. Und zerbrich dein Spielzeug nicht, das ich dir geschenkt habe, und denke recht oft an mich, wenn ich auch nicht mehr mit dir bete des Abends, noch dir dein Bett bereite. Hörst du! Denke dir, mir ginge es recht gut und du wolltest brav bleiben, damit du auch einst dahin kämest, wo ich für immer wohnen werde." Aber der Knabe verbirgt sein Gesicht im Kleid der Mutter, das Auge der Schwester blickt heute so irr, so seltsam gleichgültig, während sie doch so hastig erregt spricht. Brutus, der zweitälteste, schüttelt das kleine Haupt und betrachtet sie aufmerksam, als sich die Schwester nun zu ihm wendet.

„Mein Brutus", redet sie ihn an, ihm mit der Hand die schwarzen Locken aus der Stirn streichend, „du verstehst mich, dein Herz schlägt stark und groß, so jung es noch ist, ich weiß es, du wirst einst Erhabenes leisten. Gott hat dir viel gegeben, mein Kind, mache ihm Ehre damit."

„Wo gehst du hin, Lukretia?" fragt er. „Ich will mit dir gehen. Sie sollen dich nicht allein unter die Bestien gehen lassen." Aber die Schwester hat sich schon zu dem dritten Bruder gewendet, der, als sie ihn kaum angeredet hatte, in Tränen ausbricht, ohne zu wissen warum.

„Er verläßt mich, er will mir die Kraft der Seele rauben mit seinen Tränen", sagt sie zu sich selbst, dann wirft sie ihm einen Blick des Vorwurfs zu und erhebt sich. Fühlt sie Mitleid, als sie nun ihre gramgebeugten Eltern die Hände ringen sieht? Wie sie des alten Mannes Finger in seinen grauen Haaren wühlen sieht? In ihrem Blick malt sich Befremdung. Die Tür hat sich von neuem geöffnet, der Kommandoruf erschallt, eine große Zahl Opfer verlassen zugleich den Raum, um die Arena zu betreten. Lukretia bemerkt es, sie wendet ihr Gesicht von den Scheidenden ab. Hat sie den letzten Kampf gekämpft? Ihr Inneres, ihr geistiges Leben, wurde es so tief zerfleischt von Empfindungen, daß Klauen und Zähne dem Fleisch nicht mehr schaden können? Besitzt der Glaube in der Tat die Kraft, das Menschliche im Menschen zu vernichten? Und während die verzweifelten Schreie der Zerrissenen herüberdringen, legt sie ihre schöngeformte Hand auf den Arm des Vaters, oder bedarf sie des Trostes? Sie möchte ihn trösten, doch ihre blassen Züge überzieht eine totenweiße Farbe. Das herüberwehende Angstgestöhne durchzuckt sie, und sie murmelt vor sich hin: „Alles, alles, großer Gott, nur nicht hören." Und ihre Hände drücken sich auf ihre Ohren. Mit dumpfem Stöhnen sinkt die Mutter auf die Steinbank, niemand vermag der Ohnmächtigen beizuspringen. Die Tür öffnet sich aufs neue, Kommandoruf, Waffengerassel, neue Opfer. Der magere, fanatische Jüngling mit den roten Flecken auf den hohlen Wangen tritt an die Jungfrau heran, wortlos hält er ihr das Kruzifix unter das auf die Brust herabgesunkene Antlitz, überzeugt von seiner heilenden Kraft. Wie erstaunt er, als sie auf den Gekreuzigten starrt und den Kopf schüttelt.

„Wo bleibt dein Glaube, Lukretia?“ sagt er mit heiserer Stimme, die Stirn runzelnd, „machst du deinem Lehrer so wenig Ehre, bewährt sich dein Eifer, das Göttliche zu ergründen, so wenig, und wohin floh dein Vertrauen auf Christi Beistand?“

Lukretia will nach dem Kreuz fassen, aber nun dringen Entsetzenslaute, wie sie noch kein menschliches Ohr vernommen hat, vom Kampfplatz herüber, vermischt mit bestialischem Keifen, heulendem Gelächter. Es ist, als suche die Todesangst ringend nach Tönen, das Herz der wilden Schaulust zu rühren. Von welchen Szenen reden diese Laute, welche blutgetränkten Bilder halten sie vor das Auge! Wie schildern sie die wahnsinnige Qual zerfleischter Leiber, die von röchelnden Rachen über den dampfenden Sand geschleift werden. Lukretia zieht ihre Hand von dem Bild des Erlösers zurück, er hat sie verlassen, der Mann am Kreuz, auch sein Beispiel erhebt nicht mehr ihr Gemüt – was gäbe sie statt der haltlosen Trostgründe, die ihr der fanatische Gläubige in die Ohren haucht, was gäbe sie darum, wenn statt der unsichtbaren Gegenwart Christi eine sichtbare rettende Faust sie erlöste aus diesem Kerker. Hilflos irrt ihr Blick von der Mutter zum Vater und von diesem auf ihren eigenen Leib, der jetzt noch in schönem Ebenmaß prangt und dessen Reize den Tieren der Wildnis zur Nahrung dienen sollen. Ihr Blick fällt auf Rufus, den Juden, der noch immer an der Tür lehnt, mit gesenktem Kopf, gekniffenen Lippen das Mädchen anstarrend. Ihr bläulicher Mund verzieht sich, die geröteten Lider ihrer Augen öffnen sich weit, und ihr schöner Blick grenzt in seiner Ausdruckslosigkeit fast ans Tierische, aber sie redet kein Wort, und doch noch schön ist sie in ihrem Jammer. Der Jude sieht, wie sie sich gewaltsam faßt, wie sie die Todesangst hinwegbannen möchte und wie sie, um sich zu übertäuben, ihren Bruder an die Brust drückt.

„Steh mir bei, mein Brutus, tröste mich, mein Kind“, murmelt sie, „oh, an was kann sich meine Seele klammern in dieser Not, ihr, meine Eltern, habt ihr keinen Trost für euer Kind! Vater, der du mir das Leben gabst, töte du mich mit deiner starken Hand – zerrissen werden von schnaubenden Tieren, vor dieser Volksmenge – horch, horch! Wie sie ächzen! Wenn es nur nicht schmerzt, das Sterben, aber mein Vater – es schmerzt sehr." –

Und sie kauert zu Boden, sie schleift sich, ohne zu wissen, was sie beginnt, bis zu des Juden Füßen, umklammert seine nackten Knie und stammelt sinnlos: „Wenn du ein Mensch bist, Fremdling, stoße mir deine Lanze in die Brust." Rufus erblaßt, seufzt auf, läßt die Lanze niedergleiten, und seine Gebärde hat das Aussehen, als wolle er ihren Wunsch erfüllen. Dann zuckt er die Achseln und blickt mit wilder Gleichgültigkeit nach einer anderen Richtung, als fühle er nicht, als mache es ihn nicht erbeben, daß der Kopf der Unglücklichen an seinen Knien lehnt. So liegt das Mädchen mit fiebernden Schläfen, halberloschenem Bewußtsein eine Weile. Aber Lucius, der fanatische Gläubige, tritt zu ihr hin und hebt sie vom Boden auf. Er zittert, als er sie umschlingt und küßt.

„Lukretia, die Todesstunde löst mir die Zunge", flüstert er wie im Rausch, „höre mich an, ich habe geschwiegen bis jetzt, aber ich liebe dich, Lukretia, seit ich dich sah, seit ich dich zum Christengott beten lehrte. Die Arena sei unsere Hochzeitskammer, was ist mir der Tod, da er dich mir gibt?"

Er drückt sie an die Brust, sie achtet es nicht, sie hat seine Worte kaum verstanden, er stammelt immer fort, vermischt Gebete und Liebesschwüre, die sie mit einem gleichgültigen, nichtssagenden Kopfnicken begleitet. Endlich scheint sie zu ahnen, welcher Art seine glühenden Küsse sind, sie streicht sich mit den Locken über die geküßte Wange: „Ich liebe dich nicht, Lucius – der Herr sei mir gnädig – ich liebe dich nicht – aber gib mir deine Hand – so – laß sie mich fest fassen – weißt du – du mußt mir verzeihen, daß ich dir das sage, aber ich bin so schwach – ich weiß kaum, was ich tue – meine Eltern verlassen mich – sei du wenigstens mein Freund, Lucius."

Die Tuba unterbricht dieses seltsame Liebesgespräch, die Türe öffnet sich, Kommandoruf erschallt, der Hauptmann wählt eine

Schar, unter der sich auch Lucius und Lukretia befinden. Des Rufus Lippen öffnen sich wie zum Ausruf, er faßt seine Lanze fester, dann aber zuckt er die Achseln, als sage er sich selbst: Was kümmert mich die Dirne, ich kann ihr nicht helfen! Der alte Vater setzt sich auf die Steinbank und weint lallend in kindischem Schmerz vor sich hin, die Mutter erhebt sich, mit geisterhaften Schritten eilt sie auf die Tochter zu und faßt sie krampfhaft am Kleid, während ihre alten Kinnbacken sich, als spräche sie im Traum, regen. Nun, da es entschieden ist, da der Tod seine eisernen Arme vor Lukretia öffnet, kehrt ihr der Mut wieder, wenigstens jener nervöse Weibermut, jener tolle Todesübermut, jener Fieberschauer der Verzweiflung. Sie sieht die Welt in glutrotes Licht getaucht, sie könnte auflachen, so angstvoll freudig klopft ihr das Herz. Seltsam glänzt die ganze wirbelnde Welt, wie von heißen Wolken getragen, schreitet sie dem Ausgang entgegen. Ein Krieger hat die Hand der Alten vom Kleid der Tochter entfernen wollen. Es war ihm unmöglich, mit dem Schwert hatte er das Kleid durchhauen müssen. Nun rauscht es bereits, das stürmische Meer des Volkes, und verschlingt jeden anderen Laut, nun gellen die herzzerreißenden Schreie. Noch einmal wendet sich Lukretia zurück, sie sieht noch, wie man die Mutter gewaltsam hindert, ihr, der Enteilenden, zu folgen, wie die arme Frau wimmernd um sich greift, dann, Lucius' Hand fest in die ihre pressend, flüstert sie ihm zu: „Lucius! Und wenn ich umsinke, ich bitte dich, Lucius, ordne mir die Stola, daß ich nicht unschicklich liege vor der Menge."

Und sie ordnet ihre Kleidung, mit ihrem langen Haar verbirgt sie, in halb unbewußtem Schamgefühl, die Brust. Immer näher kommen sie dem Ort, von dem der betäubende Lärm ausgeht. Lucius beginnt, das Kruzifix zum Himmel hebend, einen Hymnus zu singen, der in dem Gedröhne verhallt. Mit der Rechten hält er das Mädchen umschlungen, seine aus den Höhlen gequollenen Augen halten in dem riesigen Raum Umschau, als wollten sie die

Tiere herausfordern. Todesangst, Begeisterung, Weltverachtung malen sich auf seinen hageren Zügen. Das Eingangsgitter hebt sich, einige sich sträubende Kämpfer werden mit glühenden Eisen hinausgetrieben. Nun steht unser Paar in der Arena, knirschend schloß sich hinter ihnen das Gitter. Das Mädchen stützt sich mit dem schönen Arm an die Quadern der Umfassungsmauer, die schweren Staubwolken, durch die man, wie im Nebel, das himmelanstrebende Gewimmel von Köpfen, die borstigen Tierleiber, die zerstückelten Menschenglieder in verworrener Bewegung wahrnimmt, das ist ihr alles wie ein halberloschenes Phantasiebild, sie betrachtet es verwundert. Das brausende Getose schläfert sie gleichsam ein, die Wutschreie, die gellenden Hungerlaute der Bestien dünken ihr Blitze zu sein, der blutverklebte Sand, in dem ihr Knöchel versinkt, deucht ihr gemalt, ein Flammenspiel umgaukelt sie, alles flimmert, zittert, so steht und harrt sie, immer den schönen Arm an die dicke, unbarmherzige Mauer gestemmt, manchmal taucht das Bild einer Freundin in ihr auf, ein Liebeswort, eine schöne Szene aus ihrer Kindheit, alles flüchtig, voll Hast, verwischt! Dann ist es ihr, als fliehe ihr Bewußtsein immer tiefer in sich selbst zurück, als schrumpfe es in weiten, weiten Fernen immer kleiner und kleiner zusammen, sie bemerkt nur noch wie durch einen traumhaften, rauschenden Purpurschleier, daß eine braune, tatzenschwingende Ungestalt sich gigantisch vor ihr emporreckt, wie Lucius sich über sie hinwirft und sein Kopf krachend in einem aufgerissenen Rachen verschwindet. Dann sinkt sie, von warmer Feuchtigkeit überrieselt, an den Quadern der Mauer nieder, schwer zuckend liegt es über ihrem Körper.

Zweites Kapitel

Indes wurde Rufus, da er bereits vor Sonnenaufgang die Wache hatte, von seinem Posten abgelöst. Anstatt dem Kampfspiel zuzuschauen, verließ er den Zirkus und umschritt das Gebäude, in Gedanken versunken. Teilnahmslos durchwandelte er die Buden der Kaufleute, die sich unter den Arkaden des Zirkus angesiedelt hatten. Selbst das Lächeln der assyrischen Tänzerin, die hier in den Gewölben durch üppige Gebärden müßige Gaffer anlockte, vermochte das Bild der zum Tod geführten Christin nicht aus seiner Vorstellung zu vertilgen. Er empfand ein dumpfes, unklares Mitleid, wenn er an das Haupt Lukretias dachte, wie es zitternd an seinen Knien gelegen hatte, ein Mitleid, das in ärgerte, weil er fühlte, daß, wer in Rom zu einer Stellung gelangen wollte, das Mitleid als eine Weichlichkeit verächtlich von sich weisen müsse, und zu einer Stellung zu gelangen, war des ehrgeizigen Juden Streben gewesen von Jugend auf. Bis jetzt hatte er es freilich nicht weit gebracht, er war gemeiner Soldat in der 5. Manipel der Prätorianer, doch wer mag im 24. Jahr die Hoffnung verlieren, im 50. wenigstens Zenturio in des Kaisers Garde zu sein. Absichtlich versuchte Rufus nun dem Tanz einer Phönizierin Geschmack abzugewinnen, deren nackter Leib sich von der Dunkelheit des Gewölbes verführerisch abhob, aber das vielsagende Lächeln der Schönen malte seiner Phantasie die Todesnot der Christin, deren Glieder sich jetzt vielleicht zuckend im Sand der Arena wälzten, nur in desto grelleren Farben, er konnte die Bewegungen der Tänzerin, die ihn schaudernd an die letzten Todeskrämpfe einer Sterbenden erinnerten, nicht länger mit ansehen. Als Jude feinfühligerer Natur und dem rohen Treiben dieser Heiden, die er verachtete, abhold, blieb sein Trost, daß das Mädchen ausgelitten habe. Ihm galt ein Menschenleben mehr als diesen Römern, und wenn auch rücksichtslos ehrgeizig, empfand er doch Achtung vor allem Lebenden, das Jehova geschaffen hatte. Doch was kümmerte ihn eigentlich dieses Mädchen: Er zuckte nach seiner Gewohnheit die Achseln und rief sich in verweisendem Ton zu: Was willst du noch, Rufus? Sie ist tot! Steht es in deiner Macht, sie ins Leben zurückzurufen? Unsinn! Ich verbiete dir hiermit, an sie zu denken.

Darauf fühlte er sich in der Tat erleichtert, die militärische Disziplin hatte dergestalt sein Inneres durchdrungen, er war so sehr von ihrer Notwendigkeit überzeugt, daß er sich selbst mit der Strenge behandelte, mit der ihn sein Vorgesetzter behandelt haben würde, und daß er sich stets aufs Wort gehorchte. Als er, seinen schwarzen Bart zwischen die Lippen pressend, eilig um einen Pfeiler bog, stieß er auf einen jener Winkelastrologen, die sich an diesem Ort einer guten Kundschaft zu erfreuen gewohnt waren. Der Mann, ein Assyrer, kauerte, ganz von einem langen Gewand umflossen, das seinem hohen Beruf die nötige Würde verleihen sollte, auf der Erde. Seine Knie berührten fast sein Kinn, den spitzen Bart hielt er gedankenvoll in der Hand, die Stirn mit den buschigen Augenbrauen beugte er auf eine Tafel herab, die mit allerlei seltsamen Ziffern bedeckt war, während einige Umstehende geduldig lauschten, was der erhabene Mann über ihre Zukunft aus den Sternen lesen werde. Nach einiger Zeit erhob er das Haupt und winkte ein verhülltes Weib heran, dem er, als sie das Ohr seinem Mund näherte, das Resultat seiner Forschung in die Ohren flüsterte. Sie gab ihm Geld und eilte vergnügten Schrittes davon. Die Nachrichten, die sie über die Zukunft ihres nach Ägypten ausgewanderten Liebhabers erhalten hatte, mochten angenehmer Art gewesen sein. Eine andere Person, der hierauf ebenfalls das Ergebnis der Berechnung mitgeteilt wurde, verließ den Astrologen weniger zufrieden. Die Erbschaft, auf die der junge Geck mit dem glattgeriebenen Gesicht gehofft hatte, fiel ihm nach dem Ausspruch des Gelehrten niemals zu. Der Mann saß nun allein im Schatten der Pfeiler, ringsum lag die glühende Mittagssonne über dem Boden, die glatten Blätter der fernen Lorbeerbäume glänzten wie mit kleinen Spiegeln oder Perlen behangen, wenn der Sonnenstrahl auf ihren grünen Email traf. Hoch auf ragten die Quader der Zirkusmauer, vom geschmeidigen Efeu teilweise bedeckt. Dem Zirkus gegenüber erhob sich der Aventin, dessen Tempel blendend weiß von dem tiefen Blau des Himmels zurückstrahlten. Im Augenblick war kein menschliches Wesen zu sehen. Rufus besann sich, ob er auch einmal sein Glück versuchen solle. Zwar verbot ihm seine Religion, Magie zu treiben, und er hielt von der Magie nicht mehr als von einem wüsten Traum, aber er konnte dem Drang seines nagenden Ehrgeizes kaum widerstehen. Zu was war er bestimmt? Er wollte ja nur scherzweise fragen. Jehova konnte ihm nicht zürnen, sich mit einem Heiden einen Scherz erlaubt zu haben. Trotzdem klopfte sein Herz heftig, als er jetzt, scheue Blicke um sich werfend, auf den Zusammengekauerten losschritt. Der Assyrer fuhr, als die Schritte des Erregten Kies auf seine Tafel schleuderten, empor und versuchte, eine großartige Miene anzunehmen.

„Und du kannst die Zukunft entschleiern", entfuhr es dem Juden, indem ein zweifelhaftes, erregtes Lächeln seine im Bart versteckten Lippen kräuselte. Mit einer majestätischen Gebärde erwiderte der Magier: „Du sagst es."

„Und wie machst du das?" fragte Rufus.

„Wie ich das mache?" Der Magier traute dem Fremden nicht recht, er besah sich ihn von oben bis unten und überlegte, ob er einen Bespötter oder Verehrer seiner Kunst vor sich hatte. Schließlich überzeugte ihn seine Besichtigung, daß er vor einem so ziemlich ungebildeten Soldaten mit seiner Weisheit nicht hinterm Berg zu halten brauche.

„Ja! Wie machst du das?" fragte Rufus nochmals, seine Lanze an den Pfeiler lehnend und, indem er den Helm hob, mit der Hand verlegen über die schweißtriefenden Haare fahrend.

„Glaubst du, dieses Geheimnis ließe sich dir in wenigen Sekunden auseinandersetzen?“ entgegnete der andere, fast beleidigt. „Junger Mann, reise mit mir nach Ägypten, besuche die Tempel, lasse dich einweihen in die Mysterien der Isispriester, habe wie ich mit Thrassylus, dem Astrologen Tibers, verkehrt und mit Barbyllus, dem Astrologen Neros, studiere Medizin, Mechanik, Mathematik, Astronomie und werde 70 Jahre alt, dann hast du vielleicht einen ungefähren Begriff von der Weisheit, die ich mein eigen nenne.“

Der Assyrer versenkte sich wieder in seine Ziffern, als begehre er durchaus nicht angeredet oder befragt zu werden, murmelte allerlei ägyptische Worte vor sich hin und zog wunderliche Kreise mit seinen Steinen, während Rufus begann, einigen Respekt vor der Weisheit dieses Sternsehers zu empfinden.

„Und hast du dies alles studiert?“ fragte er erstaunt.

Der Gelehrte lächelte verächtlich.

„Und noch vieles andere“, sagte er, mit einer bombastischen Handbewegung sich über die Stirn fahrend und darauf mit derselben Handbewegung andeutend, ihm sei nichts mehr verborgen.

„Und deine Kunst“, stammelte Rufus, „spricht sie stets die Wahrheit?“

„Wahrheit?“ entgegnete der Magier mit melancholischem Tonfall der Stimme und setzte dann plötzlich, wie in Ekstase geratend, den Arm ausreckend, hinzu: „Was ist Wahrheit?“

Nachdem er diese Phrase von sich geschleudert hatte, verharrte er einige Augenblicke in seiner tiefsinnigen Stellung, dabei aber mit einem schielenden Blick prüfend, welche Wirkung seine Schaustellerei auf den jungen Mann hervorbrachte. Dieser nahm seine Lanze, stützte sich auf sie und blickte ernst zu Boden.

„Ja“, murmelte Rufus, prüfende Blicke um sich werfend, „es ist seltsam! Gott muß wissen, was uns bevorsteht, warum sollte ein scharfsinniger Geist nicht versuchen, seinen Gedanken nachzuspüren. Wenn man dem Ratschluß der Götter, Gottes wollte ich sagen, nachzuforschen vermöchte." –

„Man kann es", unterbrach ihn der Weise leidenschaftlich.

„Ja, wenn man selbst Gott oder, wie jener sich nannte, Gottes Sohn wäre", fügte Rufus hinzu.

„Das ist durchaus unnötig", sagte der Magier eifrig, „man braucht nicht Gott zu sein, die Götter sind wie kleine Kinder in der Schule, d.h. schlechte Rechenmeister. Ja, mein Sohn, alles in der Welt hatte seine Bestimmung von Anbeginn, ehe denn die Götter waren. Wer auszurechnen vermag, wie damals die Stoffe angeordnet lagen, als die Liebe sie behütete, der kann angeben, wie sie jetzt angeordnet liegen, der kann den Fall jedes Sandkorns, das Nahen jedes Kometen vorherbestimmen. Die Götter sind nur die Dienerschaft des Schicksals, seine Fackelträger sozusagen, die Götter wissen nichts, denn sie haben keine Mathematik, aber Prometheus ist der große Erfinder der Lehre von der Zahl. Die Mathematik, junger Mann, das ist der geheimnisvolle Schlüssel. Die Zahl ist mächtiger als die Götter. Die Zahl spürt wie ein trefflicher Jagdhund den Umdrehungen, den Bahnen der Gestirne nach, die Zahl bohrt sich in die Stoffe und zerlegt sie in andere Stoffe, die Zahl baut die Tempel, als ein rüstiger Zyklop ordnet sie die Quader, die Zahl ist es auch, die des Menschenlebens Zukunft entblättert, wie die Hand eines Kindes die verschlossene Knospe."

Rufus war überrascht, diese Worte imponierten ihm, er empfand ein Grauen vor der Zahl und fragte kleinlaut, ob der Weise ihm nicht seine Zukunft enträtseln möchte.

„Gern", sagte dieser hustend, „aber – die Zahl ist es auch, nach der wir den kleinen wie den großen Münzen ihren Wert geben."

Rufus verstand. Das Grauen vor der geheimnisvollen Zahl verschwand oder vielmehr es wuchs, als der Weise nun die Summe nannte, nach deren Auszahlung er den Schicksalsspruch zu fällen bereit war.

„Fünf Denare?“ sagte Rufus. „Mein Gold von vierzehn Tagen! Es ist zuviel! Von was soll ich leben?“

Der Gelehrte tat, als habe er diesen unleugbar aus dem Herzen kommenden Stoßseufzer nicht vernommen, sondern spielte mit seinen Steinen und strich sich den assyrischen Bart glatt.

„Von was soll ich leben“, flüsterte der Soldat nochmals.

„Und von was soll ich leben?“ entgegnete ihm kaltblütig der Weise. „Was ist überhaupt das Leben? Genügt dir nicht eine Handvoll Wasser und ein verschimmeltes Brot, so bist du der Sonne nicht wert. Fünf Denare, junger Mann, so will es Isis, die Allmutter.“

Rufus begriff zwar nicht, was der Allmutter an seinen fünf Denaren gelegen sein könnte, er entschloß sich jedoch seufzend, und der Magier begann zu rechnen.

„Willst du mir nicht in der Kürze deine Familienverhältnisse angeben?“ fragte nach einigem Stillschweigen der Mathematiker. „Ich kann deinen Lebenslauf besser übersehen, wenn ich dessen Beginn kenne.“

„Mein Vater war Arzt“, versetzte Rufus stirnrunzelnd und offenbar unzufrieden.

„Wie heißt deine Mutter?“ fragte der andere.

„Esther! Mein Vater starb und hinterließ uns in Dürftigkeit.“

„Du wohnst?“

„In einer der Gassen am Tiberfeld in der Nähe des bedeckten Weges.“

„Hast du Geschwister?“

„Nein!“

„Wie alt bist du?“

„Vierundzwanzig Jahre.“

„Welches ist deine Lieblingsbeschäftigung?“

„Frage mich weiter nichts“, versetzte Rufus finster, „es genüge dir zu wissen, daß ich“– er hielt inne, um eine Bemerkung über seine ehrgeizigen Bestrebungen fallenzulassen, fuhr jedoch fort, „daß ich nicht gerne ausgefragt bin.“

„Schon recht", murmelte der Mathematiker und rechnete weiter. Starren Blickes betrachtete der Krieger die Steine, wie sie Figuren bildeten, kopfschüttelnd folgte er den Kurven, die der Wahrsager mit einer Miene tiefsten Nachdenkens auf der Tafel zog. Einige Vorübergehende blieben zu unseres Freundes Verlegenheit stehen. Einer derselben, ein junger Fremdling, fragte, was hier geschehe. Rufus gab ihm keine Antwort und bereute sehr, den Wahrsager zu Rate gezogen zu haben, dessen ganzes Gebaren ihm allmählich Mißtrauen einflößte. Trotzdem erwartete er mit einiger Neugier die Antwort und fuhr dann den Fremdling mit der Frage an, was er hier suche. Dieser ging lachend weiter und murmelte, es sei auffallend, was man in Rom nicht alles zu sehen bekomme, die groben Kriegsknechte ausgenommen, wäre hier alles anders als in den Provinzen. Endlich war die Summe gezogen. Der Alte hob das Haupt, Rufus jedoch bedeutete ihm zu schweigen, bis jene Gaffer sich entfernt hätten. Dann gab er ihm einen Wink.

„Hüte dich vor dem Weib!" sagte der Weise ernst. „So lautet die Stimme des Schicksals."

„Erkläre mir das", versetzte Rufus.

„Erklären? Was ist hier zu erklären?" sagte der Assyrer.

„Das verstehe ich nicht", versetzte der Krieger.

„Kannst du von mir verlangen, daß ich die Aussprüche der Götter verstehen solle?" fragte der Gelehrte. „Ich bitte um mein Honorar."

„Aber die Götter nanntest du eben erst schlechte Rechenmeister", wollte Rufus fortfahren, doch der erhabene Mann unterbrach ihn mit dem Ausruf: „Hüte dich vor dem Weib", und fügte in einem Atem bei: „Wirst du mich wohl bezahlen?"

Der Krieger zog seine Börse und warf ihm einen Denaren auf die Tafel, klopfte dem Gelehrten auf den Rücken und sagte: „Du allein verstehst zu rechnen, mein Freund, und wirst dir mit derselben Leichtigkeit weismachen können, daß dies fünf Denare sind, mit der du mir weisgemacht hast, du verstündest die Zukunft zu entschleiern."

Der große Mann jedoch verstand keinen Spaß und war nicht so sehr allem Irdischen entfremdet, daß er freudig auf vier Denare verzichtet hätte, er faßte den Mantel des Soldaten und verlangte mit Heftigkeit den anderen Teil des bedungenen Honorars. Da aber traf ihn ein unheimlicher Blick aus dem Auge des Juden.

„Du hast mir prophezeit", sprach dieser leise, „vom Weibe werde mir Unheil kommen, mein Freund, die Prophezeiung halte ich mit deiner Erlaubnis für trügerisch, bei weitem gewisser ist die Prophezeiung, die ich dir jetzt mit den Worten mache: Laß mich los, sonst regnet es Prügel."

Der Magier schien an diesem Novizen der Wahrsagekunst keinen sonderlichen Gefallen zu haben, er ließ den Mantel fahren und steckte brummend den Denaren in die Tasche. Sehr unbefriedigt, mit sich selbst im Hader, hatte der Jude den Wahrsager verlassen, und während er an den Buden des Zirkus entlangschritt, ließ er die verschiedenen Einladungen, die sowohl von Schenkwirten, Garköchen als auch tanzenden Schönen an ihn ergingen, gänzlich unbeachtet. Ein niedriges Geschlecht, dachte er, die verschiedenen Szenen musternd, ein niedriges Geschlecht, das bei diesen brodelnden Würsten, dampfenden Linsengerichten das Leben verträumt. Die Verachtung des sinnlichen Genusses hatte sich Rufus als oberstes Gesetz aufgestellt, nur durch die Beherrschung der Leidenschaften glaubte er seine hohen Ziele erreichen zu können. Freilich war es ihm zuweilen recht schwer, zu entsagen, einen feurigen Blick unerwidert zu lassen, aber wenn er sich auch nachgab, so beherrschte er seine Leidenschaften immer mit einer sicheren Kälte des Verstandes, die ihm erlaubte, den Genuß, sobald er bemerkte, daß er ihm in seinen Bestrebungen hinderlich sein könnte, von sich zu stoßen. Verstohlenerweise hatte er manchen Becher geleert, blieb dabei doch stets nüchtern, manche syrische Schöne hatte er auf den Knien gewiegt und sie am anderen Tag ausgelacht, wenn sie behauptete, sich nicht von ihm trennen zu können. Dabei hatte er ein geheimes Vergnügen daran, seine Kameraden im Pfuhl des Genusses schwimmen, sie betäubt und von Sinnen zu sehen, ja, er verführte, einer zerstörenden Naturgewalt vergleichbar, mehr als einen jungen Neuling zu Trunk, Spiel und Liederlichkeit, wodurch er ihn in gewissem Sinn von sich abhängig machte. Rufus hatte auf seinem Spaziergang das äußerste Ende des Zirkus erreicht und mit sehnsüchtigem Wunsch, einst mit demselben Pomp auftreten zu können, eine prächtige Sänfte bewundert, die an ihm vorübergetragen wurde, als er einen glatzköpfigen, dickbauchigen alten Mann aus einer der Zirkustavernen wanken sah, an der Hand einen Knaben führend, der sichtbar bemüht war, dem taumelnden Alten zur Stütze zu dienen. Jedoch von der unsicheren Hand des greisen Bacchusdieners hin und her gezogen, geriet der arme Knabe zuweilen in sehr fragwürdige Stellungen, ja, wurde manchmal buchstäblich nachgeschleift.

„Aber Vater, was hast du heute", zankte der unschuldige Kleine, „so gib doch acht! Die Leute sehen uns nach."

Doch der Alte, ein fades Lächeln auf dem geröteten, von einem Ehrfurcht einflößenden weißen Bart umrahmten Gesicht, gab sich vergebens Mühe, seinen Beinen die normale Gangart beizubringen. Er stolperte, hüpfte und schnalzte zuweilen mit der Zunge, als schmecke er noch den Falerner. Zuweilen rieb er sich die behaarten Schenkel, endlich lehnte er sich sogar, zu einem Zweck, der sich nicht näher bezeichnen läßt, an die Zirkusmauer, wobei er, alle Schicklichkeit beiseite setzend, die Sandalen nebst dem Mantel verlor und mit der Schulter beharrlich den Bewurf der Mauer herunterrieb. Rufus lachte, ein Vorübergehender jedoch rief ihm zu, er solle nicht lachen, das sei sehr ernst. Als der alte Silen sich langsam weiterbewegte, erkannte Rufus zu seinem Erstaunen den Vater der eben erst zum Tod verurteilten Lukretia. Der Alte begann in redseliger Laune, als er an dem Krieger vorüberwankte, ein Gespräch, das aus den bleischweren Lippen freilich höchst verstümmelt zum Vorschein kam, das aber dennoch einen Blick in das vom Jammer überwältigte Herz des Vaters werfen ließ.

„Mein Freund", begann er stotternd, das verglaste Auge weinselig zum Himmel gerichtet, „die Götter sind groß, mein Freund, und der Mensch ist klein. Ein Trunkenbold ist der, der dies leugnen will, bei Zeus! Hast du darüber schon nachgedacht? Fügen müssen wir uns, mein Freund, fügen, aber das Schicksal, mein Freund, das Schicksal ist nüchtern, sehr nüchtern, und grob ist es auch zuweilen. Ödipus hat's erfahren, aber ich wollte lieber meine eigene Frau verführen und meinen Vater heiraten, als mit der Sphinx zu tun haben, aber auch für seine Leiden war dem Menschen ein Trost, mein Freund, solches siehe in mir, denn mein Herz ist gar fröhlich, gar fröhlich ist es." – Dann begann er ein ägyptisches Liedchen zu singen, kam aber nie über die erste Strophe hinaus, die er beständig wiederholte, versank dann, den Kopf hängen lassend, in Schweigen, das er mit der heftigen Frage unterbrach, ob man ihn etwa für betrunken hielte? Worauf er, als Rufus ihm riet, nach Hause zu gehen, anfing zu weinen, bis ihm der Bart tropfte. „Sage das nicht, Herr", weinte er, „sage das nicht. Es ist unrecht von mir, wenn ich nach Hause gehe, denn ich muß auf mein Kind warten. Siehst du das große Haus dort? Da haben sie mein Kind eingeschlossen, und es war ein so braves Kind, es sprach immer: Vater, hüte dich, mehr Falerner zu trinken, als dir gut ist, und ich gehorchte ihr. Denn du mußt wissen, ich habe eine kleine Schwäche für den Falerner, und jetzt, Herr, da sie mir diese Warnung nicht mehr geben kann, geht es abwärts mit mir. Es ist schade um mich, ich weiß es wohl, ich hätte einen guten Mimen abgegeben, es ist schade, sehr schade."

Seufzend entfernte er sich. Rufus hörte ihn noch die Worte vor sich hin murmeln: „Ein Stoiker sollte nicht weinen, ein Stoiker besiegt den Schmerz." Dann sah er den nachgeschleiften Knaben um einen Pfeiler biegen und schritt seiner Wohnung zu, unterwegs jeden über ihm Stehenden mit gesuchter Unterwürfigkeit grüßend. In der Nähe des Forums angekommen, hielt eine von großem reichgekleideten Gefolge umgebene Sänfte, deren Vorhänge zugezogen waren, seine Schritte auf. Die Sänfte mußte dem Tempel der Vesta gegenüber einen Augenblick haltmachen, da sich einer der Träger, im Tragen nachlassend, den Fuß verstaucht hatte. Alsbald wurden die Vorhänge zurückgeschoben, ein kränklich blickender, schön geformter Frauenkopf kam zum Vorschein, und der Führer teilte der um Auskunft Bittenden mit, was geschehen war. Rufus hatte die Kaiserin Octavia erkannt. Ihre Züge nahmen den Ausdruck des Mitleids an, als sie das Mißgeschick des Trägers erfuhr, der, sein Bein haltend, auf dem Straßenpflaster saß. Die Kaiserin wollte aussteigen, um zu Fuß zu gehen, der Führer jedoch bat sie, liegenzubleiben.

„Man soll den Sklaven nach Hause führen", sagte sie mit sanfter Stimme, „und ihm jegliche Pflege angedeihen lassen."

Als sie jetzt aus der Sänfte steigen wollte, drängte sich ein Bürger, wie es schien ein Färber, durch die Reihen der Sklaven.

„Hohe Frau", rief er, „erlaube mir, für diesen Tag dein Sklave zu sein. Kommt, ihr Männer, ich werde die Stelle des untauglich Gewordenen ausfüllen."

Die Kaiserin lächelte:

„Guter Mann, das kann ich nicht annehmen", sagte sie freundlich. Als aber der Färber auf seinem Vorsatz beharrte, flüsterte sie mit herzgewinnender Rührung in dem großen Auge: „Nun, so sei es denn."

Die Umstehenden applaudierten, und die Sänfte setzte sich unter dem Freudenruf des Volkes wieder in Bewegung.

„Jetzt begreife ich, warum das Volk diese Frau liebt", sagte Rufus zu sich selbst, und neben ihm erzählte ein Bäcker seinem Nachbar, daß Octavia die von Nero verwüstete Brandstätte ihres Vaters Claudius besuche, um dort den schmählich hingemordeten Kaiser zu beweinen und vielleicht die letzten Reste seines Scheiterhaufens mit Wein zu begießen. Ein anderer Bürger berichtete laut lachend das neueste nächtliche Bubenstück Neros. Der Kaiser habe eigenhändig einen nach Hause kehrenden Lehrer in die Kloaken geworfen.

„Es vergeht keine Nacht", teilte der Erzähler mit, „in welcher der Kaiser nicht irgendeinen Schelmenstreich ausübt. Vor einigen Tagen hat er sogar eine Garküche ausgeplündert."

Drittes Kapitel

Die Nacht war längst herabgesunken auf Rom, die Hauptstadt der Welt. Nachgelassen hatte der Lärm des Tages, die Plätze und Straßen schwammen im Schimmer des erblassenden Mondes. Es war die Stunde, in welcher der Landmann sein Gespann die *via appia* entlang der Stadt zu lenkt, um frühzeitig genug seine Milch und Eier dem noch schlummernden Hausmeister anbieten zu können. Es war die Stunde, in der die äthiopische Zofe sich erhebt, um gähnend die Schminken und Salben zu bereiten oder die Kämme zu reinigen, indes ihre Herrin mit aufgewickelten Locken, den Brotteig vor dem Antlitz, noch der Ruhe pflegt, es war die Stunde, in welcher der Sklave auf seinem Strohlager von der Geisel des Aufsehers träumt, der er wieder anheimfallen muß, der Bäcker bereits verschlafen an seinen Ofen schwankt und den Krieger bald die Trompete zu seinen Übungen ruft. Noch herrschte die Finsternis über den sieben Hügeln, das erste Frührot zitterte in einem schmalen, grauen Streifen über dem esquilinischen Hügel, es überzog die Säulenreihen des Venustempels mit bleifarbenem Glanz und lieh den vergoldeten Ornamenten des Neronischen Palastes, der diesem Tempel gegenüberlag, matten Purpur, der sich träge an dem imposanten Giebel des Gebäudes hinstahl. Um diese Zeit wandelte die heilige Straße ein junger Mensch entlang, träumerischen Blickes, die kalte, noch in Dämmerung schlummernde Pracht des Kaiserpalastes musternd. Hier also wohnte er, der Herrscher der Welt, von hier aus trugen die Beamten seine Befehle in die Welt? Hier feierte er seine Orgien? Mehr dachte Metellus beim Anblick dieser Kaiserwohnung nicht. Ermüdet schritt er dahin, sein schönes Auge war umflort, nachlässig hatte er die Lacerna umgeworfen. Metellus, aus Bilbilis kommend, war erst vor vier Tagen in Ostia gelandet, um, wie man es nennt, in Rom sein Glück zu machen oder wenigstens durch seine Kunst – er war Bildhauer – Lebensunterhalt zu erwerben. Bis jetzt war es dem Jüngling nicht gelungen, Beschäftigung zu erhalten. Mittellos durchstreifte er seit dem Tag seiner Ankunft die Straßen, der fernen Heimat gedenkend und es bereuend, daß er den Beteuerungen seiner Freunde Gehör geschenkt hatte, die ihm in Rom goldene Berge verhießen. Auch die Schönheit der Stadt berührte unter solchen Umständen seinen Kunstsinn wenig, er sah und hörte kaum, was um ihn her vorging. „Wenn ich eine gute, mit Menschenfleisch gemästete Muräne zu verdauen hätte", sagte er mit bitterem Lächeln zu sich selbst, „würde ich wohl die architektonische Pracht Roms besser zu würdigen wissen. Der Jupitertempel mag, mit gesättigtem Magen betrachtet, recht imposante Säulen zum Himmel heben, in ihrer jetzigen Verfassung kann ich es meinen Eingeweiden nicht übelnehmen, wenn sie meinem Kopf das Denken verbieten und alle Begeisterung mit knurrender Ungeduld zum Schweigen bringen." In der Tat, Hunger und Heimweh hatten das Gemüt des Jünglings in eine seltsame Stimmung versetzt. Es fiel ihm ein Liedchen ein, das er gestern die Hafenarbeiter hatte singen hören, ein lustiges Liedchen, er begann es zu pfeifen, dabei zuckte es ihm indes ziemlich schmerzlich um den Mund, in seinen Augen glänzte es wie von unterdrückten Tränen, und das Lied endigte in einem gänzlich unmelodischen Pfiff. Die armen Eltern zu Hause! Jetzt konnte er dem Vater, obgleich er dazu berechtigt gewesen war, doch nicht zürnen, die Trennung legte sich wie eine versöhnende Hand auf sein grollendes Herz. Das Bild des Greises stieg in der Erinnerung des Dahinwandelnden auf. Er versuchte die trüben Gedanken zu verscheuchen, indem er die Pflastersteine zählte und sich über die plumpe Statue eines Portals ärgerte, konnte aber das kummervolle Gesicht der Mutter nicht verbannen, das ihn aus den dunklen Straßenwinkeln anblickte. Der Vater, ein heftiger, etwas derber Mann, der in früher Jugend von Rom nach Hispanien gezogen war, wollte einen ehrsamen Eisenhändler aus dem Jüngling machen, wogegen sich der letztere um so heftiger gesträubt hatte, da er Gelegenheit fand, das Atelier eines Bildhauers zu besuchen, so oft es ihm beliebte. Dort hatte er seine Phantasie genährt mit den Gestalten der Heroen und Götter, ja, er hatte sich in der Stille unter Leitung dieses Meisters herangebildet. In dieser Werkstatt war es auch, wo er den 19jährigen Martial kennenlernte, der ihn eifrigst ermunterte, in seinem gewählten Beruf fortzufahren. Auch an diesen Freund mußte unser Held in seiner jetzigen Lage denken, der traulichen Stunden, da sie Arm in Arm am Ufer des Salo gelegen hatten, träumend, Pläne schmiedend, mitunter wohl gar um die Wette eine alkäische Strophe improvisierend oder Stellen des Homer in die Muttersprache übersetzend. Dann kamen trübere Zeiten für den angehenden Bildhauer. Nur sehr schwer war endlich die Erlaubnis errungen worden, sich der Kunst widmen zu dürfen, da aber die Kunst nichts einbrachte, hatte der Sohn unter der Stimmung des Vaters zu leiden. Eine Kunst war diesem letzteren ein Gewerbe, und wer durch seine Kunst nichts zu verdienen vermochte, war ein Faulenzer. Am wenigsten vertrug der Knabe den Hohn, womit zuweilen der Alte seine Arbeiten bedachte.

„Ich erlebe es noch, daß du nach Rom gehst und dort als elender Gladiator vor den Augen der Menge stirbst", war die gewöhnliche Redensart des Vaters, die der Sohn mit einer kaum weniger herzlosen Antwort abzufertigen pflegte. Mit vielem Aufwand von Zeit und Kosten war es dem jungen Künstler endlich geglückt, sein Erstlingswerk: einen Sisyphus, wie er den Felsblock rollt, zu vollenden. Diese Arbeit, noch jugendlich unreif, fand keinen Käufer, und der Hohn, den der Vater über dieselbe ausgoß, zerriß das letzte Band, das ihn an den jungen, strebsamen Menschen knüpfte. Nur an seinem Freund Martial fand er in seiner Verzweiflung einen Tröster, der ihn aufzurichten verstand, aber so sehr war ihm der Mut gesunken, daß der Freund ernstliche Mühe hatte, ihn von dem Selbstmord abzuhalten. Denn das Gegenwärtige übte von jeher auf das Gemüt des Künstlers einen übermächtigen Einfluß. Er war so rasch verzweifelt wie rasch getröstet und konnte wie ein Mädchen lachen und weinen in einem Augenblick. Gerade seine leichtlebige Natur, die sich aller Reflexion entschlug, war mit einem Entschluß, den auszuführen so wenig Mühe kostete, rasch fertig. Keiner ist mehr geneigt, das Leben von sich zu werfen, als derjenige, der es für eine leichte Last hält. Die Mutter stand auf seiten des Sohnes, und als ihr Gatte eines Tages erklärte, er könne für die Ausbildung seines Kindes nichts mehr tun, da hierdurch das Erbe der Tochter beeinträchtigt würde, streckte sie Geld vor, und Metellus brachte zur Ausführung, was er bereits lange in sich erwogen hatte, er eilte an Bord eines nach Ostia segelnden Dreiruderers. Martial hatte, als beide Abschied nahmen, versprochen, nachzukommen, was nicht wenig dazu diente, das Gemüt des Reisenden mit froher Aussicht zu erfüllen. O Jugendschwärmerei! Als der Bootsmann rief, hatten sich die beiden Freunde noch einmal geküßt und sich versprochen, ihren Schwur nicht zu brechen. Und welchen Schwur hatten sie zu den ewigen Göttern emporgeschickt? Keinen geringeren als jenen, die Weiber, dieses verächtliche Geschlecht, zu meiden, und an die Stelle der sogenannten Liebe die Freundschaft treten zu lassen. Die Werke der Dichter wimmeln von den Schilderungen des Unglücks, das die Weiber über die Männer verhängten, sie beide wollten leben miteinander, wie es Plato vorschreibt. In einer linden Mondnacht hatten sie sich umarmt und geschworen, die Weiber zu entbehren, nur im ernsten Mannesgespräch Erholung zu suchen nach des Tages Arbeit, nicht im leichten Getändel der Liebe. Und ihre Freundschaft glich an Glut der Liebe, und sie hörten nicht, wie die Wellen der Salo spöttisch kicherten, als sie das große Gelöbnis taten. Alle diese Erlebnisse mit ihren Licht- und Schattenseiten zogen an der Seele des nächtlichen Spaziergängers vorüber, da er aber das Nachgrübeln über Vergangenes oder Zukünftiges von jeher für das Widersinnigste hielt, was der Mensch tun kann, beschleunigte er seine Schritte und lachte laut auf, als er nach längerem Suchen noch zwei Sesterzen in seiner Börse fand. Es wird nötig sein, dachte er, daß ich mir einen reichen Patron heraussuche, um als dessen Klient sauren Wein und Fußtritte täglich in Empfang zu nehmen. Dann aber, lieber Metellus, setzte er sein schalkhaftes Selbstgespräch fort, gehe ich nicht mehr mit dir um, nein! Mit einem Menschen, der selbst von den Sklaven verächtlich angesehen wird, der sein Leben mit Besuchen und dem Erfinden schmeichelhafter Anreden zubringt, gehe ich nicht um, eher möchte ich, guter Metellus, deine Haut in der Gladiatorenkaserne gegerbt sehen. Die Möglichkeit, in der Arena einen ehrenvollen Tod zu sterben, überhebt dich ja alsdann der Verpflichtung, der Sklave deines tyrannischen Magens zu sein.

Unser Freund raffte allen Humor, dessen er fähig war, zusammen und befand sich, wie er meinte, ganz wohl, besonders da es ihm gelang, seine trüben Gedanken durch das, was er um sich her vorgehen sah, zu zerstreuen. So blieb er, um seine Menschenkenntnis zu bereichern, jetzt vor einem düsteren Haus stehen, aus dessen Tor soeben drei lebenslustige Jünglinge zu schlüpfen versuchten. Über der Tür des Hauses befand sich ein von einer Laterne schlecht beleuchtetes Schild, welches das Bild eines Mädchens mit der Unterschrift „*Hic habitat felicitas*“ zeigte. Unser Freund fand es sehr ergötzlich, als sich oben im zweiten Stock ein erhelltes Fensterchen öffnete, aus dem ein halbbekleidetes Weib ganze Fluten von Schimpfreden auf die Enteilenden herabgoß.

„Ihr Gesindel, ihr Lumpen, ihr Betrüger!“ kam es über die schönen Lippen der Venuspriesterin. „Wie schmählich habt ihr euch benommen! Was? Kein Geld bei euch, keine Sesterze? Durchgehen? Einem armen Mädchen entfliehen, das euch freundlich aufnahm! Glaubt ihr, man könne von der *ars amandi* allein leben? Ich glaube gar, sie haben mir meine Stola zerrissen.“ –

Die Jünglinge drückten sich lachend im Schatten der Häuser entlang, die Schöne beschwor Metellus, den Flüchtigen nachzusetzen. Als dieser jedoch diesem Wunsch nicht Folge leistete, schlug sie das Fenster zu und zeigte sich nur noch als wütend einherstürmender Schatten hinter dem Vorhang. Metellus ging weiter. Bald wurden seine Schritte von Kriegsknechten gehemmt, deren Zug fast die ganze Breite der Straße einnahm. Rauhe, struppige Kerle, die Lanze im Arm, führten in ihrer Mitte abgehärmte Gestalten, die sich stumm umschlungen hielten. Es waren, wie unser Freund sogleich erriet, Christen, dazu bestimmt, mit Anbruch des Tages den wilden Tieren zur Speise zu dienen. Manchmal, wenn einer der Greise zu langsam einherwankte, erhielt er einen Stoß mit dem Lanzenschaft. Gerade als der Zug die Mauernische erreicht hatte, in die sich Metellus gedrückt hatte, zog ein junger, keck aussehender Soldat einen Alten unsanft am weißen Bart vorwärts, daß der Knabe, der dem Alten zur Stütze diente, seine Hand, wie um Mitleid bittend, auf den gebräunten Arm des Grausamen legte. Dafür erhielt der Knabe einen gewichtigen Fußtritt, der ihn aus den Reihen der Schar, fast an die Knie unseres Spaziergängers schleuderte.

„Verzeihung", hauchte der Knabe, und Metellus, gerührt von dem großen, tränenfeuchten Blick, der ihn aus dem kindlichen Auge traf, richtete den Gefallenen empor.

„Verberge dich hinter mir", flüsterte Metellus, den Knaben hastig in den dunkelsten Winkel der Nische drängend. Der Zug hatte sich indes weiter entfernt, jener Soldat war im Augenblick mit dem zusammenbrechenden Alten beschäftigt, und als er darauf zurückeilte, des beiseite geschleuderten Kleinen habhaft zu werden, rief ihm einer der Anführer ein Kommandowort zu, das ihm nicht Zeit ließ, seine Nachforschungen gründlicher anzustellen. Er kehrte fluchend zu den Gefangenen zurück. Als Metellus sich nach dem Knaben umsah, vermochte er ihn nirgends zu entdecken. Immer noch lag die alles verhüllende Dämmerung in den auf das Kapitol zuführenden Straßen. Die Sonne zögerte noch, „des Weltalls Königin" zu wecken, kaum färbten sich die Tempel des Kapitols grau, und der Bildhauer wünschte gähnend den Tag herbei. Manchmal dröhnte das Pflaster der entfernteren Stadtteile, dann sah er schwere, holzgezimmerte Wagen über das Pflaster rollen, gezogen von zehn bis fünfzehn voreinander gespannten Stieren. Aus diesen unförmigen Wagen tönte dumpfes Gebrüll, zwischen ihren dicken Holzgittern schoben sich manchmal eine wulstige Schnauze, ein Schweif, eine klauenbewehrte Tatze hervor und ließen unseren Wanderer nicht lange im Zweifel, welch greuliche Fremden hier in Rom ihren Einzug hielten und zu welchem Zweck man sie während der Nacht in die kaiserlichen Gärten transportierte. An einer Straßenecke der nach den Karinen zuführenden Straße schlief ein Bettler, über dessen hagere Beine Metellus im Weiterschreiten beinahe gefallen wäre.

„Holla!" rief Metellus, rasch die Mauer zur Stütze nehmend. Der Schläfer richtete sich träge empor, anstatt sich aber zu beklagen, seufzte er und stammelte im Schlaf: „Wohl getroffen, Herr, wohl getroffen."

„Was tausend!" sagte unser Freund. „Bedankt sich der noch für den Fußtritt, den ich ihm verabreichte?"

Der andere rieb sich indes erwachend die Augen und sagte, als er den Störer seiner Ruhe gewahrte, lachend: „Verzeihe, junger Freund, du hast mir einen angenehmen Dienst erwiesen, du hast mich aus einem sehr peinlichen Traum erweckt."

„Wie das?" fragte der nächtliche Wanderer.

„Denke dir", erzählte der Alte, „ich saß im Traum an der Tafel meines Patrons, des Adilen, und er erlaubte sich wieder einmal einen seiner plumpen Witze mit mir, um seine Gäste zum Lachen zu bringen. Ich unterhielt ihn, wie gewöhnlich, mit Stellen aus den Philosophen. Er warf mir hingegen einen abgenagten Schweinsknochen an den Kopf, welchem Scherz ich untertänigst mit dem Ruf: ‚Wohl getroffen!' meinen Beifall zollte."

„Und solche Erniedrigungen", sagte der Bildhauer, „läßt du dir ohne Murren gefallen?"

„Oh, ihr Musen! Was tut man nicht alles um eines warmen Mittagsbrotes willen", versetzte der Philosoph gähnend. „Übrigens, wer erniedrigt sich am meisten, der Spötter oder der Verspottete? Und was sind, bei Licht betrachtet, Spöttereien? Wo ist einer, der nicht verdiente, bespottet zu werden auf dieser Welt? Spott ist eine heitere Zurechtweisung, und sich zurechtweisen zu lassen, dazu sollte keiner zu stolz sein, junger Mann."

Hierauf schlang der Zyniker seinen zerfetzten Mantel um den mageren Leib, spuckte kräftig in die Gosse und lehnte sich, den Schmutz, der ihn umgab, verachtend, behaglich an die Mauer.

„Du scheinst, nach deiner Aussprache zu urteilen, ein Grieche zu sein", fragte Metellus neugierig.

„Ich schmeichle mir, unter dem blauen Himmel des herrlichen Athen geboren zu sein", erwiderte der Philosoph.

„Und übernachtest du immer in der Gosse?" fuhr der Künstler fort.

„Die höchste Tugend ist die Genügsamkeit", sagte der Grieche, ein verschimmeltes Brot aus seiner Tasche holend, an dem er zu nagen begann.

„Ich habe es bis jetzt noch nicht soweit gebracht wie du", sagte Metellus, „ich ziehe ein Bett, sei es noch so hart, den Pflastersteinen entschieden vor."

Der andere rückte unserem arglosen Abenteurer etwas näher.

„Ich weiß wohl", entgegnete der Weise, sich in der linken Hüfte kratzend, „ich weiß wohl, welchen Wert man auf das Geld zu legen pflegt. Ich für meinen Teil verachte es sehr."

Metellus erklärte sich einverstanden mit dieser Verachtung, indem er sich neben den Sprecher auf einen Mauervorsprung niederließ. Vertraulich legte der Weise seine Hand auf die Knie seines jungen Zuhörers und fuhr fort: „Bildung, mein Freund! Das ist das Kapital, mit dem man wuchern sollte, dieses Kapital trägt Zinsen, dieses Kapital kann dir niemals gestohlen werden. Doch bist du vor Taschendieben sicher, sobald du nur eine Sesterze im Beutel hast?"

„Gewiß nicht!" sagte unser Freund nachdenklich.

„Ein Mensch, der Bildung hat", fuhr der andere fort, „besitzt alles, was er braucht, er besitzt sogar Tugend. Die Tugend aber ist das höchste Gut. Unter Tugend verstehe ich nun hauptsächlich: Ehrlichkeit. Mit ihr kommt man weit in der Welt, denn wie erleichtert es uns das Leben, wenn wir weder zu betrügen noch zu stehlen brauchen, und wahrlich, der besitzt das höchste Gut nicht, der in ewiger Angst leben muß, auf Betrug ertappt zu werden. Man behauptet zwar, es bereite ein gewisses Behagen, einen Tölpel übervorteilt zu haben, es scheint mir jedoch, als müsse der Betrogene einen höheren Genuß darin finden, der Betrogene als der Betrüger gewesen zu sein, denn manche Taschen sind gewiß sehr eng."

Der Philosoph war im Laufe dieser Auseinandersetzung seinem aufmerksamen Schüler immer näher gerückt und schien lebhaftes Interesse an dessen Mantel zu nehmen, denn er befühlte ihn vorsichtig, und als der Jüngling dies bemerkte, sagte der Stoiker in verweisendem Ton:

„Welch feines Tuch du auf deinem Leib trägst, befühle meinen Mantel, er ist rauh wie mein Bart. Du scheinst mir ein Epikureer zu sein!"

Ehe noch Metellus antworten konnte, stand der Sonderling auf.

„Ich pflege mich", sagte er, „um diese Stunden der Nacht im Tiber zu baden. Das härtet ab. Lebe wohl, mein Freund, und beherzige die Lehren, die ich dir gegeben habe."

Schneller als man ihm bei seiner gebrechlichen Gestalt zutrauen sollte, entfernte sich der Stoiker, und Metellus bewunderte die Einfachheit seiner Sitten, die Ehrbarkeit seiner Grundsätze. Ein solches Leben sollte man führen, dachte er, immer bereit, mit gleicher Würde seine Gedanken auszusprechen, sei es an der Tafel des

Kaisers oder im Schmutz der Gosse. Allen Genüssen entsagen, die Welt verachten, über die Tugend nachdenken, sich jede Beleidigung ohne Rachsucht gefallen lassen, ja, das hieße ein großes Dasein führen. Nach Art der schwärmerischen Jugend malte sich das Kindergemüt unseres Phantasten die Vorteile eines stoischen Lebenslaufes aus, obgleich er sicherlich der letzte war, der Gefallen an einem solchen Leben hätte finden können. Doch seiner Begeisterung sollte sehr bald eine gründliche Abkühlung zuteil werden. Als er zufällig mit der Hand in seine Börse griff, fand er dieselbe leer, seine zwei Sesterzen hatten sich behutsam in die Tasche des Philosophen davongemacht, dessen schöne Lehren der Redlichkeit wahrscheinlich eine große Anziehungskraft auf Münzen ausübten. Metellus lachte laut auf. Er nahm es dem Alten nicht übel, seine Unerfahrenheit sich zunutze gemacht zu haben, sondern staunte nur über die Schlauheit und Fingerfertigkeit, mit der man ihn zu betrügen wußte. Nun, dachte er, bin ich eigentlich erst der Urmensch. Solange ich noch Geld hatte, klebte mir Unnatur an. Gut, daß es nichts kostet, die römische Luft einzuatmen oder aus den Brunnenröhren zu trinken. Nicht einmal den unterweltlichen Fährmann könnte ich bezahlen, wenn er mich jetzt in sein Boot rief. Wieder brach er in ein Gelächter aus. Dieses Lachen klang kindlich heiter durch die stillen Straßen der *Subura*, deren Schenken noch geschlossen waren, wurde aber plötzlich von näherkommenden Stimmen nachgeäfft. Pfeifen, vermischt mit dem Geräusch verworrener Rufe und taumelnder Schritte, ertönte. Sollten das Sicherheitswächter sein, fragte sich unser Freund und erblickte, als er um die nächste Ecke bog, mehrere auf ihn zukommende Gestalten, die mit einer gewissen Liederlichkeit dahinschlenderten, zuweilen unverschämt an die Türen der Häuser pochten oder sich, wie Berauschte zu tun pflegen, brüderlich unter die Arme griffen. Alle waren in seltsame, bunte Gewänder gehüllt, während fratzenhafte Larven ihre Züge verbargen. Der ganze Aufzug sollte, wie es schien, die Götter parodieren, hatte jedoch etwas unsäglich Kindisches, ja, die Gebärden und Insignien der meisten verletzten das Anstandsgefühl in hohem Grad. Metellus erinnerte sich gehört zu haben, daß es zu den Belustigungen der römischen Wüstlinge zählte, von nächtlichen Gelagen nach Hause kehrend, friedfertige Bürger, die ihnen begegneten, auf jegliche Art zu prellen. Deshalb beschloß er, obgleich es ihm nicht an Mut fehlte, als Fremdling jeden Zwist zu vermeiden, und wollte eben dem Zug ausweichen, als die Fackel, die der vorderste emporhielt, einen breiten Lichtschimmer auf das Pflaster warf. Man bemerkte ihn, und bald war er von Gesichtern umringt, deren unbewegliches, zweifelhaft beleuchtetes Grinsen etwas Beängstigendes hatte.

„Warum lachst du?" fragte ihn einer der Vermummten mit strenger, verstellter Stimme, indem er mit dem ungeheuren Mund seiner Maske einem seiner Gefährten ins Ohr flüsterte. Dieser, als Apollo ausstaffiert, nickte, und der andere, mit gespreizten Beinen sich vor unseren Spaziergänger aufpflanzend, fragte noch einmal mit boshaftem Pathos:

„Warum lachst du? Dich fragen die Götter, die sich heute herabgelassen haben, Roms Straßen zu beglücken."

„Ich lache", sagte Metellus rasch, „weil ihr euch darüber ärgert, nicht mitlachen zu können, denn es gibt keinen köstlicheren Leckerbissen, Herr, als das Lachen. Götter beneiden uns darum. In Wahrheit aber weiß ich es selbst nicht, warum ich lache, denn ich habe keine Ursache, heiter zu sein."

„Glaubst du, mit Jupiter dein Spiel treiben zu dürfen, elender Sterblicher", brummte ein anderer.

„Sage uns auf der Stelle, worüber du lachst", rief ein dritter, seinen Stock erhebend, „sonst soll sich sogleich dein Lachen in Weinen verwandeln."

„Pfui!" entgegnete der Künstler, der anscheinend auf die Kinderei einging, „ist das Lachen in Rom polizeilich verboten? Aber ihr sollt es nie erfahren, gerade weil ihr es wissen wollt, und wenn der Kaiser in eigener Person vor mich träte, würde er keine andere Antwort erhalten."

„Apollo, hörst du, er schmäht den Kaiser", wandte sich der Frager an seinen Genossen.

„Kennst du den Kaiser?" fragte ihn nun jener Apollo, dessen weichliche Formen, dessen rötliches Haar trotz der Verhüllung erkennbar waren.

„Nein, Herr", warf Metellus verdrießlich hin, „ich weile kaum einige Tage in Rom, mit Münzen stehe ich nur sehr vorübergehend in freundschaftlichem Verkehr, so hatte ich nie länger als zwei Minuten Gelegenheit, das Bild des Kaisers zu betrachten."

Nun wandte sich der Sprecher mit komisch feierlicher Gebärde an seine Umgebung und sagte:

„Prügelt ihn dafür, daß er den Kaiser noch nicht gesehen hat, und dann legt ihm einen glühend gemachten Denaren auf die Wange, damit er sich das Bild des Kaisers einprägt."

„Das ist gegen Gesetz und Ordnung", wollte Metellus einwenden, „und wenn es noch Sicherheitsbeamte in Rom gibt, wollen wir sehen, ob eure törichte Maskerade friedliche Bürger überfallen darf." Aber er hatte kaum ausgeredet, als bereits einige Thyrusstäbe auf seine Schultern niedersausten. Metellus, hierdurch aus seinem Gleichgewicht gebracht, ersah sich den mit Apollo Angeredeten als Ziel seines Grimmes, da er ihn als Anführer der Schar für den Urheber des schlechten Scherzes halten mußte. Er ließ die Stäbe der anderen ruhig auf seinem Rücken zersplittern, wartete die Gelegenheit ab, tat einen gewandten Seitensprung, entriß dem Gott der Lieder die Leier und schlug sie mit solcher Heftigkeit gegen das Haupt des Olympiers, daß dessen Larve in Stücke sprang, während ein sehr erstauntes Gesicht darunter hervorkam. Sogleich fielen die anderen über den Beleidiger der Gottheit her.

„Rettet Apollo! Werft ihn in die Kloaken!" tönte es wie aus einem Mund, und trotz verzweifelter Gegenwehr sah sich unser Freund bald an Armen und Beinen gepackt. Apollo sah verdrießlich lachend dem Kampf zu, lieh sich jedoch mit einiger Hast von einem seines Gefolges eine neue Maske.

„Ist das römische Kampfesweise?“ stöhnte der Mißhandelte, als es ihm nach langem Ringen gelungen war, sich den Armen seiner Peiniger zu entwinden. „Zehn gegen einen. Wenn ihr nicht betrunkene Schlemmer oder ehrlose Straßenräuber seid, wählt einen aus eurer Schar, stellt mir ihn, und ich will euch zeigen, was hispanische Arme vermögen. Ich habe Marmor bearbeitet, glaubt ihr, daß mit Pasteten gemästetes, gesalbtes oder gebadetes Fleisch schwerer zu bearbeiten sei als ein Marmorblock von Paros?“

Da hierauf keine Antwort erfolgte, sondern verlegenes Gemurmel von einem zum anderen ging, fuhr der Sprecher weiter fort:

„Freilich, der Römer von heutzutage versucht seine Kraft nur im Polsterdrücken, beim Mittagsmahl und ist nur tapfer weiblicher Tugend gegenüber. Laßt mich also meines Weges gehen.“

Er warf seinen Mantel über die Schultern, ließ einen verächtlichen Blick über die Gesellschaft gleiten und schickte sich an weiterzuwandeln. Seine nicht große, aber kräftige Gestalt schien den Wüstlingen zu imponieren, die stolze Art, mit der sein muskelharter Arm die Lacerna auf der Brust zusammengerafft hielt, sein rauher Ziegenwams, aus dem sein rundes Knie jugendlich frisch hervorsah, sein fester Schritt, der helle Blick seines offenen Auges, das unter dem Einfluß der stattgefundenen Erregung brannte, schien einen gewissen Eindruck nicht zu verfehlen, und er hatte sich kaum einige Schritte entfernt, als ihm ein nicht unfreundliches „Halt!“ zugerufen wurde. Er drehte sich nachlässig um und bemerkte, wie jenem Apollo ein als Neptun Gekleideter lebhaft zuflüsterte.

„Einen Augenblick Geduld, junger Mann“, rief ihm Neptun zu, sich darauf wieder eifrig gestikulierend zu Apollo wendend. Unser Freund fühlte, daß die beiden sich über ihn unterhielten. Sie betrachteten ihn zuweilen prüfend, deuteten nach ihm hin und schienen das Für und Wider eines Planes zu beraten. Obgleich er sich vorgenommen hatte, weiterzugehen, hielt unseren Helden nun die Neugier an den Platz gefesselt. Was, beim Zeus, mögen sie zu flüstern haben, murmelte er, als er bemerkte, wie Apollo lachend den Kopf schüttelte, indem er eine wegwerfende Handbewegung machte.

„Dein Plan scheint mir allzu gewagt", hörte er ihn sagen.

„Durchaus nicht, Herr", schien der andere einzuwenden. Dann kamen wieder einige unverständliche Entgegnungen, bis endlich Apollo schwieg, der andere aber, seinen Vorteil benutzend, alle Gründe noch einmal in einen einzigen langen Satz zusammenzudrängen schien.

„So sei es denn ein Versuch", flüsterte am Schluß dieses langen Satzes Apollo, und sogleich schritt Neptun, sich äußerst liebenswürdig verbeugend, auf Metellus zu, der vergebens seinen Scharfsinn angestrengt hatte, den Inhalt dieses seltsamen Zwiegesprächs zu erraten.

„Verzeihe uns unseren Angriff auf deine werte Person", sagte Neptun höflich, „wir haben uns in dir geirrt. Es tut uns leid, daß gerade du uns in die Hände fielst."

„Freilich wäre es besser gewesen, ein anderer Rücken als der meinige hätte die Ehre gehabt, euren Händen zum Ambos zu dienen", entgegnete Metellus in seiner geschwätzigen Art, „meine Prügel, Herr, nimmt mir keiner wieder ab, doch freut es mich, daß ich eurem Anführer, diesem Schlemmer, diesem Apollo, für einige Tage ein blaues Mal auf seine göttliche Stirn gezeichnet habe."

„Betrachten wir also diesen Vorfall als vergessen", sagte Neptun gewandt, „junger Freund, ich spreche mit dir im Namen meines Herrn, der, wenn du einwilligst, imstande ist, dein Glück zu begründen."

„Und wer ist dein Herr?" fragte der Jüngling.

„Das wirst du morgen erfahren", lenkte der andere ab.

„Und auf welche Art gedenkt ihr, mich zu beglücken?"

„Finde dich morgen vier Stunden nach Sonnenaufgang im Palast des Kaisers ein, dort wirst du über das dir bis jetzt Verborgene Aufschluß erhalten."

„Im Palast des Kaisers?" fragte Metellus lachend. „Du glaubst wohl Scherz mit mir treiben zu dürfen? Finde dich in meinem Palast ein, vier Stiegen hoch im Judenviertel, dort könnte ich auch dir Aufschlüsse über manches Verborgene geben."

Statt aller Antwort fragte der Geheimnisvolle nach dem Namen des Jünglings, zeichnete diesen auf ein Täfelchen, schrieb noch einiges dazu und übergab ihm das Geschriebene. Metellus überlas beim Schimmer einer Fackel die Tafel. Sie enthielt einen Befehl an die Palastwachen, den Überbringer dieses Schreibens einzulassen, ihn bis in das Vorgemach des Kaisers zu geleiten. Unser Freund schüttelte den Kopf.

„Wenn du die Wahrheit redest", sagte er, „so werde ich noch weniger deinem Vorschlag folgen."

„Und warum nicht?"

„Wenigstens wünschte ich genauer zu wissen, zu welchem Zweck man mich in das Vorgemach Neros beruft."

„Du wirst es später erfahren."

„Hör einmal, das ist mir eine bedenkliche Zumutung", sagte der Jüngling ernst, „was findest du an mir? Sehe ich etwa aus wie ein Schelm, daß man mich zu Unerlaubtem gebrauchen möchte? Bin ich ein windiges Griechlein? Ein giftbrauendes Weib? Der Palast des Kaisers gefällt mir gar nicht. Man hört so allerlei über das Treiben daselbst ..."

Diese ein wenig lauter gesprochenen Worte mochten von der in der Nähe harrenden Gesellschaft vernommen worden sein, wenigstens wurden sie von einem unmäßigen Gelächter begleitet.

„Was lachen die?" murmelte der junge Mann.

„Fürchtest du dich vor uns?" entgegnete der Vermummte mitlachend.

„Nenne es, wie du willst, aber ich verbitte mir euer Gelächter, es hat gar keinen Grund."

„Deine Naivität ist köstlich", sagte der Lachende, ihm auf die Schulter klopfend, „du gefällst mir, Knabe, und ich schwöre dir, daß dir im kaiserlichen Palast nur Angenehmes widerfahren soll. Schlage ein! Versprich mir, dich dort einzufinden."

„Werde es mir überlegen, doch rede mich, bitte ich, nicht mehr Knabe an, das ist nicht sehr schmeichelhaft für meine achtzehn Jahre."

„Du hast Hunger, mein Freund, ich sehe es dir an", versetzte der Vermummte, „dabei bist du zu ehrlich, um zu stehlen, du wirst die Gelegenheit, zu verdienen, viel zu verdienen, nicht unbenutzt vorübergehen lassen. – Dein Gewerbe?" setzte er dann vornehm fragend hinzu.

„Bildhauer!"

„Um so besser", war die Antwort, „Bildhauer, Schönheit und rötliches Lockenhaar, du besitzt alles, um in Rom dein Glück zu machen."

Der verlarvte Unbekannte eilte zu seiner Freundesschar zurück und überließ den verblüfften Künstler seinem Erstaunen. Rötliches Haar zu tragen, war zu jener Zeit Mode in Rom. Metellus verstand die Anspielung, und da er immerhin ein wenig Eitelkeit besaß, auch sein Glück zu machen beabsichtigte, erschien ihm sein Schmeichler sofort in angenehmerem Licht. Jetzt entfernte sich die Schar der Vermummten unter großem Geräusch, die Fackeln schwingend, so daß die Wohnhäuser bis an die Giebel hinauf in blutrote Lohe getaucht waren. Unser Blondgelockter schaute den Abziehenden nach, schüttelte den Kopf und fand, daß er entweder ein Götterliebling oder ein zum Untergang bestimmtes Wesen sei. Was können sie von mir wollen, fragte er sich mehrmals, da er aber einsah, daß hinter dieses Rätsel zu kommen, so unmöglich war, als durch die Wolken in den Olymp zu dringen, schlug er sich die ganze Angelegenheit aus dem Kopf, was ihm bei seinem allem anhaltenden Grübeln abgeneigten Temperament so ziemlich gelang. Vielleicht handelte es sich um eine geheimnisvolle Arbeit, eine kaiserliche Laune, vielleicht soll irgendeine Geliebte des Kaisers modelliert werden, von deren Dasein niemand wissen darf, dachte der Jüngling, rieb sich vergnügt die Hände und war, eben noch gegen das ganze Abenteuer argwöhnisch eingenommen, auf einmal entschlossen, sich um die vierte Stunde vor dem Palast einzufinden. Bald darauf dachte er an irgend etwas anderes, darauf an gar nichts, bis ihm plötzlich einfiel, er habe Durst. Dieser Durst zwang ihn, an einem Röhrbrunnen haltzumachen. Er bückte sich zu dem marmornen Löwenmaul herab, den Silberstrahl mit der Hand aufzufangen, den der wutschnaubende Löwe rauschend in das Becken spie, wusch sich dann mit beiden Händen herzhaft das Gesicht und bemerkte, in seine Toilette vertieft, daß sich im grünen Kristall des Brunnenbeckens ein behelmtes Haupt spiegelte. Sich umwendend, gewahrte er einen Krieger, den er sich erinnerte, am vorigen Tag schon gesehen zu haben. Richtig! Am Zirkus, vor der Bude eines Wahrsagers, hatte er dieses finstere verkniffene Judengesicht gesehen und war barsch von dem Mann zurechtgewiesen worden. Es war Rufus, der hinter dem Künstler stand und sich die Stirn kühlte, indem er die Hand in den Brunnen tauchte, um sie dann gegen die Schläfen zu pressen. Unser Fremdling trocknete sich das Antlitz ab und wendete sich in zutraulichem Ton zu dem Krieger.

„Aurora", sagte er, „beginnt ihre Finger allmählich über der Weltstadt zu erheben, wenigstens sehe ich da ihren Sohn, den Morgenstern, matt blinkend über dem Isistempel stehen. Schon legt sich ein schläfriges Grau um die Giebel der höchsten Paläste, man muß sich für das Erwachen Roms vorbereiten, sich säubern und kämmen."

Rufus, von der unerwarteten Begegnung nicht angenehm berührt, hatte sich zum Gehen gewendet, ohne auf die freundliche

Anrede zu antworten, Metellus jedoch in seiner naiven Rücksichtslosigkeit bemerkte nicht, daß der Jude gerne allein seiner Wege gegangen wäre. Er schloß sich dem Krieger an und wandelte neben dem Schweigsamen selbst schweigsam einher. Man konnte sich kaum einen lebhafteren Kontrast denken als diese beiden Gestalten, die im trügerischen Dämmerschein des beginnenden Tages nebeneinander durch die noch menschenleeren Straßen wandelten. Der Krieger, straff, sehnig, zeigte unter den Eisenbeschlägen seiner Armatur scharf ausgeprägte, ausgenutzte Muskelformen. Er trat sicher auf, und wenn er den behelmten Kopf hob, ließ sein struppiger Bart einen aderstrotzenden hageren Hals frei. Dem Jüngling hingegen umblühte eine fast mädchenweiße Haut die weichen Formen. Männliche Strenge und weibliche Anmut mischte sich in ihm auf jene Art, die besonders für ältere Frauen etwas Hinreißendes hat. Er war kleiner als der Krieger, sein Haar kräuselte sein Gelock über die Stirn bis an die schön gezogenen Brauen herab, der feine Schwung seiner Wangen lief in ein zartes Kinn aus. Doch gab die Kraft seines Blickes, die männlich gedrungene Schlankheit seines übrigen Körpers diesem Gesicht Würde und edle Weihe. Lange hielt der redselige Künstler das schweigende nebeneinander Hinwandeln nicht aus. Er tadelte die schlechtgemalten Aushängeschilde der Gemüse- oder Fleischhändler, die unnötigen Säulen mancher Wohnhäuser, erhielt jedoch auf seine Fragen stets nur ein kurzes Geräusper, einen mißtrauischen Blick. Das störte ihn keineswegs in seinen Betrachtungen, er hatte sogar den Mut, den düsteren Soldaten über seine Schweigsamkeit auszuforschen.

„Weißt du übrigens", fragte er ihn heiter, „auf welche Art man zu einem Brot gelangen kann, ohne es zu bezahlen? Ich habe stärkeren Hunger als Tantalus."

Rufus verzog die Mundwinkel zu einem verächtlichen Lächeln und reichte dem Jüngling eine kleine Münze schweigend hin. Metellus schob die Hand zurück.

„Eine auf diese Art gereichte Gabe nehme ich nicht an", sagte er stolz.

Rufus steckte sein Geld wieder ein, zuckte die Achseln und errötete bis an den Helm, da er nun das erste Wort an den Genossen richtete.

„Was ist dein Beruf?" fragte er halb unverständlich, als entehre es ihn, sich mitteilsam zu zeigen.

„Ich bin Bildhauer", sagte Metellus verdrossen, die Zotteln seines Gewandes durch die Finger laufen lassend.

„Ein Steinklopfer!" brummte der Jude höhnisch.

„Du scheinst die Künste nicht zu lieben", entgegnete Metellus, ohne beleidigt zu sein.

„Ich liebe sie nicht! Nein!" versetzte der andere. „Ich verehre die Gesetze und finde, daß ein großer Redner, ein großer Feldherr mehr euren Göttern gleicht als Virgil, Homer, Ovid zusammengenommen, aber ich sehe am wenigsten ein, weshalb man aus Steinen Menschen machen will."

„Das ist Geschmackssache", meinte Metellus ironisch lächelnd, „Nero liebt die Künste."

„Er liebt sie, wie ich sie auch lieben würde, um damit zu glänzen."

„Da irrst du", sagte der Künstler scharf. „Nero dichtet, modelliert, spielt die Zither. Wer eine Kunst betreibt, den veredelt sie. Der Cäsar kann so schlimm nicht sein, als man ihn im Ausland darzustellen versucht, das beweist mir seine Kunstliebe. Hat er nicht für sein goldenes Haus eine Kolossalstatue seiner Person verfertigen lassen?"

„Ja, und hinter den Taxushecken seiner Gärten lauern viele weiße Gestalten, das ist Modesache, jeder macht sie mit. Wenn ich reich wäre, wie ein Tigellin oder Piso, würde ich mir, wie sie zu tun pflegen, diese bleichen Marmorgespenster in die Schatten der Ulmen stellen, aber auslachen würde ich sowohl die Bilder als den Bildner."

„Möchtest du reich sein?“ fragte der Künstler ablenkend.

„Törichte Frage!“ erwiderte der andere. „Warum lebt man? Wenn ich wüßte, daß ich es nie weiterbrächte in der Welt als bis zum Zugführer, wäre es nicht töricht, wenn ich weiterlebte?“

Metellus war anderer Meinung, behielt sie jedoch bei sich, denn das entschiedene männliche Wesen des Soldaten brachte ihn in eine kleinmütige Stimmung. Der Jude begann die Nutzlosigkeit der Künste zu beweisen, stellte den Verstand als die oberste Seelentätigkeit des Menschen hin und sprach verächtlich von dem, was die Leute Phantasie nannten. Der Jüngling wußte wenig Einwendungen zu machen. Wohl fühlte er, daß der Jude unrecht hatte, aber er fand im Augenblick nicht die rechten Gründe, ihn zu widerlegen. Notwendigkeit ist alles, sagte der düstere Mann, das übrige ist Spielerei. Das Leben ist zu ernst, um es sich mit Spiel und schönen Marmorgesichtern hinwegzutändeln. Wenn die wilde, grelle Wirklichkeit dir ins Auge stiert, sollst du dich nicht in einem Reich der Einbildung verlieren. Beide hatten die Rollen getauscht, der Künstler schwieg jetzt gedrückt, während der Soldat gesprächig wurde.

„Eine lumpige Welt“, sagte er hämisch, „in der es sich nur leben läßt, wenn man entweder fünf Millionen Sesterzen hat oder ein Narr ist. Die Narren haben es am bequemsten, die kommen zu Würden und Ämtern, wie ein Vatinius. Ich wollte, ich wäre wie dieser in einer Schusterwerkstätte als buckliges, langohriges Scheusal geboren, dann wollte ich bald dieses ganze marmorne Rom in der haarigen Faust halten. Auch ein Zitherspieler hat es gut, wenn er versteht, dem Sänger Nero den Sieg zu überlassen. Was hältst du davon, wenn wir uns in die Schar von Neros Beifallsbezeigern aufnehmen ließen? Man hat sein jährliches Einkommen, trägt schöne Gewänder und braucht dafür nur zuweilen die Finger zu rühren.“

Unter derartigen Gesprächen hatten die beiden, den Tempel der Laren links liegen lassend, das Tal Murcia erreicht. Es entging dem

Künstler, wie Rufus absichtlich den Weg nach dem Zirkus lenkte. Metellus hatte vorgeschlagen, einen anderen Weg zu gehen, Rufus war, nach dem Kapitol die Richtung einschlagend, scheinbar auf diesen Vorschlag eingegangen, hatte es aber im Laufe des Gesprächs verstanden, umkehrend den Weg an der Fechtschule, die auf dem cälischen Berg lag, vorbei zu nehmen. Beständig plaudernd, hatte er oft prüfende Blicke auf seinen Kameraden geworfen, der arglos neben ihm herschlenderte und sich sehr verwunderte, sich plötzlich am Eingang des Zirkus zu finden. Hier bot sich beiden ein Bild, dessen aufregende Einzelheiten durch die verhüllenden Schauer der Morgendämmerung an düsterem Reiz gewannen. Während fern durch das kapenische Tor bereits die ersten Reisenden singend und lachend in die Stadt einzogen, eilten hier aus dem Portal des Gebäudes bekümmert dreinschauende Männer, ihnen folgten weinend andere, die in blutiges Linnen gehüllte Gestalten vorübertrugen, wieder andere schienen an den Straßenecken auf der Wache zu stehen, um bei Annäherung von Gefahr Zeichen zu geben. Hastig, angstvoll wurden diese blutbesudelten Lasten aus dem Portal geschleppt. Manchmal entwischte im Drang der Übereilung ein Zipfel des Tuches der zitternden Hand des Trägers, dann entblößte sich im Halbdunkel der Morgendämmerung ein zerfleischter Nacken, ein gräßlich entstelltes Gesicht. Metellus erriet, daß die Christen die Leichen ihrer hingemordeten Brüder aus der Arena trugen, um sie in den Katakomben zu beerdigen. Eben trugen sie den Körper eines jungen Mannes mit Anstrengung die Marmortreppe herab. Die Trägerinnen, zwei Schwestern und die alte Mutter, unterdrückten ihre Tränen, ihr Schluchzen ging in keuchendes Atemholen über, als sie jetzt mit Mühe die Leiche von Stufe zu Stufe hoben. Eine Blutspur, die aus dem Linnen träufelte, bezeichnete den Weg auf dem Marmor. Das Gesicht der Leiche war bedeckt, seltsam, fast albern, bildete die Nase eine Erhöhung in dem grauen Tuch, auf das nun der Morgen ein trübes, erstorbenes Licht warf. Fröstelnd schauerte der Morgenwind und trug den Blutgeruch den beiden Zuschauern entgegen. Das Siegesgespann auf dem Portal erglomm rötlich, die Siegesgöttin schwebte in kühlem Purpur getaucht. Dort im grau angehauchten Blau des Himmels, majestätisch, teilnahmslos regierte sie die bäumenden Rosse, während sich die Stufen und Säulen des Gebäudes mit Blut färbten. Der Leiche voran schritt ein gramgebeugter Greis, sein Augenlid hing wie gebrochen. Als er an den beiden Zuschauern vorüberwankte, schien er sie für Christen zu halten in seinem Wahn. Meine einzige Stütze, jammerte er und hielt die Hand hin, als erwarte er, daß man ihm eine Gabe reiche. Metellus war nicht gut auf die Christianer zu sprechen. Er, als Künstler, verfluchte einen Kultus, der alle bildliche Darstellung Gottes verwarf, roh, nüchtern erschien ihm dieser Aberglaube, für Bettler und Dummköpfe geeignet. Dennoch zog er nun von Mitleid ergriffen seine Börse und zeigte mit bedauerndem Achselzucken, daß sie leer sei. Der Alte nickte trüb lächelnd, griff in die Tasche und wollte eine Münze in die leere Börse werfen. Ganz verblüfft schob Metellus die darreichende Hand zurück. Der Alte ging, und da die Leiche an den beiden vorübergetragen wurde, konnte sich der Künstler nicht enthalten, das Tuch, das sie bedeckte, ein wenig zu lüften. Die Mutter hatte diese Berührung bemerkt, und in leidenschaftlichem, unterdrücktem Schmerzausbruch sagte sie stehenbleibend: „Ja, sehe dir ihn an, junger Mann, sieh, wie schön er ist, ein Engel hat ihm die Schrecken des Todes von der Stirn geküßt." Sie entfernte das Tuch. Vor Metellus lag das schönste Jünglingshaupt, das er je gesehen hatte, ein edler Unmut schlief auf dieser elfenbeinweißen Stirn, Todestrotz lagerte finster über den schwarzblauen Augenbrauen, der schöne Mund war ein wenig geöffnet, als wolle er ein verächtliches Wort aussprechen. Die noch immer stattliche, in ihrem Schmerz sogar schöne Matrone faltete die Hände des Hingeschiedenen über seiner Brust.

„Ich wünschte, er wäre mein Freund gewesen", flüsterte Metellus bewegt der Mutter zu. Diese nickte stumpf vor sich hin, indes ihre roten Augenlider tränten. Langsam bedeckte sie das regungslose Gesicht des Toten und half die Leiche weitertragen. Da Rufus mit einem raschen Entschluß die Treppe des Portals hinaneilte, folgte ihm, wenn auch zögernd, der Jüngling. Sein Herz schlug, als er in die Zelle der Verurteilten trat, deren Tor jetzt weit offen stand und den Anblick auf die leichenbedeckte Arena gewährte. Leer lagen die weitgespannten Sitzreihen, nur einige bunte Punkte, von denen die grauen Steintreppen unterbrochen wurden, deuteten an, daß der eine oder andere der Zuschauer, statt nach Hause zu gehen, es vorgezogen hatte, auf seinem Kissen im Zirkus zu übernachten. Fahl glomm der Tag über der höchsten Bogenreihe in die Arena herab. Blaß schimmernd hing der Mond in dem weißlichen Glanz des Frühlichts und blickte mit seinem gleichgültigen, abgematteten Gesicht auf die ineinandergeballten, zuweilen noch zuckenden Tier- und Menschenleiber, die ausgesät lagen, als hätte der Tod ein Fest geben wollen. Wie viele Schatten mochten jetzt den düsteren Fährmann umdrängen? Wie still mochte jetzt der Geisterkahn durch die träge Welle gleiten, an den felsig öden Ufern vorüber, die man nur einmal schaut? Und wie wohnte es sich da unten im ewigen Dämmerlicht, beim Gekrächze der scheußlichen Vögel? Weg, ihr trüben Bilder! Heitere dich auf, gerunzelte Stirn! Der Frühwind trug warmen, süßlichen Blutgeruch unserem Freund entgegen, dem der Anblick dieses Schlachtfeldes Schauder eingeflößt haben würde, hätte nicht die charakteristische Lage, der edle Gliederbau mancher Leiche sein künstlerisches Interesse wachgerufen. Die kühlen Farben der Morgenbeleuchtung milderte ihm das Unmenschliche des ganzen Bildes und gab demselben eine wilde Größe, eine unerhörte Schönheit. Er unterdrückte ein Gähnen, schlang seinen Mantel um die fröstelnden Glieder und schickte sich an, die folgende Zelle zu betreten. Fern schimmerten, wie einzelne Sterne, im blauen Morgenduft hin und her huschende Fackeln. Dort waren Sklaven damit beschäftigt, die Leichen zu entfernen, den blutgetränkten

Sand umzuschaufeln, die Raben zu vertreiben, die krächzende Kreise über den Leichenhügeln zogen. In der folgenden Zelle schnarchte ein Tierwächter zwischen seinen Wasserkübeln und Besen am Boden und verdaute, unflätige Seufzer ausstoßend, den Lauch und die Zwiebeln, die ihm seine Frau gestern abend zugetragen hatte. Durch das geschlossene Gitter des Käfigs nahm man einen Löwen wahr, der das Haupt an die Stäbe drückte, indes aus einer Hüftwunde sein Blut den Boden des Käfigs überschwemmte. Nicht ohne Mitleid betrachtete Metellus das königliche Tier, wie es ohne Schmerzlaut seine Wunde bluten ließ, das unwillige Auge verachtungsvoll von der Welt abgekehrt. In der folgenden Zelle schlief ebenfalls ein struppiger Wärter, noch hielt er einen Fleischbrocken in der Hand, indes ihm der Kopf so nahe an das Gitter eines Affenkäfigs gesunken war, daß die gutmütige Äffin sich versucht fühlte, seine Haare von gewissen Tierchen zu befreien, die sie bei sich selbst reichlich finden mochte. Noch einmal betrachtete sich Metellus den sterbenden Löwen, der noch immer regungslos dalag, ergriff dann eines der Fleischmesser und ritzte mit demselben auf den Tisch, der zum Zerteilen des Fleisches diente, die Umrisse des sterbenden Tieres.

„So", sagte er, als er das Bild vollendet hatte, „jetzt vergesse ich dich nicht mehr."

Gedankenvoller, als er je in seinem Leben gewesen war, schritt er der Arena zu. Er hätte nicht zu sagen gewußt, über was er eigentlich nachdachte, er dachte an gar nichts und an alles, es lag wie ein nicht abzuschüttelnder Druck auf seinem Bewußtsein. Eine Schwermut, wie er sie nie gefühlt hatte, eine Traurigkeit, über deren Tiefe er selbst erstaunte, beschäftigte sein Gemüt. Aber er wollte heiter sein. Um diese Schwermut zu bekämpfen, blieb er jetzt vor der Leiche einer Mutter stehen, die ihr totes Kind an die Brust drückte, dann vor dem Körper eines alten Mannes, der einen erwürgten Leoparden umschlungen hielt. Er betrachtete die Züge der Toten, spürte nach den letzten Gedanken dieser Bejammernswerten und las in den blöden Augen. Dazwischen verfolgte ihn wieder das Bild des schönen Jünglings, den er eben hatte wegtragen sehen, und da das bleiche, vorwurfsvolle Antlitz vor seine Phantasie trat, wurde es ihm plötzlich so schwül und eng, daß er nach Atem rang und weitereilte. Es kam eine Stimmung über ihn, als solle er den schönen Toten bewundern, ja, beneiden um sein Los. Was hätte er darum gegeben, an der Seite eines solchen leben zu können, wie dürstete er auf einmal nach Freundschaft und wie einsam, wie verlassen kam er sich unter diesen blassen Schlummerern in dem großen, teilnahmslosen Rom vor. Seit langer Zeit zum erstenmal war es ihm, dem Lebenslustigen, als müsse er weinen und als flösse mit seinen Tränen glückliche Kindheit dahin, unwiederbringlich ins Weite. Und eine Erbitterung gegen Rom stieg in ihm auf, das in so kurzer Zeit eine Umwälzung seiner Stimmungen, seiner Ansichten hervorgebracht hatte. Er beneidete die Sklaven, die dort mit kaltblütiger Gleichgültigkeit lachend, unsaubere Witze reißend, die Körper durch den Sand schleifen konnten. Nur solche Seelen mochten sich in dieser Stadt behaglich fühlen. War es der ungewohnte Anblick dieser Stätte oder der Hunger, der schon seit Stunden an ihm nagte, unser Abenteurer fühlte, wie eine lähmende Schwäche ihn übermannen wollte. Trotzdem schritt er, sich überwindend, zu Rufus heran, den er vor einer Mädchenleiche niederknien sah. Rufus hatte gefunden, was er suchte. Lukretia, deren Antlitz ihn heute mehr beschäftigt hatte als ihm selbst lieb war, lag vor ihm. Rings reckten schwerfällige Bären die toten Tatzen. Ein Leopard, mit einem Stich in der Brust, riß den Rachen auf, ein anderer hielt noch den Kopf eines Weibes zwischen den Zähnen. Lukretia war unverletzt. Unter Tier- und Menschenleibern hatte sie verborgen gelegen, geschützt von Toten, war sie dem Leben erhalten geblieben. Wie sie so starr vor dem bärtigen Mann dalag, dessen Züge jede Spur von Mitleid zu verdrängen suchten, war es ein seltsam friedliches Bild mitten in diesen Greueln, umglänzt von den blendend weißen Strahlen der

Morgensonne. Der Krieger hatte sich aus der Zelle der Wärter einen Eimer herbeigeholt und benäßte das Gesicht des Mädchens. Nur ihre Brust hob und senkte sich zuweilen, der übrige Körper lag regungslos. Ihr schwarzes Haar, durchnäßt von Schmutz, Blut und Wasser, klebte über ihre Stirn die Wange herab auf der Brust fest und bildete eine Umrahmung, aus der gespenstisch das nichtssagende, elend blasse Gesicht hervortrat. Bemitleidenswert genug war ihre Hilflosigkeit, die geschlossenen großen Augenlider wölbten sich so geheimnisvoll aus braunen Vertiefungen, um die blauen Lippen lag ein fades Lächeln, sie sah gar nicht aus wie ein Mädchen, sie hatte überhaupt nichts Menschliches, sie war zu einer Sache herabgesunken. Rufus rief unserem Metellus mit barscher Stimme einen Befehl zu, den dieser in seinem schlaftrunkenen Ermattungszustand überhörte. Er wandte sich, als wolle er diesen Befehl vollziehen, dem Ausgang zu, taumelte die Treppe herab ins Freie und stand, ehe er sich's versah, wieder auf der Straße.

Viertes Kapitel

Nun war Rom erwacht. In hellem Sonnenglanz schimmerten die Marmordächer, ragten die Säulen. Bereits wogte und stürmte die Menge zwischen den Buden einher, an den hohen, kleinfenstrigen Häusern vorüber, drängte sich um die Ecken an Bildsäulen vorbei, durch die Säulenhallen. In schweigsamer Erhabenheit schauten die Prachtbauten auf das Gewühl herab. Bäume unterbrachen mit ihrem erfrischenden Grün die Arkaden und boten dem gaffenden Nichtstuer ihren Schatten. Die Verkäufer machten auf ihre Waren aufmerksam, die Metzger beleidigten die Nasen der Vorübergehenden durch ihre mit Mücken reichlich übersäten Rinderviertel, die Bäcker drückten die Finger in ihr Gebäck, um dem Eßlustigen die Mürbe desselben anschaulich zu machen, die Garköche priesen ihren Erbsenbrei. Hirten aus der Umgebung der Stadt kamen mit ihren Milchkübeln und kosten an den Hauseingängen mit den Wirtschafterinnen. Metellus, der diesem Treiben zusah, hatte Lust, sich seinen knurrenden Eingeweiden zuliebe bei einer jungen Haushälterin beliebt zu machen, die eben einem derben, bockshaften Sohn der Berge den Milchkübel abnahm. In seinem übermüdeten Zustand wußte er kaum, was er tat, als er sie in der Hoffnung, einen Becher voll Milch als Belohnung für seine Schmeichelei zu erhalten, anredete. Nicht gewohnt zu schmeicheln, bat er unbeholfen genug um einen Kuß.

„Was willst du?“ fragte die Dirne.

„Du bist so schön“, stotterte der Ausgehungerte, an seinem Mantel zupfend.

„Bin ich das?“ rief sie. „Und du, mein Freund, bist häßlich wie Achilles in Weiberkleidern. Beim Orkus, er riecht nach dem

Spinnrocken, und was für zarte Fingerchen er hat. Fort, du bist mir viel zu zierlich, du käsweißer Ganymed."

Und nun begann sie dermaßen auf sein Wams von Ziegenfell und sein bartlos-glattes Gesicht zu schelten, daß sich unser Freund ohne Erwiderung beschämt zurückzog. Der lustig grinsende Hirte, der durchaus nach dem Stall roch, blieb im Besitz seiner Rechte und versetzte mit seinen flaumartig dicken Lippen der Jungfer sofort einen schmatzenden Kuß.

Bald stieg die Not des Jünglings ins Unerträgliche, sein Magen verlangte dringend nach Füllung, der Lärm der Menge klang seinem Ohr immer ferner, und um sein Auge legte sich bereits ein grauer Schleier. Aber kein Mensch kümmerte sich um den bleich Dahinschwankenden, jeder war mit sich selbst beschäftigt. Dieser dachte an seinen interessanten Rechtsfall, jener an die alte, reiche Erbtante, die bald in die Unterwelt abfahren mußte. Der eine präparierte einen niedlichen Betrug, der andere überlegte, wie er wohl die Tugend Julias am sichersten zum Fall brächte. Manchem saß vielleicht schon der Pfänder auf dem Hals, der andere berechnete die Kosten seiner neuen Villa in Tibur. Schulkinder deklinierten unter Anleitung des mageren Lehrers, jeder tat, als sei er allein auf der Welt und seine Sache die wichtigste. Der Nebenmensch war nur soweit in Betracht gezogen, als er den Weg versperrte. Metellus blieb vor einem Eckpfeiler stehen und hörte, ohne zu hören, wie ein beleibter Bürger der ihn umjubelnden Menge ein spitziges Epigramm auf Neros „Singstimme" verlas, das dort in die Wand gekritzelt war, er hörte, wie ein stumpfnasiger Ausrufer demjenigen hundert Denare versprach, der den davongelaufenen Sklaven des Senators M. wieder einbringen könne. Den zerlumpten Schiffbrüchigen sah er, mit dem Stück des Wracks in der Hand, die Menge um ein Almosen anflehen, und der Lahme auf dem Pflaster streckte seinen dürren Arm aus oder schlug seinen einzigen Gefährten, der ehrlich mit ihm hungerte, seinen Hund. Dies alles sah und hörte er wie im Traum, die ganze bunte Welt begann schreiend um sein Auge zu wirbeln, die Häuser standen nicht mehr fest, die Nymphen und schäumenden Marmorlöwen der Brunnen fingen an zu tanzen, der Esel des Obstverkäufers und der stolz hinschreitende Ritter, der ernste Ägypter und der bewegliche Grieche, alle die verschiedenartigen Trachten und Leiber zerrannen in einen dicken Quark, der unaufhörlich von geheimnisvollen Händen umgerührt wurde. Die eben geschauten Leichenbilder quälten die Phantasie des Armen bis zur Ermattung, in seinen Därmen wühlte ein unleidlicher Schmerz, denken konnte er kaum mehr, er schleppte sich weiter, mit einem Gefühl der Selbstbemitleidung in der Brust. Und wenn ich jetzt zusammenbreche, was geschieht mit mir? Tränen in den Augen, trat er zu einem Obstverkäufer heran, dessen Körbe von Feigen und blaugrünen Melonen strotzten, hatte aber trotz seiner großen Beängstigung nicht mehr den Mut, den Mann um eine Gabe zu bitten. Als ein reicher Beamter, in der Sänfte liegend, nun die Straße heraufgetragen wurde und die vorausschreitenden Sklaven „Gebt Raum, gebt Raum!" den Entgegenkommenden zuriefen, blieb Metellus betäubt, wie seine Sinne waren, stehen, wo er stand, und erhielt demzufolge von dem schwarzen Äthiopier einen derben Stoß in die Rippen. Er besaß nicht mehr genug Willenskraft, um den Stoß zu erwidern, er wußte kaum, daß man ihn gestoßen hat, und sah dem sattblickenden Schlemmer nach, der sich gemächlich in seinen Purpurpolstern dehnte, eine Weintraube an die Lippen führend, deren Schalen er den Vorübergehenden in das Gesicht spuckte.

„Oh, gütigster Jupiter, was soll das werden?" hauchte der Hungrige. „Dieses Rom! Ich habe es mir doch anders vorgestellt."

Als ihm jetzt ein eiliger Klient in einer abgeschabten Toga mit Wucht auf die kleine Zehe trat und ohne Entschuldigung weiterstürmte, kam er wieder einigermaßen zum Bewußtsein. Sein altes Trotzgefühl erwachte in ihm, und ohne sich lange zu besinnen, trat er in die nächste Taverne. Sogleich erschien der höfliche Wirt mit seinem gewohnheitsgemäßen Lächeln und seinem immer gekrümmten, fetten Nacken.

„Was darf ich dir vorsetzen?“ fragte er, und Metellus verlangte Wein nebst einem ordentlichen Käse.

„Sogleich“, sagte der Wirt. Es war eine Taverne der niedersten Art. Rohe Holztische, der Fußboden dicht besät mit Überresten von Schüsseln, Wursthäuten, Obstschalen, Kernen. Der kleine Ofen am Eingang, der dazu diente, warme Speisen zu bereiten, füllte den dunklen, nach der Straße geöffneten Raum, mit rußigem Rauch, aus dem die weißen Gewänder der zechenden Gäste wie die Schatten aus der Dämmerung der Unterwelt schimmerten. Vorn stand der Schenktisch, auf dessen schmutziger Marmorplatte Früchte, Käse, Brote, Fische, Weinflaschen, gerupftes Geflügel in wüstem Gemisch lagen. Die ganze Anordnung machte den Eindruck, als bestünde sie aus den Abfällen, die der gütigen Ceres (sie war auf das Wirtsschild gemalt) aus ihrem Füllhorn abhanden gekommen wären. Auch fehlte es außer den lärmenden Gästen nicht an kleinen stechenden Mitbewohnern, die sich sofort unseres Freundes Ziegenfell zum Tummelplatz ersahen. Der arme Junge stützte den Kopf auf und nahm seine ganze Willenskraft zusammen, seine Schwäche nicht zu verraten, er zählte, um sich zu zerstreuen, die Anzahl der Gäste und betrachtete das plumpe Wirtsschild, das über dem Schenktisch prahlte. Vielleicht verlieh ihm seine Blässe, sein schmachtender Blick reizvoller Schönheit, als es die Farbe der Gesundheit vermochte, wenigstens lächelte die syrische Sklavin, die ihm jetzt aus dem Schlauch Wein in den Becher rauschen ließ, ihr geheimnisvollstes Lächeln.

„Erfrische dich, Fremdling“, sagte sie, mit den weißen Fingern den Hals des runzligen Schlauches zupressend. Metellus, ohne auf sie zu hören, griff nach dem Becher und trank ihn halb leer.

„Möge dir Bacchus den Trank gedeihen lassen“, sagte sie, und Metellus, dem der kräftige Schluck die volle Besinnung wiedergegeben hatte, erwog schmerzlich in beunruhigter Seele, daß ihm

Bacchus schwerlich behilflich sein werde, diesen Wein zu bezahlen. Bald erschien der ewig lächelnde Wirt und setzte ein Binsenkörbchen voll Käse auf den Tisch, das er mit einer Sorgfalt handhabte, als enthielte es die kostbarsten Leckerbissen.

„Stille deinen Hunger", sagte er freundlich, und als Metellus seufzend nach einem der gelben Käse griff, klopfte ihm der dicke Wirt auf die Schultern und setzte hinzu: „Nicht geseufzt! Wie sagt Horaz von der Jugend?" Dann unterbrach er sich: „Woher? Wohin? Wenn ich fragen darf?"

„Komme aus der Provinz", sagte der Jüngling.

„Aha! Willst in Rom dein Glück machen? Gut! Nur immer nach Rom gekommen, da wächst das Geld aus den Pflastersteinen."

Metellus seufzte zum zweitenmal, aber der Dicke fuhr fort:

„Nur die Weiber nicht vernachlässigen, sich immer an die Weiber halten. Mut, junger Mann, als ich in deinem Alter war ..." Weiter brachte er die Gewohnheitsphrase nicht, zwei Soldaten riefen ihn an andere Tische. Mit kriechender Liebenswürdigkeit schob er seinen Wanst zu den anderen hinüber und zischelte ihnen allerlei Späße über den bäurischen Jungen aus der Provinz in die Ohren, der gewiß nach Rom gekommen sei, um sich von einer alten Senatorenwitwe nasführen zu lassen. Der Wirt ist ein gutmütiger Mann, dachte der Künstler, dem Falerner zusprechend und die schmierigen, ekligen Käse zerkauend, die er ohne diesen Appetit schwerlich angerührt hätte. Der Wirt scheint es ehrlich mit mir zu meinen. Nachdem er auf diese Weise seine Sinne wieder in menschenwürdige Verfassung gebracht hat, fiel ihm die Kühnheit seines Unternehmens doppelt schwer aufs Herz. Ganz entsetzt über das, was er gewagt hat, stürzte er seinen Becher hinab, überhörte die Anrede der Dienerin, die ihn aufs neue füllte, und war nur damit beschäftigt, sich die Folgen seiner Zechprellerei auszumalen. Sie werden den Liktor rufen, bis heute abend sitze ich im Gefängnis, dachte er und betrachtete das heitere Gesicht des Wirtes, der noch keine Ahnung davon hatte, daß – oder hatte er eine

Ahnung von der Schändlichkeit seines Gastes, blickte er nicht zuweilen mißtrauisch herüber? Metellus, du bist nahe daran, ein Vagabund zu werden. Essen, trinken und nicht bezahlen! Der Ehrliche litt unsäglich unter diesen Vorstellungen, es war der erste Betrug, den er begangen hatte, in der Verzweiflung begangen, und er trank aus Verzweiflung immer mehr Falerner, der sich sogleich über den leeren Magen hermachte und die Gelegenheit benutzte, das ermüdete Gehirn in Brand zu stecken. Seine Wangen röteten sich, die düsteren Bilder zogen sich allmählich zurück, immer lachendere stiegen in seiner Seele auf, und er begriff auf einmal gar nicht, warum die Welt in so rosigem Licht brannte. Was ihm vor einer halben Stunde schwer auf den Schultern gelegen hatte, war plötzlich federleicht geworden, der Wirt war ein Narr, Geld, das überflüssigste auf diesem Erdenrund, nicht bezahlen zu können, ein Spaß. Mehrere Gäste setzten sich neben ihn, und er mischte sich, froh, sein Herz erleichtern zu dürfen, ins Gespräch. Mit jenem Widerspruchsgeist, wie er oft den Sanftesten befällt, wenn er die Kraft des Bacchus in den Adern spürt, hatte er an jeder Bemerkung der Zechenden zu mäkeln. Einer der Anwesenden, ein magerer Leinweber, erzählte, was er von seinem Nachbar, dem schieläugigen Bäcker Nävius, über das Verhältnis Neros zu seiner Gattin Octavia gehört hatte. Im ganzen war man mit der Regierung zufrieden, nur die Großen hatten unter der Tyrannei zu leiden, die Kleinen erhielten Brot und Spiele und gönnten mitunter den Vornehmen die Demütigungen und Ängste, die ihnen der Herrscher bereitete. Wo der Bäcker die Nachricht herhatte, wußte der Leinweber freilich nicht, aber das stand für ihn fest, daß der Kaiser seine junge, schöne Gemahlin gestern mit höchsteigenen Händen geschlagen habe. Ganz Rom bemitleide die neunzehnjährige, sanfte Kaiserin. Sich scheiden zu lassen, wage Nero nicht, da er des Volkes Stimme fürchte, andere erhoben Einspruch und meinten, Octavia habe diese Behandlung von seiten des Kaisers verdient.

„Nicht so laut", fiel der Wirt den Sprechern in die Rede. „Ihr wißt, man ist niemals vor Spionen sicher."

„Noch Schlimmeres erzählt man in meinem Stadtviertel", flüsterte ein Gerber, „der Cäsar soll Octavia gleich einer Gefangenen behandeln, sie hungern lassen."

„Und was für Gründe hätte er also", nahm Metellus sehr laut das Wort, beendigte dann aber, als die übrigen von allen Seiten ihr „Stille!" ertönen ließen, den Satz ganz leise, „also zu handeln?"

Keiner wußte einen Grund anzugeben, und der weinerregte Künstler ergriff lebhaft die Partei Neros, was die anderen mit schweigsamem Lächeln geschehen ließen.

„Kennt ihr etwa Octavia persönlich? Seid ihr in den Gemächern des Kaisers zu Hause? Geklatsche, Stadtgeklatsche", rief er, „das heckt ihr in euren Schusterwerkstätten aus. Ich glaube kein Wort davon."

Man ließ den Enthusiasten sich ereifern und ging auf einen anderen Gegenstand über. Der Zirkushengst „Helios" wurde einer genauen Kritik unterworfen. Als handele es sich um das Bestehen des Reiches, zankte man sich darüber, ob er zwei oder drei Schritte vor der „Kleopatra" am Ziel angekommen sei. Die neueste Pantomime Lukans, „Paris und Helena", wurde belobt, einige Melodien aus diesem Werk, gerade nicht die anständigsten, wurden sogar abgesungen. Man berichtete, daß in Ägypten Regen gefallen sei, und erzählte mit Bedauern, daß der Gladiator Claudius seinen Wunden erlegen sei. Metellus fragte, ob man schon Lukans neuestes Epos herausgegeben hat, man rühme diesen Dichter sehr, er solle sogar Neros Eifersucht erregt haben.

„Ein prächtiger Kerl", unterbrach ihn ein sehr kleiner Sandalenfertiger, „welch ein Riese. Diese Ausdauer, diese Übergänge, dieser Schwung, wenn er sich erhitzt, und der ganze Bau ..."

„Er soll über einen sehr graziösen Versbau gebieten", fiel ihm der über dieses Kunstverständnis erfreute Künstler ins Wort.

„Was! Versbau! Ich spreche von dem Gladiator", sagte der Sandalenhändler und blickte den Künstler „mit seinem Epos" verächtlich an.

„Den Gladiator hatte ich nicht das Vergnügen zu kennen", sagte unser Freund trocken.

„Du hättest ihn sollen bluten sehen", erzählte ihm ein friedfertig blickender Schreinergeselle, „es war prächtig, wie er den Stoß mit der Brust auffing, ohne mit den Wimpern zu zucken."

„Und wie der andere langsam das gerötete Eisen aus dem klaffenden Spalt zog", fiel ein dicker Obsthändler ein, „ah! Das vergesse ich nie. Wie eine zerquetschte Maulbeere troff der weiße, muskulöse Körper vom roten Lebenssaft."

„Und mit welcher Anmut er dann umsank", sagte ein dritter begeistert.

„Ah! Aber wir Römer waren milde", entgegnete der Obsthändler, „wir begnadigten ihn."

Metellus erkundigte sich nach dem neuesten Werk Senecas. Keiner wußte Auskunft zu geben, man kannte Seneca nur dem Namen nach, aber wie viele Christen der Löwe „Herkules" gestern zerrissen hatte, wußte man ihm genau vorzurechnen. Metellus fragte nach dem neuesten Gemälde des Amulius, man hatte nie von dem Mann gehört, aber daß der Koch Thrasykles eine neue Art von Obstpasteten erfunden hatte, wurde ihm mit großer Wichtigkeit mitgeteilt. Über einige von dem Obsthändler zum besten gegebene zweideutige Redensarten errötete der junge Künstler so tief innerlich und äußerlich, daß er beschloß, dem Gespräch eine andere Wendung zu geben.

„Wißt ihr denn nichts Vernünftigeres vorzubringen?" fragte er. „Zirkushengste, Pasteten, was kümmert das mich! Nun hört zu, ich will euch ein nächtliches Abenteuer erzählen, das vielleicht nach eurem Geschmack ist. Das ist ein schönes Rom, euer Rom bei Nacht." Und mit redseliger Weitschweifigkeit schilderte der Künstler sein Abenteuer mit der vermummten Göttergesellschaft, das wir bereits miterlebt haben. So sehr vertiefte sich der phantasielose Bursche in die lebendige Wiedergabe der Prügelszene, daß er nicht bemerkte, wie der Obsthändler sich erstaunt hinter den Ohren kraulte, wie der Gerber das Trinken vergaß, der Schreiner äußerst unruhig auf seinem Sitz hin und her rückte, der Wirt herangeschlichen kam und überhaupt die ganze Gesellschaft allmählich eine sonderbare, ganz ungewöhnliche Teilnahme bezeigte.

„Ja", endigte Metellus seine Erzählung lachend, „dem Apollo habe ich den Spaß weidlich verdorben. Ich habe ihm einen tüchtigen Schlag mit seiner Lyra über die göttliche Nase versetzt, er wird noch acht Tage mit einem olympischen, blauen Mal einherwandeln."

„Was!" rief der Gerber entsetzt. „Du hast ihm – ins Gesicht" –

„Gewiß!" lachte unser Freund. „Geschlagen habe ich ihn! Hatte er es etwa nicht verdient? Soll man sich gutmütig solche nächtlichen Überfälle gefallen lassen?"

Der Wirt wollte reden, brachte aber in einer Beängstigung, die ihm das Gesicht blaurot färbte, nichts anderes über die Zunge als: „Ist es möglich, ihr Herren! Geschlagen!"

„Und wie, sagtest du, daß dieser Apollo aussah?" fragte der Sandalenfertiger ängstlich. „Hochgewachsen … ?"

„Hochgewachsen!"

„Eine Neigung zur Beleibtheit?"

„Gewiß!"

„Weichliche Gliederformen?"

„Ja! So etwas Schwammiges im Gesicht – aber ich begreife eure Erregung nicht – sagt mir doch …"

„Einen breiten Nacken, rötliches Haar?"

„Ganz recht!"

„Und er war der Anführer der Schar?"

„Der Anführer", bestätigte Metellus.

„Es war kein anderer, beim Pluto!" keuchte der kleine Schuster, seinen Genossen erschrocken zunickend.

„Er ist's, er war's. Diese Verkleidung liebt er vor allen übrigen", sagte der Schreiner, sich leise von seinem Stuhl erhebend, „mir fällt ein, daß ich nach Hause muß, der Zenturio Milo wartet auf seinen zerbrochenen Tisch."

Jeder besann sich plötzlich, daß seiner zu Hause ein unaufschiebbares Geschäft harrte. Sämtliche Anwesenden hatten sich schon beim Beginn der Erzählung nach dem Sprecher hingewendet, jetzt tranken die meisten hastig ihren Becher leer, bezahlten und machten sich mit auffallend scheuen Gesichtern davon. Auch der Gerber erhob sich, die übrige Tischgesellschaft folgte ihm. Einige unterdrückten ein verlegenes Lachen, der Schreiner warf unserem Freund einen vernehmlichen „Esel" hinüber, der Sandalenfertiger brummte etwas von dummen Provinzialen in den Bart, die einen friedlichen Bürger noch in Gefahr brächten. Der ganze Tisch, die ganze Schänke war plötzlich von den Gästen geräumt worden. Metellus wußte nicht, was er zu dieser Flucht sagen sollte, er saß wie im Traum da, starrte den Weggehenden nach und überlegte, ob er oder die Gäste plötzlich den Verstand verloren hätten.

„Fort, ihr Hunde", schrie der Wirt seinen Sklaven in die Ohren, „was steht ihr noch da!"

Die Sklaven hatten mit weit aufgerissenen Augen den Erzähler angestiert und entfernten sich erst, als sie von ihrem Herrn mit mehreren Tritten beglückt wurden. Darauf wandte sich der Wirt mit zornfunkelnden Augen zu Metellus.

„Nun? Und du?" rief er. „Der du mir die Gäste vertrieben hast, soll ich dich etwa eigenhändig vor die Tür setzen, oder willst du deine Beine brauchen?"

„Aber um Zeus, des Allmächtigen willen", begann der Künstler, „so sagt mir doch ..."

„Hinaus!" schrie jetzt der Wirt, seiner selbst kaum mächtig. „Auf der Stelle hinaus!" –

Metellus erhob sich zaghaft, mit den Fingern, wie es ihm, sobald er erregt war, zur Gewohnheit geworden war, in den Zotteln seines Rockes wühlend. „Es tut mir leid, dich nicht bezahlen zu können", stotterte er errötend vor sich hin, „schreibe meine Rechnung auf, ich will arbeiten, ich will …"

„Hinaus!" tobte der Wirt, ohne zu hören, ihn an der Schulter fassend. „Glaubst du, ich wollte mir die Kundschaft verderben lassen?"

Und er schob den armen Jungen, der sich in seiner Verblüffung alles gefallen ließ, auf die Straße. Hier angekommen, dankte er den Göttern, daß der Wirt in seiner Aufregung vergessen hatte, auf Bezahlung zu dringen. Diese glückliche Gewißheit verdrängte in seinem Herzen vorerst alle übrigen peinlichen Empfindungen.

„Was ich nur getan haben mag, daß sie alle vor mir wie vor einem Aussätzigen davonliefen", grübelte er, „diese Römer sind doch wahrlich wie die Kinder."

Schon begann er, das eben Erlebte nach seiner Gewohnheit in heiterem Licht zu betrachten, als ihm mitten im Gedränge eine Stimme ins Ohr flüsterte: „Flieh', du bist verloren!" Er drehte sich um und glaubte, den Rockzipfel des kleinen Sandalenmachers zu erkennen, der eben hinter einer dicken Matrone verschwand. „Es wird nicht so schlimm mit mir stehen, Zeus läßt keinen ehrlichen Bildhauer verderben", dachte Metellus, und schlenderte seiner Wohnung zu, die ungefähr zwischen dem Triumphbogen des Tiberius und der Tiberinsel lag. Es gab in den Straßen so viel neues zu sehen, daß er gar nicht Zeit fand, der Stimme des Warners Gehör zu schenken. Die Farben der babylonischen Teppiche, die Edelsteine, die Metallgefäße aus Griechenland, die asiatischen Sklaven, die zum Verkauf standen, beschäftigten seine ganze Seele. Nun ging ihm auch, da die Bedürfnisse des Leibes gestillt waren, der Sinn für die architektonische Pracht Roms auf. Diese Säulenreihen entlockten ihm Ausrufe der Begeisterung, wenn er sie in ruhiger Erhabenheit das reiche Dach in den Himmel heben sah. Diese Marmorgestalten, die so edel über dem Gewühl der Menge von ihren Postamenten herabgrüßten, erfüllten sein

Gemüt mit Schönheitstrunkenheit. Von der Statue eines sterbenden Kriegers konnte er sich kaum losreißen, immer wieder zog ihn der ergebene Blick, die würdige Haltung des Verblutenden an. Und über diesem ganzen reichen Rom thronte als ein Abbild des Olymps das tempelgekrönte, marmorprangende Kapitol und beschämte mit seinem Glanz den Himmel. Wie ein ewiger Gottesgedanke tauchte es auf, wenn man den Blick aus den dunklen Straßen emporhob, seine Riesentreppe erschien wie der Aufgang aus der schweren Erdenatmosphäre zu heiteren Höhen. Mit dem glückseligen Staunen eines Kindes auf dem schönen Gesicht wandelte der Künstler an den prächtigen Läden der *Septa Julia* vorbei, vorbei an Hallen und Tempeln. Als er sich dem Forum näherte, führte ihn sein Weg an dem Tempel des *Jupiter Stator* vorüber, und wie berauscht blieb er vor der heiter-schönen Majestät der Tempelfassade stehen. An der Marmortreppe hielt eine reichgeschmückte Sänfte, die auf den jedenfalls sehr vornehmen Herrn zu harren schien. Die zahlreichen Sklaven hatten es sich auf den Stufen, woselbst sie würfelten, bequem gemacht. Der Kontrast konnte kaum größer sein. Edel aufstrebende Säulen, die das mit Götterbildern gefüllte Giebeldach dem Himmel näher hoben, und dicht darunter auf diesen feierlich einladenden Stufen, aus denen die Säulen machtvoll wuchsen, die platte Alltäglichkeit, trinkende, schwatzende, würfelnde Sklaven. Das Tor war geöffnet, in dem kühlen Inneren des Tempels barg sich Jupiter, halb verhüllt von Dämmerung schienen seine weißen Glieder wie in einem blauen Schleier zu schlummern. Metellus' Frömmigkeit erwachte, er betrat das Heiligtum, und als ihn jetzt statt des scharfen Sonnenlichts die gedämpfte Pracht, das weihevolle Halbdunkel dieses Raumes umschauerte, konnte er sich der Tränen kaum mehr enthalten. Kein Mensch war sichtbar, Stille ringsum. Auf dem Altar wuchs eine leichte, bläuliche Wolke empor und umschwebte mit anmutigem Kräuseln Jovis' Stirn. Von der Straße herüber wehte es wie fernes Meeresrauschen. Einige Funken sprühten vom

Altar, schließlich erlosch die Glut gänzlich. Metellus wollte sich zum Gebet niederlassen, fand jedoch nicht die rechten Worte. Immer wieder drängte sich ihm statt heiliger Empfindungen das Bild jenes toten Jünglings auf, um den seine Seele trauerte, ohne daß sie es ahnte, und er beschloß, den Tempel zu verlassen. Sich vom Boden erhebend, gewahrte er eine weibliche Gestalt hinter sich, die mit dem Ausdruck eines großen Schmerzes auf dem Antlitz zu dem Gott emporblickte. Metellus blieb unwillkürlich stehen. Der wie zum schmerzlichen Aufschrei geöffnete Mund, das gerötete Auge, das sich ganz in Tränen auflösen wollte, die zitternden, sich gegenseitig umklammernden Finger, dieses ganze Bild war für ihn ein künstlerischer Genuß, der sein weiches Herz bewegte. Vor der Tür hörte man die Sklaven sich zanken, ihre rauhen Stimmen riefen die verhallenden Echos wach, als wolle den Zankenden der erzürnte, heilige Raum Ruhe gebieten. Draußen stürmte und wogte die Welt, hier lag der Kummer einsam mit sich selbst vor Zeus und bewegte die Lippen in stummem Gebet. Metellus hielt den Atem an, so sehr fürchtete er, von der Betenden bemerkt zu werden. Er fühlte, wie ihn eine innere Bewegung zwang, die leidenden Gesichtszüge des Weibes auf seinem Gesicht gewissermaßen widerzuspiegeln. Auch er öffnete, gerade wie sie es tat, die Lippen schmerzlich und blickte mit kindlicher Neugier in das schöne, blasse Antlitz hinüber. Endlich regte sich die Betende. Metellus zuckte zusammen, aber sie hatte bereits sein von Mitgefühl überquellendes Auge wahrgenommen. Im ersten Augenblick wollte eine Wolke des Unmuts ihre Stirn überschatten, als sie jedoch den verwirrten, flehenden Blick des Jünglings gewahrte, errötete sie, zog ihr Gewand vor das Antlitz und verließ langsamen Schrittes den Tempel. Draußen hörte man Kommandorufe, Schritte, die sich entfernten. Bisher hatte Metellus auf weibliche Schönheit nie sehr geachtet, die strengeren Formen des männlichen Körpers dünkten ihm ein der künstlerischen Darstellung würdigerer Gegenstand zu sein. Freundschaft stand ihm höher als Liebe. Jetzt zum erstenmal stieg eine flüchtige Ahnung von dem, was Liebe sei oder sein könne, in seinem Busen auf und verdrängte, wie er mit Erstaunen fühlte, das Bild jenes toten Jünglings, das bisher wie ein trauriger Schatten neben seinem Denken hingewandelt war. Eine weiche Sehnsucht, sich hinzugeben, kam über ihn, das bange Vorgefühl eines unaussprechlichen Genusses übermannte ihn, und er sagte sich, von einem weiblichen Wesen mit tief weiblicher Leidenschaft geliebt zu werden, müsse immerhin eine seltsame, sinnberückende Sache sein, etwas ganz anderes als Freundschaft, beunruhigend, qualvoll im Genuß. Doch diese Empfindungen verwischten sich ihm wieder, als er den Tempel verlassen hatte, er lächelte über seine wunderlichen Träumereien und versuchte es, seine frühere Weiberverachtung aufrechtzuerhalten. Da er ganz in Sinnen verloren von seinem Weg abgekommen war, wagte er es, einen Barbier, der gerade vor seiner Bude einen wohlbeleibten Kaufherrn rasierte, um Auskunft zu bitten. Der Barbier schwang mit Grazie sein Messer um die vollen Wangen des Behäbigen, der sich gemächlich in seinem Sessel zurücklehnte, und ohne sich in seinem wichtigen Geschäft zu unterbrechen, erteilte er dem Fragenden seinen Rat.

„Also nach dem Tiberfeld willst du?“ floß es von den Lippen des Redseligen. „Ja! Das ist eine schöne Gegend. Viele Juden dort, und die Häuser sollen dort sehr baufällig sein. Erst vor acht Tagen stürzte eines dieser Häuser zusammen. Aber billig zu wohnen dort, wenn man die Treppen nicht scheut. Ausmöbliert sind die Zimmer nicht, höchstens mit einigen Wanzen. – Beliebt es dir, Crassus, den Kopf ein wenig nach rechts zu drehen?“ unterbrach er sich. „So, ganz gut so – also du willst nach dem Tiberfeld, mein Freund? Ja, warte einmal, das beschreibe ich dir am besten auf diese Art – Narziß, die Salbe, die Enthaarungssalbe! Der afrikanische Hund hört wieder einmal nicht.“ Diese Anrede galt einem Schwarzen, der im Hintergrund der Bude einem kraushaarigen Jüngling die Haare striegelte. Der eifrige Barbier hatte nämlich seinen täglichen Kunden, den jungen Stutzer Mummius, um die nächste Straße kommen sehen. Der Stutzer, der stets aufs pünktlichste bedient werden mußte, trat denn auch sogleich ein, duftend, die Haare künstlich gelockt, den müden Blick mit vornehmer Teilnahmslosigkeit im Kreis drehend, und verlangte Bimsstein und die Enthaarungssalbe, um seine Arme glatt zu erhalten.

„Wie geht es dir, mein Gebieter?" redete ihn der Barbier ehrfurchtsvoll an. „Du siehst frisch aus, wie eine junge Pflaume, zwar ein wenig blaß – haha! Errate ich's? – Gestern abend das Gelage beim Konsul Piso – nicht wahr?"

Der Stutzer murmelte verächtlich: „Was verstehst du davon", aber der Barbier ließ sich nicht irremachen.

„Es sind ganz neue Salben aus Babylon eingetroffen", sagte er, „darf ich sie dir zeigen? Oh, ein Parfüm, ein Parfüm! Der Nektar ist Kot, damit verglichen."

Der feine Herr nahm die Demutsbezeigungen des Barbiers mit stumpfer Gleichgültigkeit in Empfang, dabei fortwährend unseren Künstler anstierend, um ihn aus der Fassung zu bringen, was ihm denn auch gelang. Endlich ließ er sich nieder und betrachtete den Künstler mit einem Blick, der deutlich sagte: Was tut der Lump hier? Metellus, durch diesen Blick in Zorn versetzt, beschloß nun, erst recht nicht zu gehen, und erwiderte diesen stolzen Blick so lange mit einem noch weit stolzeren, bis der Geck sein Auge von ihm abwandte.

„Weißt du nichts Neues aus der Stadt, Junius?" entgegnete der Stutzer.

„Nicht, daß ich im Augenblick wüßte", sagte der Barbier sich besinnend und dabei den Kopf seines dicken Kaufherrn mit beiden Händen bearbeitend.

„Welche Unverschämtheit, nichts Neues zu wissen, wenn ich komme", entgegnete der feine Herr aufrichtig ärgerlich, „so will ich dir zwei Neuigkeiten mitteilen, mit denen du deine Kunden unterhalten kannst, geistloser Mensch."

„Oh, bitte, beeile dich zu sprechen", sagte der Barbier.

„Lasse erst deinem Sklaven die Nägel schneiden", erwiderte der junge Mann, „er ritzt mir beim Einreiben die Haut. Nimm den Pinsel, Schurke, und betupfe mir das Kinn. Zart, zart, hörst du? – Aber was ist das, dieser Mensch nimmt eine Salbe, von der er weiß, daß sie mir verhaßt ist", setzte er höchst entrüstet hinzu. Der Sklave entschuldigte sich, er habe sich in der Büchse geirrt, erhält aber nichtsdestoweniger einen Fußtritt. Metellus, der im Begriff war zu gehen, machte sich, um noch bleiben zu können, an den Salbenschalen zu schaffen, als beabsichtige er, eine derselben zu kaufen. Dann, nachdem die richtige Salbe gefunden war, lehnte sich der feine Herr in den Sessel und ließ sich jedes Haar des Kinns und der Arme mit vorsichtigem Finger zwischen Bimssteinen hinwegreiben, wobei er zuweilen seine Erzählung seufzend oder fluchend unterbrach, wenn ihm der Sklave aus Versehen die zarte Haut kneipte.

„Denke dir den Spaß", erzählte der Stutzer in gelangweiltem Ton, „gestern abend war der Pädagoge Nigrimus unser Gast. Sein Amt ist, die Kinder des Konsuls zu erziehen und ihnen die Lehre der Stoiker beizubringen. Nun predigte er mit Würde und Gefühl gegen den überhandnehmenden Luxus in Speise und Trank. Wir beklagten mit ihm das Trinken und Schlemmen, schoben ihm jedoch einen Becher nach dem anderen unter den grauen Bart. Diesem ‚Gift der Menschheit', wie er den Wein zu nennen beliebte, konnte er indes so wenig widerstehen, daß er schließlich nur noch lallend seine Enthaltungs- und Weisheitslehren vorbrachte. Eine der Flötenspielerinnen, mit welcher der Legionstribun Pompejus gekost hatte, war auf dem Polster eingeschlafen, und da machte ich mir denn das Vergnügen – ich muß jetzt noch lachen, denke ich daran –, den langen Bart des würdigen Erziehers an den Locken der Flötenspielerin zu befestigen. Als nun dem Tugendlehrer die Augen zufielen, sank er, ohne es zu merken, an den Busen der Schönen, und als diese erwachte, hättest du sehen sollen, mit welcher Wut sie auf den Schnarchenden losschlug, da sie nicht von ihm loskommen konnte."

Der Barbier lachte übertrieben lange. „Der mag seine Knaben zu würdigen Römern erziehen", sagte er und pries das Erfindungstalent seines Kunden aufs eifrigste. Metellus verwunderte sich sowohl über den Scherz des Stutzers als über den lachenden Barbier.

„Nun? Und Nigrimus?" fragte der Haarkräusler.

„Die Schläge alterierten seinen Magen", gab der Witzling zurück, „Speise und Trank kamen wieder zum Vorschein. Wir ließen ihn von Sklaven aus dem Saal tragen, er aber klammerte sich schreiend an die Flötenspielerin."

„Prächtig! Du erlaubst mir, daß ich diese Geschichte weitererzähle? Aber nun zu deiner zweiten Neuigkeit?" fragte der höfliche Haarkünstler.

„Meine zweite Neuigkeit ist die", erwiderte der andere gähnend, „daß Nero diese Nacht durchgeprügelt wurde."

„Nero, der Cäsar?" stammelte der Barbier, und der dicke Kaufherr wandte erstaunt den Kopf, was für ihn beinahe lebensgefährlich geworden wäre, da ihm das Rasiermesser an der Kehle saß. Metellus stellte eine Salbenschale, die er betrachtete, hin und fühlte sich von dieser Nachricht, er wußte nicht warum, peinlich berührt.

„Aber wie ging das zu?" fragte der Haarkünstler nun ernstlich neugierig. „Nero? Geprügelt? Oh, bitte erzähle, mein Gebieter."

„Du weißt doch, daß es Nero liebt, sobald der Abend hereinbricht, durch die Straßen Roms zu ziehen?" sagte der feine Herr mit schläfriger Stimme, der man noch den genossenen Wein des vorigen Abends anhörte.

„Gewiß!" fiel ihm der Barbier ins Wort.

„Der göttliche Cäsar liebt es, sich zu verkleiden und nächtlicherweile mit den ihm begegnenden Bürgern seine Späße zu treiben."

„Die manchmal recht derber Natur sind", lachte der Geck. „Neulich hat er einen ehrsamen Poeten, der vom Mahl seines Patrons kam, auf dem Mantel geprellt. Vor acht Tagen ließ er einem Liebhaber die Kleider ausziehen und ihn an das Haustor seiner Geliebten festbinden. Einen gewissen Flaccus, der verschwunden war, fand man tot in den Kloaken." – Hier unterbrach sich der Herr stöhnend und versetzte dem Sklaven eine Maulschelle, da ihm dieser aus Versehen die Salbe statt auf die Oberlippe in den Mund gerieben hatte.

„Glaubst du, du müßtest mich füttern?" pustete und spie der Gesalbte. „Pfui, wie das schmeckt, wie Kot der Harpyen, Wasser, bringt mir Wasser, ich ersticke!"

Der diensteifrige Herr flog hinzu, schlug dem Sklaven sein Tuch um die Ohren und reinigte den Mund seines Kunden, tausendmal um Entschuldigung bittend.

„Du bewegtest das Haupt", stotterte er, „der Hund bemerkte es nicht – wirst du nie Gewandtheit lernen, schwarze Bestie – oh, bitte, Herr, beruhige dich – es war die beste Salbe von Mende, verfertigt aus Rosenöl, Myrthen, Lorbeer, lauter köstliche Stoffe, bitte, rede weiter, laß uns nicht warten. Du sprichst so schön, Herr, Virgils Verse fließen nicht glätter."

Der Sklave stand zitternd, Metellus wünschte nichts sehnlicher, als die Fortsetzung der Prügelgeschichte Neros zu hören – war es denn möglich? Hatten die Götter seinen Untergang beschlossen? Hatte seine Hand, ohne zu wollen – war das Rätsel der fliehenden Zechgenossen gelöst? Bange Ahnungen begannen seine Seele zu beklemmen. – Der Mund des feinen Herrn war ausgespült und gereinigt.

„Oh, bitte, Herr", fuhr der Barbier, der seine Neugier nicht länger zügeln konnte, fort.

„Wie ist es möglich, wie kann ein Sterblicher Hand an Cäsar legen – freilich, Cäsar soll manchmal sehr unsanft mit seinen Opfern verfahren, aber ist es nicht eine Ehre, von der kaiserlichen Hand geschlagen, von dem kaiserlichen Mund bespieen zu werden? Wer ließe sich das nicht gerne gefallen und priese die Götter dafür?"

„Wir Römer freilich", schmunzelte der Geck, „sind längst gewohnt, Mißhandlungen, die uns vom Thron herab zugefügt werden, als eine Gnade zu betrachten, es gibt aber in den Provinzen noch etliche Dummköpfe, die es nicht einsehen wollen, welch unsagbare Ehre ihnen erwiesen wird, wenn sie von Cäsars Fäusten bearbeitet und in die Kloaken geworfen werden."

„Freilich, freilich, es gibt mannigfache Dummköpfe", seufzte der Barbier, den dicken Kaufherrn abstäubend, „also ein Provinziale wagte es, Nero zu berühren?"

„Er soll ihm allerdings derb die Nase gestreichelt haben", sagte der Stutzer.

„Auch noch die Nase?" fragte der Barbier. „Die Nase, die dem Gesicht seine Würde verleiht? Nun, wenn man diesen Provinzialen erwischt, wird man ihm die Nase mit Hämmern in das freche Gesicht hineintreiben. Oh, ihr Götter! Neros göttliche Nase verunglimpfen!"

Metellus, der diesem Zwiegespräch, wenn es ihm möglich gewesen wäre, mit mehr als seinen zwei Ohren zugehört hätte, konnte in seiner Beängstigung nicht länger eine stumme Rolle in der Barbierstube spielen. Trotzdem ihm der Schrecken fast die Zunge lähmte, fragte er, um endlich Gewißheit zu haben, in welcher Verkleidung Nero bei diesem Vorfall durch die Straßen gewandelt sei. Alle wandten sich zu dem Frager, der sich so unmotiviert plötzlich ins Gespräch mischte, und es entging ihm nicht, daß man seine Blässe, sein verstörtes Wesen bemerkte. Sich abwendend, tat er, als beobachte er die Volksmenge auf der Straße. Es entstand eine Pause.

„Fremdling", sagte dann der Geck, ihn aufmerksam betrachtend. „Nero liebte es, die Maske Apollos anzulegen."

Wiederum entstand eine Pause. Metellus' Auge starrte wie verglast vor sich nieder, er sah ein, was er getan hatte, es war am Tag, die Götter wollten seinen Untergang, er hatte den Herrn der Welt beleidigt, mit dieser Hand, ohne zu wollen, geschlagen. Und was nun? Fliehen? Nero um Gnade bitten? Die Knie des Jünglings begannen zu wanken, der Schweiß trat ihm aus allen Poren, er griff an die Wand, es war ihm, als müsse das Gemach auf ihn herabstürzen. Endlich gelang es ihm, seine Erregung zu verbergen.

„So, hm!" sagte er leichthin, sich dem Ausgang nähernd. „Ich danke dir."

Über und über errötend, bemerkte er noch, wie der Stutzer dem Barbier etwas in die Ohren flüsterte, worauf dieser leise zurückgab: „Da könnte man ja dem Cäsar einen Dienst leisten." Dann war es ihm, als er jetzt mit der Hast der Verzweiflung aus der Bude taumelte, als ob man hinter ihm her nach einem Liktor rief.

Fünftes Kapitel

Im Palast Neros, dessen Portal sich nach der heiligen Straße zu öffnete, herrschte fast noch Stille der Nacht, obwohl die Sonne bereits seit vier Stunden die Bildsäule des Kaisers vergoldete, die im mittleren Hof ihr lorbeergekröntes Haupt ehrfurchtgebietend erhob. Bis hierher in diese Säle und Hallen drang kein entweihender Straßenlärm. Die Höflinge, die in den Vorsälen harrten, wagten nur zu flüstern, nur mit scheuem Fuß schlich der das Frühmahl bereitende Sklave über den bunt eingelegten Marmorboden. Die Palastwache, die gravitätisch, den Speer im nackten Arm, vor teppichverhüllten Türen einherwandelte, hatte darauf zu achten, daß kein lautes Wort den göttlichen Schlaf Cäsars zu stören wagte. Hier zeugte jeder Stein, jede Säule, jedes Ornament von Macht und Glanz. Die Urnen an den Wänden der Vorzimmer, die Bänke in den Winkeln der Speisegemächer, die Ahnenbilder, die Statuen im Halbdunkel des Tablinums schienen auf ihn hinzuweisen, der sich noch hinter den babylonischen Prachtvorhängen seines Schlafgemaches barg. Der Wasserstrahl, der dem Füllhorn des Neptun im Atrium entquoll, plauderte nur von ihm, in dessen Hand das Weltall als Spielzeug ruhte. Die tanzenden Faune an den Wänden, die Nymphen auf dem Fußboden, die Masken an der Decke schienen sich nur von ihm, dem Schöpfer dieser Herrlichkeiten, zu unterhalten. Der blaue Morgenhimmel wagte kaum, durch die geöffnete Decke herab sich in dem Regenbassin des Peristyls zu spiegeln und dem Marmor seine leuchtende Glätte zu verleihen. Die Götter werden nicht mehr geehrt, nicht mehr gefürchtet als er, der noch schlummernd auf den Purpurpolstern seines löwenfüßigen Lagers ruht. Im Atrium, dessen Wände von

Gemälden, dessen Decke von Vergoldungen schimmern, hatten sich bereits diejenigen versammelt, die dem Cäsar ihre Morgenaufwartung zu machen wünschten. Ein Sklave ging mit einem Täfelchen in der Hand von einem zum anderen, die Namen aufzuzeichnen, aber die Senatoren und Herren machen eher den Eindruck, als seien sie zu einem Leichenmahl als zu einem Morgenbesuch versammelt. Im Hintergrund des Atriums, da, wo es durch einen Teppich von dem Tablinum geschieden ist, wandelte ein wachhabender Krieger, in dem wir Rufus wiedererkennen. Er musterte mit respektvollen Blicken die Versammlung, die sich flüsternd unterhält oder, vorsichtig umherspähend, ihr unbehagliches Angstgefühl verbirgt. Und wer von diesen Rittern und Senatoren, deren Togen sich in dem glänzenden Marmorestrich spiegeln, als stünden sie im Wasser, wer von diesen gewandten Schmeichlern, die sich so eifrig bemühen, ein ergebenes Lächeln zu erzwingen, wer von diesen so oft Beneideten ist der Gnade des Herrschers gewiß? Wer kann sagen, ob ihm nicht heute schon der Blitz der Ungnade droht? Wahrlich! Verlohnt es sich der Mühe, seine Toga über das Mosaik der kaiserlichen Säle rauschen zu lassen, die Statuen des kaiserlichen Atriums berühren zu dürfen und sich von dem silbernen Wasserstaub, den der Springquell durch diese Räume weht, die ehrgeizige Stirn kühlen zu lassen, wenn man in keinem Augenblick sagen darf: Ich kann denken, was mir beliebt, ich bin meines Lebens versichert! Der Prunk, der allenthalben von den Decken und Wänden herabquoll, erschien wie Hohn den zitternden Freunden und Großen des Größten. Die Statuen spotteten mit kühlem Lächeln ihrer Not, ihres glänzenden Elends. Rufus blickte zu dem viereckigen Stückchen Himmel empor, das durch die Decke in das Gemach herniederlachte. Eine Taube schwebte dort im unendlichen Blau und spiegelte sich im Impluvium. Rufus atmete schwer auf, da er die gaukelnde Taube, dieses Bild der Freiheit, über diesem goldenen Gefängnis gewahrte, aber auch ihn hatte der Glanz berauscht, er beneidete die zitternden Vornehmen, die über ihr angstvoll klopfendes Herz die purpurverbrämte Toga verhüllend warfen. Sein Inneres lag vor dieser ihn umstrotzenden Pracht auf den Knien, ihm war anbetungswürdig jeder Stein, auf dem er stand, und dieser selbstbewußte, stolze Mensch wagte kaum zu atmen, obgleich er von der Nichtigkeit aller irdischen Größe überzeugt war. Er hätte mit diesen Höflingen getauscht, obgleich er wußte, daß über mehreren bereits das Richtschwert schwebte. Die Harrenden standen in verschiedenen Gruppen. Nahe am Eingang hielt sich der bärtige Burrus auf, zu ihm trat jetzt sein Freund Seneca, und beide waren bald in ein Gespräch vertieft.

„Wie haben sich die Zeiten geändert", sagte Burrus, der Hauptmann der Garde, zu Seneca, „wie ganz anders empfing Nero früher seine Freunde. Ich fürchte, wir erleben es noch, daß wir Römer vor ihm zittern müssen wie einst vor Caligula und daß die Lüste und Greuel eines Tiberius in meinem früheren Zögling von neuem der Welt furchtbar werden."

„Wer kann in die Zukunft blicken, wer kann die Tatzenschläge einer Bestie vorausberechnen", sagte der Weise mit gesenktem Haupt. „Mir wollte die Leutseligkeit des Kaisers nie gefallen, ich witterte von jeher den schlafenden Tyrannen in seinem komödiantenhaften Lächeln. Er weiß bis jetzt die Larve der Milde noch ziemlich geschickt vorzubinden. Noch ist der Vesuv mit der leichten Rauchsäule geschmückt, aber schon verkündet ein fernes Donnergeröll den nahenden Ausbruch."

„Besucht er doch schon", fuhr Burrus mit gedämpfter Stimme fort, „den Zirkus, ohne sich, wie er sonst tat, zu verbergen, zeigt er sich doch seiner Mutter oft im höchsten Zorn und trotzt, die sanfte Octavia schmähend, ihren Wünschen."

„Der Tod des Britannicus ist beschlossene Sache bei Nero", sagte Seneca, „seiner Gemahlin würde er sich so bald wie möglich entledigen, wenn er das Volk nicht fürchten müßte, und ich fürchte, die Kloaken könnten bereits von mancher im Dunkel der Nacht verübten Schändlichkeit erzählen."

„Er verdunkelt seine guten Werke“, fuhr Burrus fort, „und macht sich mit seiner schlechten Singstimme zum Gespött. Daß er dichtet, wollte ich ihm noch verzeihen, aber öffentlich auftreten zu wollen, entehrt das ganze Reich, und ich weiß aus seinem Mund, daß er ernstlich daran denkt. Wenn wir ihn nur davon abhalten können. Glaube mir, ich habe ihn mehrmals beobachtet, wenn er im Zirkus saß, und der Blick, mit dem er den Fechtenden, den Sterbenden folgte, lehrte mich seine ganze Seele kennen. Das ist der Blick des jungen Tigers, der sich an Blut gewöhnt.“

„Und nur auf die Gelegenheit wartet, es vergießen zu können“, flüsterte Seneca, unterbrach sich jedoch und gab Burrus einen Wink zu schweigen, denn der Sklave mit dem Täfelchen war in ihre Nähe getreten, um die Namen mehrerer ihm Unbekannten aufzuzeichnen.

„War der Schlaf des Cäsar ein erquickender?“ fragte Seneca lächelnd.

„Der Kaiser ruht noch“, gab der Sklave zurück und eilte hinweg.

„Hüte dich, zu laut zu reden“, ermahnte der Philosoph, „Angeber ist immer einer mehr, als man vermutet. Ich traue z.B. dort dem schönen Mimen Bathyllus durchaus nicht, obgleich er sich stets nach meinen neuesten philosophischen Aufsätzen erkundigt. Sieh! Wie er uns beobachtet.“

Wirklich hatte die rauhe Sprache des Burrus die Aufmerksamkeit der am Impluvium stehenden Gruppe erregt, man schaute sich nach den beiden um.

„Leider ist es dahin gekommen“, entgegnete Burrus, „daß man seine Ansichten von den Dingen mehr durch Schweigen als durch Reden kundgeben darf. Dieser liederliche Mime und dort jener Zitherspieler Terpuus sind eben des Kaisers nächste Freunde, und wir, du, der Philosoph, und ich, sein Hauptmann, sind ihm verhaßt.“

„Verhaßt? Doch wohl nicht gerade verhaßt“, sagte Seneca, ängstlich zu dem Freund emporblickend.

„Ja, verhaßt", versetzte Burrus bestimmt, „Andromachus, des Kaisers Leibarzt, gab mir gestern einen Wink. Er sagte: Burrus, du leidest öfters an Halsübel. Habe niemals Halsweh, mein Freund, der Kaiser gab mir den Auftrag, dir für ein ‚unfehlbar heilendes Mittel' zu sorgen."

„Was ist der Tod", entgegnete Seneca, „die dunkle Brücke zum Glück. Mein Burrus zittert nicht, diese Brücke zu betreten. Ich für mein Teil schätze diese letzte Zuflucht als das beste, was die Götter dem Menschen gaben. Fehlte sie uns, das Leben wäre die grausamste Folter. Aber was sagte Nero betreffs meiner?"

„Verlangst du es zu wissen?"

„Ich bitte dich darum."

„Ich teile nicht gerne Peinliches mit. Erkundige dich bei Andromachus."

„Was könnte den Weisen schrecken", versetzte Seneca mit Würde, hinter der sich seine angstvolle Neugierde verbarg, „ich bitte dich, rede!"

Burrus besann sich, dann flüsterte er, um die Lauschenden zu täuschen, vor sich nieder, als habe er Gleichgültiges zu berichten:

„Seneca", sagte der Arzt, „sollte seine Reichtümer nicht offenkundig zur Schau tragen. Des Kaisers Kasse ist zuweilen schwindsüchtig und – Senecas weinender Erbe zu sein, verlohnt sich der Mühe."

Der Philosoph bebte.

„Ich werde ihm meine Reichtümer anbieten", stammelte er und wäre beinahe auf dem glatten Fußboden ausgeglitten, „oh, ihr Götter! Wenn er mein Gold besitzt, wird er nicht nach meinem Blut verlangen."

Burrus mußte über die plötzliche Fassungslosigkeit des Weisen lächeln und wandte sich an Tigellin, der soeben eintrat, indem er den verhüllenden Teppich hinter sich zurückfallen ließ und die Versammlung überblickte. Burrus grüßte. Tigellin bemerkte ihn und deutete auf Seneca.

„Er steht so stirnrunzelnd“, sagte er, „ersinnt er in dem Vorgemach des Kaisers ein neues Trauerspiel?“

„Ja!“ entgegnete Burrus. „Ein Trauerspiel, in dem er den Helden spielen wird. – Doch was gibt es Neues am Hof?“

Tigellin schwieg.

„Er hat die Giftmischerin Locusta in den Palast bestellt“, flüsterte er dann Burrus ins Ohr, „ein finsteres Werk ist im Gang.“

„Wem gilt es?“

„Unbekannt.“

„Dir unbekannt? Was wäre dir unbekannt?“

„Man darf hören, sehen, aber keinen Mund haben. Der Schlaue errät.“

Nach diesen Worten sah Tigellin dem Hauptmann fest in die Augen.

„Britannicus!“ hauchte der Hauptmann fast unhörbar.

Tigellin zog die Augenbrauen zusammen, lächelte seltsam und ging zu jener anderen Gruppe, die sich an dem Impluvium aufhielt.

„Cäsar hat sein Lager noch nicht verlassen“, redete er schmunzelnd den Zitherspieler Terpuus an, „Terpuus kann uns vielleicht die Gründe angeben, weshalb der göttliche Cäsar uns so spät das Glück seines Anblicks gewährt.“

Terpuus, der augenblickliche Günstling Neros, drehte seinen goldenen Ring am Finger, um dieses Geschenk des Kaisers von seiner Umgebung gebührend würdigen zu lassen, dann versetzte er vornehm: „Terpuus kennt Cäsars Gründe, aber er verschweigt sie.“

Die Umstehenden sahen mit scheuer Ehrfurcht zu Terpuus empor.

„Mein Freund Terpuus“, sagte Tigellin kalt, „wenn du nur ebenso leicht die Wahrheit zu sagen verstündest, wie du die Zither zu spielen weißt, aber beim Zeus! Ich habe noch nie eine falsche Note und noch nie ein wahres Wort aus deinem Mund kommen hören.“

„Tigellin!“ fuhr Terpuus auf.

„Stille!“ sagte dieser. „Du bist Günstling, du darfst dem Kaiser bei Tafel singen, ihm Unterricht auf der Zither erteilen und dennoch – welche Schmach, du Auserwählter, du Liebling – dennoch –, der Grund, warum Nero länger als gewöhnlich der Nachtruhe pflegte, bleibt dir verborgen.“

„Nun?“ lachte Terpuus verächtlich. „Laß hören, wie du unterrichtet bist.“

„Mein Freund“, fuhr der Präfekt der Prätorianer mit höflicher Geringschätzung fort, „wenn Nero heute über Kopfschmerzen klagt und ein blaues Mal an der Stirn trägt, so sage, daß dies der Grund ist, warum er sich noch in seine Kissen hüllt.“

„Nero – ein Mal auf der Stirn?“ tönte es in der Runde wider, und bald hatte es sich mit flüsternder Emsigkeit in dem ganzen Vorgemach verbreitet, der Herr des Erdballs sei von ruchloser Hand getroffen worden. Mit der Miene tiefsten Bedauerns besprachen diese Mimen, Zitherspieler, Senatoren, Ädilen, Ritter und Prätoren das furchtbare Ereignis von der Entweihung der gekrönten Stirn. Tigellinus aber flüsterte im Vorübergehen dem ehrlichen Burrus zu: „Sieh nur diese wedelnden Hunde! Es ist keiner unter ihnen, der diesen Schlag dem Kaiser nicht von Herzen gönnte.“

Es dauerte nicht lange, so erschien der jugendschöne Britannicus in dem Vorgemach. Ihm folgte des Kaisers Hofnarr, Vatinius, indem er hinter seinem Rücken die Aufmerksamkeit der Versammelten durch allerlei komische Pantomimen und Gestikulationen des Halsabschneidens, Ersäufens und dergleichen auf den still hinschreitenden Jüngling zu lenken versuchte. Das Gespräch verstummte. Vatinius, der Zwerg, hüpfte von einem zum anderen und lachte: „Der Opferstier ist bekränzt, schlag zu, Priester. Siehst du das Schwert des Damokles dort an der Decke?“

Britannicus versuchte, den Sänger Menecrates anzureden, dieser aber zog sich, so gut es der Anstand erlauben wollte, vor ihm zurück, ebenso erging es ihm mit allen übrigen, denen er sich näherte, alle wichen ihm aus oder sahen nach anderen Richtungen, nur der wackere Burrus schritt, als er die ratlose Verwirrung der Höflinge wahrnahm, auf den tief niedergeschlagenen Britannicus zu, der sich in einen einsamen Winkel drückte, und knüpfte ohne Scheu ein Gespräch mit ihm an, das von den anderen neugierig behorcht wurde. Im Laufe dieses Gesprächs wagte es Burrus, eine Warnung mit unterfließen zu lassen, der Jüngling schüttelte finster das Haupt und entgegnete: „Fliehen? Wohin? Wo erreicht mich die Hand meines Stiefbruders nicht? Ihm gehört die Welt. Seine Hand reicht von einem Pol zum anderen!"

„Und so willst du ruhig abwarten, bis dich der Blitz trifft?" fragte Burrus.

„Denken wir nicht an die Zukunft", entgegnete Britannicus, dem alten Kriegsmann die Hand drückend, „einmal winkt uns der Orkus, einerlei, ob früher oder später."

Der Vorhang wurde zurückgeschlagen, und Petronius erschien, vornehm ohne Gruß durch die Reihen der Harrenden schreitend, als sei er allein in dem Gemach. Alle Blicke wandten sich nach dem Festordner, dem unentbehrlichen Ratgeber des Kaisers, dem Mann, der allein von allen sagen konnte, daß er einigen Einfluß auf die Launen seines Herrn besaß. Diesen Einfluß verschaffte ihm seine rege Phantasie, die nie ermüdete, neue Belustigungen, ungesehene Szenen zu ersinnen, diesen Einfluß verschaffte ihm die Rücksichtslosigkeit und Härte, mit der er alles aus dem Weg schaffte, was seinem Herrn das Leben etwa verbittern oder stören konnte. Mit Neid sahen ihn die Höflinge dahinwandeln, aber furchtsam verbeugten sie sich vor ihm. Er schritt auf den wachhabenden Rufus zu, und als dieser ihm andeuten wollte, es werde niemand in die inneren Gemächer vorgelassen, zeigte ihm Petronius ein Wachstäfelchen, worauf Rufus sofort zurücktrat und die Tür zum Eintritt frei ließ. Der Festordner kümmerte sich nicht um das Erstaunen der Höflinge, sondern eilte durch die marmorschimmernden Säle dem Schlafgemach des Herrschers zu. Auch vor dieser Tür hatte er die Wachstafel dem wachhabenden Prätorianer vorzuzeigen, fragte nach dem Kammerdiener, wurde beim Kaiser durch den Kammerdiener gemeldet, und bald darauf hob der Sklave den goldgestickten Vorhang, um den Harrenden in das reiche Schlafgemach einzulassen, dessen Wände ihn jetzt mit ihren bunten Reliefs umschimmerten wie das feuchte Innere einer geschliffenen Muschel. Statuen der Venus und des Eros umstanden das Lager des Herrschers, dunkelpurpurne Falten umflossen die schwellenden Kissen, ein Löwenfell breitete sich auf dem Mosaikfußboden aus, und der bunte Mosaik spiegelte sich in den glatten Wänden, während die kühn geschwungene Säule eines Kandelabers den kostbaren Boden mit ihren Geierklauen kaum zu berühren schien. Das Bett des Kaisers stand leer, die Kissen lagen am Boden. Als der Festordner eintrat, verschwand gerade Poppäa Sabina mit einem kleinen Aufschrei, ihre Tücher um den nackten Busen werfend, hinter dem Teppich des Nebenzimmers. Petronius hatte kaum einige Sekunden gewartet, als der Kaiser aus seinem Badezimmer trat, das sich links neben dem Schlafgemach befand. Petronius verbeugte sich tief und fragte, ob die Götter den Schlaf seines Gebieters gesegnet haben. Eingehüllt in eine purpurne Wolldecke, gelangte der Kaiser, von zwei Sklaven halb gestützt, halb getragen, auf einen Sessel und ließ sich Arme und Füße abtrocknen, die noch von dem parfümierten Bad dufteten. Die Sklaven rieben mit einer virtuosen Geschicklichkeit Arme und Beine des Monarchen, während ein schöner fünfzehnjähriger Knabe eine Silberplatte hielt, auf der sich das Frühstück befand. Neben dem Sessel lag eine Lyra, auf dem runden bocksfüßigen Tischchen waren Rollen nebst Stiften verteilt, und der Kaiser sagte, nachdem er Petronius begrüßt hatte, auf diese beschriebenen Rollen deutend:

„Mein neues Epos: ‚Die Zerstörung Trojas'."

Petronius ergriff eine der Rollen mit einem Respekt, als sei sie in den heiligen Laden ägyptischer Tempel aufgefunden worden, und las laut:

„Wenn er der Perser Gebiet durchirrt, dann schwindet der Tigris tief in gähnender Kluft ..."*

„Vortrefflich", sagte er, die Rolle weglegend und einen Blick der Bewunderung auf Nero werfend, „oh, Gebieter, du besitzest eine Redegewalt, eine Beherrschung des Versmaßes, die des Studiums aller kommenden Geschlechter würdig ist."

Dann verbreitete er sich noch ausführlicher über die Schönheit des Poems, bis sein Zuhörer ihn endlich unterbrach.

„Ich denke, es wird recht schwungvoll", sagte Nero mit affektierter Bescheidenheit. „Die Verse fließen mir. Später, wenn ich den Hektor zu Tode schleifen lassen muß, gedenke ich Homer bei weitem zu übertreffen. Homer konnte sich freilich auf seine Phantasie verlassen, ich werde die Wirklichkeit studieren."

„Wie meinst du das, o Herr?" fragte Petronius, Neros Haupthaar trocknend und die Sklaven unterstützend, die jetzt den Körper des Kaisers mit köstlicher Salbe bestrichen.

„Sehr einfach", sagte der Kaiser gähnend, „ich werde einen Sklaven an den Wagen eines Wagenlenkers binden und diesen – hispanische Hengste an der Deichsel – viermal die Länge des *Circus maximus* hinabgaloppieren lassen."

„Oh, dann kann es deinem Werk nicht an Naturwahrheit fehlen", schmeichelte der gewandte Petronius und half dem Kaiser, der mit dem Stift zuweilen in seinem Manuskript korrigierte, in ein weites Morgengewand.

„Der Spiegel!" befahl er sodann, betrachtete sich, als dieser ihm vorgehalten wurde, ordnete die Falten seines Gewandes und ließ sich den immer bereitliegenden Lorbeerkranz auf die Locken drücken.

„Kann Virgil genialer ausgesehen haben?" fragte er hierauf, und da der Kammerdiener, der gerade eine silberne Nadel im Mund hielt, einen Augenblick mit der Antwort zögerte, warf er

* Wörtliches Zitat.

demselben einen Blick zu, der den Erschrockenen lebhaft an die Bergwerke Sardiniens gemahnte.

„Oh, ich habe nicht gut geschlafen", seufzte der hohe Dichter, nach dem Becher auf der Silberplatte greifend, „die Kunst, Petronius, die Kunst reibt meine zarte Seele auf. Verzeihe, wenn ich so leise spreche, mein Gesanglehrer hat mir verboten, meine Stimme anzustrengen. Sklave, wo hast du den geölten Lauch? Sieh, Petronius, ich darf heute morgen, um meiner Stimme die nötige Weichheit zu verleihen, nichts als ein wenig geölten Lauch zu mir nehmen. Oh, die Kunst, Petronius, ich opfere mich für Polyhymnia und Melpomene."

„Die Kunst, Herr", entgegnete Petronius mit kaum bemerkbarer Ironie, „ist allerdings Ursache deines angegriffenen Nervensystems, doch kenne ich noch eine zweite Ursache deines sichtlichen Übelbefindens – nicht Polyhymnia zehrt allein an deiner Gesundheit, ein anderes irdisches Weib – Octavia ..."

„Ich weiß, ich weiß, was du sagen willst", flüsterte der Kaiser, „du meinst – hm! Doch verdirb mir diesen schönen Morgen nicht so früh mit diesem verhaßten Namen. – Mein Freund, versetze doch diesem assyrischen Esel einen Fußtritt", unterbrach er sich dann, auf den Sklaven deutend. „Ich möchte mich heute nicht anstrengen, dieser Hund hat mir Obst zum Frühstück gereicht, und er weiß doch, wie sehr dieses Obst die Kehle beschädigt."

Petronius jagte den Sklaven zur Tür hinaus, kam dann zu seinem Herrn zurück und wollte ihm den Grund seines frühen Morgenbesuchs auseinandersetzen. Nero war jedoch noch nicht in der Laune, ihm ruhig zuzuhören. Dem eintretenden Sklaven, der ihm von Locustas Giftbereitung Mitteilungen machte, gab er allerlei Winke, und als Petronius erstaunt fragte, ob diese berüchtigte Giftmischerin sich denn im Palast befände, entgegnete er lächelnd: „Gewiß, ich werde einem meiner Verwandten, dem ich sehr wohl will, ein neues Gericht erfinden, du weißt, ich verstehe mich ein wenig auf die Kochkunst." Er erkundigte sich dann nach seinem Rivalen, dem Sänger Datus, und als Petronius erzählte, dieser Sänger habe das Publikum zu den unerhörtesten Beifallsbezeigungen hingerissen, wurde Nero äußerst unruhig, kritisierte mit Schärfe den Vortrag dieses Künstlers, zuckte zusammen, sobald Petronius das Lob dieses oder jenes Musikverständigen erwähnte, behauptete, die Römer hätten keine Ohren, fragte mehrmals, ob der Kaiser denn eine nicht bei weitem schönere Stimme habe, und sagte darauf, als Petronius fortfuhr, das Entzücken des römischen Volkes zu schildern: Datus wird in acht Tagen den Fröschen des Styx eine Probe seiner Stimme ablegen. Petronius hatte den Kaiser nun in die Stimmung versetzt, in die er ihn haben wollte. Neros Gesicht war gerötet, seine Augen brannten in den tiefliegenden Höhlen, der sinnlich gemeine Mund war zusammengepreßt. Zwar dämpfte er trotz der Erregung seine eben noch laute, fast kreischende Sprache und verlangte, man solle ihm seinen Gesangmeister rufen, damit dieser ihn an die Schonung seines kostbaren Organs gemahne, aber völlig überwand er sein einmal entzündetes Blut nicht. Einem Sklaven, der zu melden kam, Locustas Gift habe, als man es soeben einem Bock eingegeben hatte, nicht die gehoffte rasche Wirkung gehabt, schrie er entgegen: „Sage diesem Weib, ich werde sie eigenhändig prügeln, wenn sie nicht ..." Hier unterbrach er sich, hielt sich sein Taschentuch vor den Mund und hauchte ganz leise: „... wenn sie das Gift nicht so stark einzukochen weiß, daß es in zwei Sekunden einen Menschen tötet." Der Sklave ging, und Nero jammerte, er werde heiser, er werde, wenn er morgen in seinen Gärten vor dem Volk singe, gewiß ausgezischt. Endlich hielt der Festordner den Zeitpunkt für gekommen, dem Cäsar seinen Plan auseinanderzusetzen. Vorerst entließ er im Einverständnis mit Nero sämtliche Sklaven, vergewisserte sich dann, hinter die Türvorhänge blikkend, daß keiner sie belausche, und erinnerte hierauf mit vorsichtigen Worten den Gebieter an die Straßenszene der vergangenen Nacht, an den schlagfertigen Provinzialen, und als er bemerkte, daß der Kaiser keineswegs sehr ungehalten über die blaue Stirnschramme war, die ihm der Fremdling beigebracht hatte, sondern sich lachend als den Helden eines Lustspiels von Plautus bewunderte, sagte Petronius:

„Das Lustspiel, hoher Herr, wird auf dein Verlangen noch einen Akt als Zusatz erhalten. Du erinnerst dich, zu welchem Zweck ich diesen Metellus in den Palast bestellte?"

Nero erinnerte sich. Die mit besonderer Betonung ausgesprochenen Worte des Höflings stimmten ihn offenbar ernster, seine Stirn verdüsterte sich, und er fragte, einen scheuen Blick um sich werfend: „Ist er bereits hier, dieser – wie heißt er gleich?"

„Metellus, meinst du! Ich habe Sklaven mit einer Sänfte nach seiner Wohnung geschickt, diese sollen ihn unbemerkt in den Palast bringen. Ich hoffe, daß er in einer halben Stunde dein Atrium betritt."

„Warum so öffentlich?" fragte der Kaiser. „Wäre es nicht besser gewesen, ihn heimlich vor mich kommen zu lassen?"

„Je öffentlicher wir die Sache betreiben, desto argloser erscheint sie der Welt", entgegnete der andere, „die Triebfedern der Verschwörung gegen Octavias Tugend bleiben jedem Auge verborgen, doch das Werkzeug selbst muß so unbefangen wie möglich im Palast verkehren."

Nero nickte bejahend, seufzte, stand auf und trat an die Statue der Venus heran, anscheinend ganz in die Betrachtung derselben vertieft. Petronius wagte nicht, ihn zu stören. Endlich wandte sich der Kaiser hastig nach einem verschleierten Bild, das in einer Ecke des Gemachs am Boden stand. Ein Griff befreite den Rahmen von dem verhüllenden Schleier, und den Blicken boten sich die sanften Züge eines Frauenkopfes. Das Gemälde, ein Werk des Amulius, stellte die Kaiserin Octavia vor. Über der edlen Stirn prangte ein Diadem, die Augen in ihren entzündeten Augenlidern hatten einen gleichsam durch Tränen vergeistigten Ausdruck, und dieser Ausdruck verlieh dem Gesicht eine gewisse herbe Größe, eine strenge, abstoßende Lieblichkeit. Ich habe geweint, aber was kümmert es dich, schien dieser Mund dem Beschauer entgegenzurufen. Eine Zeitlang hatte Nero, dieser Komödiant auf dem Thron, sich selbst vergessen, sein Gesicht zeigte sich einen Augenblick ohne Maske. Er hatte das Bild mit düsteren, scheuen Blicken, halb von ihm abgewendet, betrachtet, als fürchte er, in allzu nahe Berührung mit demselben zu kommen, als beängstige dieses schwermutstrunkene Auge seine Seele. Dem sonst so Unfühlenden mochte aus diesem Bild eine ihm unverständliche Gewalt reden, eine Gewalt, die, statt ihm Ehrfurcht abzunötigen, ihm Haß einflößte. Doch bald fand er seine gewöhnliche Seelenstimmung wieder. Selbst in diesem wichtigen Moment noch von den Eingebungen seiner mißleiteten Phantasie beherrscht, schritt er jetzt wie auf dem Kothurn in dem Gemach auf und ab, durch seine Gebärden verratend, daß es ihm beliebte, die ganze ernste Angelegenheit im Licht eines interessanten Trauerspiels zu erblicken.

„Ja, Petronius", sagte er dann dumpf, „ich muß endlich zu einem Entschluß kommen, du hast recht. Sieh', mir graut vor diesem Antlitz. Weiß ich selbst warum? Sie hat hier am Ohr eine Narbe, die mein Schönheitsgefühl beleidigt, ihre Nase ist zu streng, fast unweiblich in ihrer Bildung. Dieses Gesicht hat etwas Lebloses, der Unterwelt Entstiegenes, aber das ist es nicht, was es mir verhaßt macht. Als mir Claudius seine Tochter gab, wünschte ich mir Glück, bis mir die Gattin Othos in die Augen fiel. Von da an ekelte mich diese immerwährende Tugend, diese kindische Schamhaftigkeit Octavias an, und ich fühlte, daß mich nur das, was kurzsinnige Toren Laster nennen, auf die Dauer zu fesseln vermag. Oh! Und wie süß schmeckt mein bernsteinhaariges, lächelndes Laster, meine Poppäa."

Er eilte an seinen Schreibtisch, warf hastig das Wort „Bernsteinhaarig!" auf den Papyrus und sagte: „Guter Ausdruck, kann verwendet werden!" Summte dann, an den Fingern abzählend, den alkäischen Rhythmus vor sich hin und trat endlich zu Petronius heran mit der Gebärde eines überlegenden Poeten.

„Ich habe deinen Plan, mich von diesem Weib zu befreien, überdacht", fuhr er in seiner theatralischen Weise fort, „und muß ihm meinen Beifall zollen. Es ist die einzige Art, wie ich mich Octavias entledigen kann, ohne bei dem Senat oder dem Volk Anstoß zu erregen."

„So ist es, hoher Herr", bestätigte Petronius, „die von mir vorgeschlagene Kriegslist wälzt alle Schuld auf das Haupt Octavias und stellt dem Volk deine Scheidung als einen notwendigen, von den Göttern gutgeheißenen Schritt hin, ja, sie verleiht sogar deiner Würde noch den Glanz der Gerechtigkeit."

„Aber auf welche Art wird sich dein Werkzeug Metellus uns nutzbar machen lassen?" fragte der Kaiser.

„Sehr einfach dadurch", erwiderte der Höfling, „dadurch, daß wir diesen Metellus vorerst in die Schar deiner Diener aufnehmen. Daß der junge Mann fremd in Rom ist, niemand ihn kennt, indes er ebensowenig jemanden kennt, wird unserer Absicht sehr zu Hilfe kommen. Keiner ist besser geeignet, die Aufmerksamkeit der Kaiserin zu erregen, als diese kindlich heitere Künstlernatur, keiner läßt sich besser betrügen, keinem besser der Verdacht aufbürden, als diesem unerfahrenen, unbeholfenen Gemüt, das in die Welt sieht wie ein junger Isispriester in die geheimnisvollen Himmelslichter, die er ebensowenig versteht wie sein Lehrer, der sie zu verstehen vorgibt. Wenn Metellus sorglos in die Zukunft blickt, wenn wir es ihm im Palast behaglich zu machen wissen, dann wird sich bald Gelegenheit bieten, ihn in die Nähe Octavias zu bringen. Du kannst dich z.B. scheinbar mit Octavia versöhnen, eine deines Schauspieltalents würdige Aufgabe, diese Versöhnung …", unterbrach sich der Kluge, als Neros Züge unzufrieden zuckten, „ich sage, du heuchelst ihr Versöhnung, du redest sie freundlicher an, zeigst dich als Liebender, und wir anderen werden deine künstlerische Verstellungsgabe dabei bewundern. Du bestellst bei diesem Metellus Octavias Büste, denn du willst ihr Gesicht verewigen, du liebst sie ja so glühend. Er geht an die

Arbeit, nun, ich denke, von da an sollte es uns leicht werden, die beiden, sobald sie eine Sekunde lang einmal von den Sklaven allein gelassen werden, einfach des Ehebruchs zu beschuldigen, einerlei, ob mit Recht oder mit Unrecht. Du weißt, die Welt glaubt stets an das Unrecht lieber als an das Recht."

Kaum hatte Petronius geendet, so rauschte der Vorhang des Nebengemachs, erschrocken fuhr Petronius nach seinem Dolch, aber aus den Purpurfalten des Vorhangs quollen die üppigen Formen eines Weibes, dessen aufgelöste blonde Haare über Nacken und Busen hinabfluteten, und ehe sich Nero umwenden konnte, war er von den nackten Armen seiner Poppäa umschlungen.

„Verzeihe, mein Gebieter", lächelte Poppäa, ihre vollen Wangen an diejenigen Neros schmiegend, „ich konnte nicht anders, ich habe, als ich mich hier in dieses Gemach flüchtete ... ach! Petronius, wie hattest du mich überrascht! Ja, als ich flüchtete, habe ich eure ganze Unterredung mit angehört."

Der Kaiser, angenehm überrascht und froh, dieses ernste Gespräch, das ihn ermüdete, abbrechen zu dürfen, beugte sich zum Ohr seiner Geliebten und flüsterte: „Nun, und was sagt unsere Helena zu dem von uns besprochenen Plan?"

„Der Wunsch, dir für diesen Plan meinen Dank abzustatten, lockte mich aus meinem Versteck", sagte Poppäa, eine Rührung heuchelnd, die ihrem leidenschaftlichen Gesicht sehr gut stand. „O mein Gebieter, wie wohl tust du daran, dich endlich von diesem Vorbild tugendhafter Langeweile, dieser Octavia, zu befreien. Wieviel ungestörter können wir nun unser Glück genießen."

Scham und Ergebung heuchelnd, ließ sich das schlaue Weib auf das verwüstete Lager niedergleiten, verhüllte mit affektierter Hast ihren Hals und richtete einen furchtsam schmachtenden Blick auf Nero. Dieser streichelte ihr die „Bernsteinhaare" und versuchte, zum willenlosen Sklaven geworden, ihren Mund zu küssen, den sie von ihm abwandte. Die Art, wie sie mit ihrem gelösten Haar zu kokettieren wußte, hatte selbst für Petronius etwas Berauschendes, obwohl er über die verliebten Tändeleien des Kaisers lächeln mußte.

„Nicht, o mein Gebieter“, wehrte Poppäa ab, „nein! Ich werde jetzt mit meinen Reizen haushalten, denn ich fühle zuweilen, zu welcher Sünderin du mich gemacht hast. Siehe! Meinen Gatten verließ ich dir zuliebe, deiner Octavia entwand ich deine Huld, und ich sage dir, du wirst nicht eher wieder meine Lippen küssen, als bis du mich deine rechtmäßige Gattin nennen kannst. Unser Verhältnis drückt mich zu Boden – Octavia – oh, die tugendhafte Octavia, ich fürchte, du liebst sie dennoch mehr als mich.“

Und sie stand auf, um sich zurückzuziehen. Der Kaiser, den die verwahrloste Kleidung der Schönen entzündet hatte, versuchte sie zu trösten, sie auf ihren Sitz niederzudrücken, ihm galt es gleich, ob Poppäa Scham heuchelte oder besaß, im Gegenteil, die geheuchelte Scham reizte ihn mehr als die natürliche, und er setzte sich neben sie, ihr ein übers andere Mal mit stammelnden Lippen zuschwörend, Poppäa werde den Platz seiner jetzigen Gattin einnehmen, sobald die letztere aus dem Weg geräumt sei. Poppäa verschmähte es nicht, ihres Geliebten Leidenschaft zu erhöhen, zu Tränen ihre Zuflucht zu nehmen, und zog ihr beständig von Neros Hand entferntes Gewand ebenso beständig wieder über Busen und Schulter hinauf. Sie sprach dabei immer nur von Octavias Tugend, weinte über ihre eigene Untugend, schmähte sich selbst, nannte sich eine Unwürdige, jammerte über ihren in die Provinz geschickten Gatten, sehnte sich nach dem Einsamen zurück und wußte Neros Gemüt in jenes theatralisch-ästhetische Mitleid zu versetzen, das der Wollust näher steht als dem Schmerz und mehr die Leidenschaften kitzelt als rührt. Petronius mahnte an die harrenden Besucher im Atrium. Der Kaiser fragte, zu was diese Leute denn ihre Beine hätten, doch bloß, um damit im Atrium zu warten, nahm seine Geliebte auf den Schoß und fühlte sich in der behaglichsten Stimmung. Als sich Poppäa ihm schließlich zu Füßen warf und ihn anflehte, sie zu verstoßen, die Tugend ihr zurückzugeben und sich mit seiner armen Gattin zu versöhnen, wirkte dieses Gaukelspiel so sinnberückend auf den kaiserlichen Komödianten, daß seine Augen von Tränen überflossen und er, in Ekstase versetzt, mehrmals ausrief: „Welch weiches Künstlergemüt ich besitze, sieh Petronius, diese edle Sabina! Weh mir! Der Fall Octavias rührt mich zu Tränen, ich werde ihren Fall in einer Ode besingen."

Obgleich er sich nun die Zither bringen ließ, um eine tragische Melodie zu improvisieren, erteilte er dem gleich darauf eintretenden Sklaven, der ihm von dem nun genugsam eingedickten Gift der Locusta Bericht erstattete, mit leiser Stimme einige Befehle: „Bei der Abendmahlzeit", hörten ihn die beiden flüstern, und nachdem sich der Sklave entfernt hatte, sagte er lächelnd:

„Wenn heute an der Abendtafel meinem lieben Bruder Britannicus ein kleiner Unfall zustoßen sollte, habt die Güte, es nicht zu beachten."

Und während er jetzt seinem Instrument schwermütige Akkorde entlockte, erkundigte sich Poppäa verstohlenerweise bei Petronius über Metellus.

„Wie ist er von Gestalt?" fragte sie.

„Eher klein als groß", antwortete Petronius leise.

„Hübsch?"

„Zart, blond, ein Adonis, wie geschaffen, die Treue der Weiber wankend zu machen."

Poppäa sah zärtlich zu Petronius empor.

„Man sagt, Octavia sei sehr tugendhaft", lispelte sie, „Männerschönheit besteche sie nicht."

„Darauf kommt es hier nicht an", flüsterte Petronius, „wenn wir nur einen entfernten Verdacht auf ihn zu werfen vermögen, ist uns geholfen."

„Der arme Junge", sagte Poppäa mit aufrichtigem Mitleid, „er dauert mich, daß er um dieser Octavia willen hingeopfert und mißbraucht werden soll. Ihr werdet ihn doch nicht töten?"

„Es könnte leicht sein", sagte Petronius, „daß das Spielzeug in der Hand des Riesen zerbricht, aber wenn es möglich ist, ihn zu retten, soll er auf deinen Wunsch, o Herrin, gerettet werden."

„Oh, gewiß! Rettet ihn, das Schöne hat ein Recht zu leben. Überdies ist er so unschuldig an der ganzen Sache", fiel ihm die Schöne hastig in die Rede, „nicht wahr? Oh, ich muß ihn sehen, sprechen!"

„Die schöne Poppäa bildet sich bereits einen Phantasie-Metellus, merke ich", hauchte Petronius lächelnd. „O Eupido, ich wittere deinen Pfeil."

„Tadele mich nicht", wandte sie ein, „doch halt! Nero legt die Zither weg und schreibt. – Nur noch das eine – wir müssen es dahin bringen, die beiden, Octavia und Metellus, in einer Situation zu überraschen, die uns zum mindesten den Schein des Rechts in die Hände gibt. Das verlange ich, damit mein Verhältnis zu Nero gerechtfertigt vor dem Volk dasteht."

„Ich werde es an Spionen nicht fehlen lassen", sagte der Festordner.

Da Poppäa das Gemach zu verlassen gesonnen war, um ihre Morgentoilette zu beendigen, ließ sich der Kaiser die Falten seines Gewandes ordnen und erklärte, er werde die im Atrium harrenden Morgenbesucher empfangen. Unter diesen befand sich auch seit einer Stunde unser Freund Metellus. Der junge Mann fühlte sich unter dieser vornehmen Gesellschaft, die ihn teilweise gar nicht beachtete, teilweise mit geringschätzenden Blicken streifte, äußerst unbehaglich und drückte sich ziemlich verlegen in der Nähe des Eingangs herum. Wir hatten ihn verlassen, als er in größter Bestürzung der Bude des Barbiers entfloh, unfähig zu überlegen, wohin er sich wenden, was er tun solle. In dem Eingangstor seiner Wohnung angekommen, trat ihm ein grinsender Äthiopier entgegen, deutete auf eine bereitstehende Sänfte und lud ihn mit sehr höflichen Worten ein, sich in dieselbe zu verfügen. Der Geängstigte faßte sich ein Herz und fragte aufatmend, was man mit ihm vorhabe! Da der Äthiopier rasch seine Befürchtungen zu zerstreuen wußte, indem er ihm zu verstehen gab, man wünsche sein Talent am Hof zu beschäftigen, und der junge Mensch überdies sein Schicksal zu irgendeiner, wenn auch unglücklichen Entscheidung bringen wollte, stieg er, sich gewaltsam verbietend, an die Zukunft zu denken, in die Sänfte. So brachte man ihn in den Palast, woselbst man ihn in ein Gemach führte, in dem neue, saubere, ja, reiche Gewänder für ihn bereitlagen. Als er ein warmes Bad genommen, die Gewänder angelegt und sich an den vorgesetzten Speisen gestärkt hatte, erwachte sein heiterer Lebensdrang wieder, und er fragte sich selbst: Metellus, wo hinaus willst du? Was werden dir die nächsten Stunden bringen? Der Sklave hatte ihm dieses Gemach als Aufenthaltsort angewiesen. Hier solle er so lange wohnen, bis das Werk (ohne Zweifel eine Statue), das man von ihm vollführt sehen wünsche, vollendet sei. Das Gemach befand sich da, wo der Palast an den Garten grenzte. Die Pinienwipfel reichten bis an den Marmor des Altans, weithin ausgebreitet lagen Büsche und Bäume, von blendendweißen Nacken der Marmorstatuen aufs geschmackvollste unterbrochen. Der Sklave stellte noch einige Erfrischungen auf den Marmortisch, und Metellus, ungewohnt, den Herrn zu spielen, redete den syrischen Alten freundlich an, worüber dieser, der solche herzlichen Worte noch nie vernommen hatte, in große Verlegenheit geriet. Dieser Alte hatte es, als er den Jüngling über den Hof hierherführte, zuweilen versucht, ihn von oben herab zu behandeln und seinen lächelnden Kollegen durch allerlei Winke anzudeuten, er habe da einen rechten Neuling vor sich. Nun, da der alte „Beryll" mit dem Jüngling allein war und er immer mehr zur festen Überzeugung gelangte, der neue Günstling Neros habe schlechterdings nicht gelernt zu befehlen, änderte er reuevoll sein Benehmen und war die Zutraulichkeit selbst. Diensteifrig zog er den großen, grünen Vorhang, der die Säulen des breiten Fensters umhüllte, zu und gab sehr beredt jedwede gewünschte Auskunft.

„Uns wurde ein Wink erteilt", sagte er unter anderem, „wir sollten dir, o Herr, mit großer Zuvorkommenheit dienen! Du bist gewiß nahe daran, dein Glück zu machen, doch hüte dich – die Schwellen sind in diesen Räumen glatt, und mancher fiel, je fester er zu stehen wähnte. Ich schweige indes, denn hier hat die Luft Ohren."

Endlich verließ er nach vielen Fragen, Verbeugungen und Demutsbezeigungen das Gemach.

„Die Schwellen in diesen Gemächern sind glatt", murmelte Metellus vor sich hin, indem er die grüne Hülle vom Fenster zog und der Sonne wieder erlaubte, die Ornamente der Wände zu vergolden. Dieses Wort hatte ihn ernst gestimmt, ein Gefühl, als läge er in einem vergoldeten Prachtkerker, beschlich ihn, wenn er bedachte, daß ihn nun der weite Palast mit seinem Dienertroß umgab. Schon das Gefühl des Bedientwerdens hatte etwas Beengendes für sein unverdorbenes Gemüt, er war immer in Versuchung gewesen, dem Sklaven die Platte oder den Becher abzunehmen. Wenn er sich in seinem Gemach umsah, schaute ihn alles so befremdend an. Diese vergoldeten Säulen schienen ihm zuzurufen, du gehörst nicht hierher, dieses prächtige Bett mit seinen goldenen Geierkrallenfüßen stand so vornehm da, als fühle es sich tief beleidigt, wenn man sich auf seine Polster legen wollte. Metellus' Auge trübte sich, jener Schmerz lagerte sich über seine Züge, der dem Jünglingsalter so eigen und der nicht frei von einem Anflug poetischer Ziererei ist. Im Grunde wußte er nicht, über was er traurig sein sollte, aber er versuchte es, traurig zu sein, und siehe da, es gelang ihm. War etwa der blaue Himmel mit seinen lispelnden Baumwipfeln ein Gegenstand, der zum Trauern einlud? Klang das Lied der Vögel draußen in den Büschen schmerzlich? Boten die fernen Dächer Roms, hinter denen freundliches Grün und die blendendweißen Tempelgiebel aufstiegen, nicht einen ganz vergnüglichen Anblick? Und der Teich, der, umgeben von Statuen, dort im Sonnenlicht sein Silber blitzen ließ: Konnte man, wenn man ihn betrachtete, wirklich an nichts anderes denken als an den Tod, der in seinen Wellen zu finden war? Eigentlich konnte er doch recht zufrieden sein mit seiner Lage, Fortuna hatte ihn unerhört begünstigt, es wäre an der Zeit gewesen, dem Schicksal zu danken, Hoffnung zu hegen. Vielleicht war es gerade die Überfülle des Behagens, die ihn mit einem herausfordernden Trotzgefühl bewog, sich auf den Standpunkt eines Unglücklichen zu stellen. Horch! Wie melancholisch eine Turteltaube herüberstöhnte, wie wehmütig die Pinien säuselten. Seine unglückliche Stimmung hinderte ihn indes nicht daran, sich sorgfältig in dem runden Spiegel zu betrachten, der, von einem metallenen Faun emporgehalten, auf dem Ankleidetisch stand. Ja, wir müssen es gestehen, er freute sich wie ein Kind oder besser wie ein griechisches Mädchen an dem ägyptischen Linnen, in das er seine Glieder hüllen durfte, und griff ein übers andere Mal in seine von Salben duftenden Haare, die man mit einem golddurchwirkten Band durchflochten hatte. Er selbst bemerkte errötend, da er mehrmals in den Spiegel sah, wie die Formen, die Farben seines Gesichts durch die Art, wie man seine Locken geordnet hatte, entschieden gewannen, wie der Bau seiner Glieder harmonisch gehoben wurde durch die in feine Falten gelegte Toga, und doch, obgleich sein künstlerischer Schönheitssinn sich befriedigt fühlte, kam er sich in diesem Putz so verächtlich vor, daß er am liebsten den Palast sofort verlassen hätte. Doch die Aussicht, aller Nahrungssorge enthoben zu sein und, vor allem, seinem Beruf ungestört leben zu dürfen, nicht minder auch eine geringe Dosis jugendliche Abenteuersucht, bewogen ihn, auszuharren. Er war noch mit der Vollendung seiner Toilette beschäftigt, auf die er sonst nicht viel zu achten pflegte, als der alte Beryllus eintrat und in lauten Worten die Schönheit seines Herrn pries. Metellus verwies ihm die Lobpreisungen mit ärgerlichem Ton.

„Schweig, Alter", rief er, „mich quält dieser Putz, ich hätte Lust – mir diese Kleidung vom Leib zu reißen."

Wirklich legte er unmutig Hand an seine Stirnbinde, doch der entsetzte Sklave hielt ihn davon zurück.

„In einer halben Stunde“, sagte er, „will dich Nero unter den Morgenbesuchern im Atrium sehen. Sei darauf bedacht, einen guten Eindruck zu machen.“

In einer halben Stunde also sollte er vor dem Herrn des Erdballs stehen! Vor dem Mann, den er beleidigt hatte! Da galt es denn freilich, sich imposant herauszustaffieren. Seine Umgangsformen hielt unser Freund, wie alle jungen Leute, natürlich für untadelhaft und glaubte in seinem Sinn, er brauche die Begegnung mit den Göttern nicht zu scheuen, dennoch war es ihm recht angenehm, daß er noch eine halbe Stunde Zeit hatte, um sich auf die möglichen Fragen des Kaisers zu präparieren. Es war seine Gewohnheit, sich über peinliche Minuten entweder mit der Lektüre des Virgil oder seiner Flöte hinwegzuhelfen. Als er nun in seinem Reisesack nach dem Virgil suchte, konnte er desselben nicht habhaft werden, er mußte ihn bei seiner Flucht aus der Barbierbude verloren haben. Er griff also zu seiner Flöte. Im Freien, dachte er, werde ihm das Herz weniger bänglich klopfen, und so verließ er das Gemach, um sich im Park eine schattige Stelle zu suchen. Es war nun fast Mittag geworden. Lautlos ragten die Zypressen mit ihrem dunklen Grün in den tiefen Azur des Himmels, alle Blätter troffen von Sonnengold, es war, als ob die Sonne an alle Äste, Blumen, Halme goldene Bälle gehangen hätte, selbst die Vögel schwiegen, nur die Zikade ließ ihr schläfriges Lied in den Büschen erschallen. Der Jüngling hielt die Hände vor die geblendeten Augen, die ungewohnte Kleidung belästigte ihn, die schwüle Ruhe, die über diesen stillen Wipfeln, auf diesen wohlgepflegten Pfaden zitterte, stimmte ihn feierlich, traurig. Vor ihm glitzerte ein Teich, in dessen Flut sich mehrere Statuen in ernster Schönheit bespiegelten. Kaum vermochte er in das rückstrahlende Wasser zu blicken, und die Augen schmerzten ihn, wenn er sie zu den weißen Götterbildern aufschlug, die, wie in ihre eigene Schönheit versunken, dastanden. Er setzte sich träumerisch auf die hohe Steineinfassung des Teiches, gerade einer Venus gegenüber, die den Apfel einem ferner stehenden Mars entgegenhielt, brachte seine Flöte an den Mund und begann ihr einige unartikulierte Töne zu entlocken. Das Bangen vor der nahenden Audienz wich, Schlummertrunkenheit bemächtigte sich seiner. Dort aus dem schwarzen Hain, dachte er, müßte jetzt ein bocksfüßiger Faun hervorspringen, sich scheu ringsum sehen und zu der Nymphe eilen, die hier im Gras schlafen müßte. Oh! Das Gekose der beiden, wenn sie erschrocken erwachte und er sie in seinen struppigen Arm schlösse, und der Geißhirt müßte verstohlen aus dem Gebüsch die Liebestrunkenen belauschen, während seine Zicklein ungestört ihre Blätter rupfen. Während diese Phantasien mit seinem ermüdeten Gehirn spielten und ihn der Wirklichkeit mit ihrer Angst entrückten, entlockte er seiner Flöte schmelzendere Töne, schlug die Schenkel übereinander, bewegte zierlich die Finger am schönen Arm und gewährte in dieser Stellung, da er den Kopf neigte, einen überaus lieblichen, idyllischen Anblick. Sein Auge nahm einen immer müderen Ausdruck an, langsam sank er von der Steinumfassung in das Gras herab, seine Flötenklänge wurden immer leiser, er selbst hörte sie kaum mehr, und bald war er, die Wange an den auf dem Stein ruhenden Oberarm geschmiegt, eingeschlafen. Wie er so dalag, mit dem kindlichen Lächeln auf den blühenden, halbgeöffneten Lippen, erinnerte er an Endymion, die Flöte hielt er an die Brust gedrückt, ringsum leuchtete der klare ruhige Mittag. Plötzlich fuhr er aus dem Schlaf empor, knisternder Kies hatte ihn geweckt, er schaute sich mit gebrochenem Auge um, noch standen die schweigenden Götter, noch ruhte die flimmernde Sonnenglut über der Wasserfläche, und er hatte doch geträumt, es sei Nacht, tiefe Nacht, wie sie der Orkus birgt, und ihm war im Halbschlaf, ehe er erwachte, gewesen, als habe ein Kopf hinter jener Zypressenwand hervorgelugt, ein Gesicht, das ihm nicht ganz unbekannt war. Doch die Zypressenwand ragte wie sinnend empor, nichts regte sich. Er erhob sich zur Hälfte, wandte das Antlitz und sah nun, daß er sich nicht getäuscht hatte, hinter ihm trat ein Weib aus dem Gebüsch ins Freie und sagte mit freundlichem Lächeln:

„Ich habe dein Flötenspiel belauscht, Knabe, und deinen Schlaf gestört, du zürnst mir doch nicht deshalb?“

Sie errötete flüchtig, indes Metellus, nach Worten suchend, ihr in das edle, ernste Gesicht sah. Endlich schlug er die Augen nieder, und brennender errötend als sie, sagte er leise:

„Ich kenne dich, ich sah dich im Tempel des Zeus auf den Knien liegen.“

Scheu blickte er nun zu ihr empor, und da er zu bemerken glaubte, daß ihre Gedanken nicht mehr bei ihm, nicht mehr in der Gegenwart, sondern in einer traurigen Vergangenheit weilten, wagte er ihr schweigendes Hinbrüten nicht zu stören, berauschte aber sein Auge an der zarten, mädchenhaften Gestalt und bewunderte die Anmut, mit der ihr weißer Arm das fallende Gewand hielt. Und wieder, ähnlich wie damals im Tempel, beklemmte es ihm die Brust, wenn er sich ausmalte, wie solche Arme umarmen könnten, wie es sein müßte, an diesem Busen zu ruhen, über dessen leise Wellen die Falten des Gewands geheimnisvoll herabflossen.

„Schau nicht so traurig“, entfuhr es seinen Lippen, „die Götter wissen zu helfen.“

Und um seine Verlegenheit zu verbergen, sprang er jetzt vom Boden auf und fuhr, da sie ihn nicht beachtete, in gezwungen heiterem Ton fort:

„Du bist gewiß die Lieblingssklavin der Kaiserin – nicht wahr? Denn so schön wie du ist keine ...“ Und plötzlich, wie von einer ihm selbst unerklärlichen, unheimlichen Leidenschaft fortgerissen, trat er zitternd näher zu der schönen Träumerin heran, versuchte ihren weißen Arm mit den Fingern zu umspannen und streichelte ihr mit der Hand zart über die Wange.

„Schöne Sklavin“, hatte er noch Zeit zu stammeln, als in ein entrüsteter Blick aus den Augen des aus seinem Brüten aufgestörten Weibes traf. Sprachlos starrte sie ihn an.

„Lüstling!“ bebte es dann kaum hörbar von ihren farblos gewordenen Lippen. „Man wird dir sagen, wer ich bin …“, und die Hand zornig wie zum Schlag ballend, stand sie vor dem tieferschrockenen Jüngling. Ihre Lippen bewegten sich, als wolle sie reden, dann wandte sie sich um und schritt dem Palast zu, aus dem ihr Dienerinnen entgegenkamen. Metellus sah sie wie im Traum durch die Büsche schreiten, sie hielt, wie es ihm schien, die Hände vor das Gesicht, als verberge sie Tränen. Er schaute ihr nach wie ein gerichteter Verbrecher, und nahe daran zu weinen, warf er sich auf den Boden, den Kopf in die Hand stützend. Es wich von ihm wie eine Betäubung, seine krampfhaft gespannten Nerven lösten sich, und das beschämende Bewußtsein, sich völlig vergessen zu haben, wie ein Narr in anderen Welten geschwebt zu haben, raubte ihm für den Augenblick jede Überlegung. Ihren weichen Arm glaubte er noch zwischen den Fingern zu fühlen, so weich, so warm, ihre Stimme noch zu hören, ihren Blick in dem seinen flammen zu sehen. Sonst wußte er nichts, nur das Gefühl ihrer Gegenwart, ihre glänzende, schmale Stirn, ihr verhüllter Busen erfüllten ihn, und dieses Gefühl mischte sich in peinlichem Kontrast mit dem Gefühl der Beschämung. Endlich, als sich seine Gedanken zu ordnen begannen, stand es in ihm fest, dieses Weib zu meiden, sie nie mehr zu sehen, die ihn Lüstling nennen durfte. Aber wer war sie? Eine Sklavin des Palasts? Sollte er sich von einer Sklavin beleidigen lassen? Was kümmerte sie ihn? Mochte sie ihn nennen, wie sie wollte, was war daran gelegen. Hätte er sich doch, als sie die Hand ballte, ausgelacht und sie keck umarmt. Es blieb ihm indes nicht lange Zeit, seinem Trotz Luft zu machen, eiligen Laufs nahte Beryllus, um ihn zur Audienz zu laden.

„Wie heißt diese Sklavin, die soeben aus dem Palast kam?“ fragte Metellus, ohne zu wissen, was er fragte.

„Sklavin? Welche Sklavin?“ gab der Alte zurück und zog den halb Widerstrebenden nach dem Palast. „Beeile dich, der Kaiser betritt sogleich das Atrium.“

So mußte unser Künstler sich gewaltsam jeden Gedanken an die Schöne aus dem Kopf schlagen, und dies gelang ihm denn auch bei der lebhaften Art, mit der er jedem neuen Eindruck folgte, ziemlich leicht.

So sehen wir ihn denn bald darauf errötend an der Tür des Atriums stehen, wo er mit wahrhaft mathematischem Eifer die Steine des Mosaikfußbodens zählte und jenes Herzklopfen der Erwartung empfand, das uns zu keiner genauen Übersicht unserer Lage kommen läßt. Einem Hofherrn, der ihn anredete, gab er eine den Umständen gar nicht angemessene, derbe Antwort, einem anderen, der ihn zu hänseln versuchte, warf er einen jener stolzen Blicke zu, die der Verlegenheit entstammen und die einem jugendschönen Gesicht so gut stehen. Endlich erschien, von Liktoren umgeben, der Kaiser. Ein geschickt in die Haare gedrückter Lorbeerkranz entzog die Schramme auf des Kaisers Stirn jeglichem Blick, und unser Held, der Erzeuger dieser Wunde, erkannte den nächtlichen „Apollo" nur noch an dem weichlich breiten Kinn und den tiefliegenden, sich hinter der Nasenwurzel bergenden Augen wieder. Metellus war wohl der einzige unter den sich rasch in einen Halbkreis ordnenden Besuchern, der ohne Zagen in das grämliche, flackernde Auge des Herrschers blickte. Langsam bewegte sich der Kaiser durch die Reihen seiner Diener, alles tändelnde, kleinliche war aus seinem Benehmen geschwunden, finsterer, eiserner Ernst lag über seiner wulstigen Stirn, und sein Auge schien sich halbverschleiert und doch im Inneren brennend an der Angst seiner Umgebung zu weiden. Mit einem Tiger in den Käfig gesperrt zu werden, mochte manches dieser bleichen Gesichter denken, ist erträglicher, als sich hier befinden in der Nähe des Tyrannen. Man stellte einen Stuhl in die Mitte des Gemachs, auf den sich der Herrscher mit verdrießlicher Miene niederlassen wollte, indes die übrigen ihn in weitem Bogen umstanden. Er warf das Kissen des Sessels seinem Kammerdiener an den Kopf und forderte ein neues, weicheres. Endlich saß er, endlich waren die Kissen zu seiner Zufriedenheit geordnet. Wie oft schon waren in solcher Stunde die Worte Verbannung, Kerker, Tod von des Kaisers Lippen gefallen, gleichgültig, wie Spreu aus einem zerrissenen Sack fällt. Mit leiser, kranker Stimme fragte nun der Kaiser bald dies, bald das, wich aber sorgsam jeder Erörterung der Regierungsangelegenheiten aus. Er erkundigte sich nach dem Befinden seiner Mutter und fragte in demselben Ton, ob neue Löwen aus Libyen eingetroffen seien. Dem lächelnden Seneca, der ihn über das Befinden Agrippinas beruhigen wollte, gab er eine Antwort, die deutlich durchblicken ließ, ihm wäre lieber, man überbringe ihm künftig weniger tröstliche Nachrichten. Dem Präfekten der Prätorianer gab er den Befehl, nach einem gewissen Kunstrichter zu fahnden, der vor zwei Tagen an der Mittagstafel eingeschlafen war, als der Kaiser eines seiner Gedichte rezitierte. Alle vernahmen den Haftbefehl des gereizten Poeten mit Schaudern. Ganz besonders gnädig erwies er sich dem Britannicus, indem er ihn mehrmals seiner Gnade versicherte, so daß er ihn fast über seine Gesinnung zu täuschen vermocht haben würde, wenn er nicht, wie alle, die Neros Gemütsart kannten, gerade diese übertriebenen Lobsprüche als Zeichen seines nahen Untergangs hätte deuten müssen. Als nun die Höflinge zitternd, stumm, jede Miene des Gefürchteten beobachtend, rings um seinen Sessel standen, wagte es Burrus, der als früherer Lehrer sich mehr erlauben durfte als die übrigen, einige Worte zugunsten Octavias einfließen zu lassen, die, wie er sagte, in ihren Gemächern ihr Leben vertrauere. Der Kaiser machte eine heftig abwehrende Bewegung, wodurch sich der Faltenwurf seines Mantels verschob. Als nun Tigellin sich bückte, um die in Unordnung geratenen Falten zu glätten, konnte sich unser Metellus, der in der Nähe des Tigellin stand, nicht enthalten, ebenfalls Hand anzulegen. Er trat in seiner naiv-verlegenen Art an den Sessel des Kaisers heran, änderte den von Tigellin geordneten Faltenwurf nach seinem künstlerischen Geschmack und bemerkte kaum, wie durch die Reihen der Höflinge ein Geflüster des Schreckens, des

Staunens flog und wie sich viele Lippen zu verächtlichem Lächeln kräuselten. Nero, dem Petronius einige Worte ins Ohr gehaucht hatte, nahm jedoch diesen Dienst des mit den Hofbräuchen unerfahrenen Jünglings sehr gnädig auf. Er lächelte dem Verlegenen zu und sagte scherzend zu Tigellin: „Mein Freund, dieser Künstler weiß mich einer erhabenen Statue ähnlicher zu machen als du." Dann wandte er sich an die Versammelten.

„Burrus", sagte er, „möchte mich mit Octavia versöhnen. Strenger Burrus, lasse dir sagen, daß auch dein Kaiser diese Versöhnung wünscht und bereits den ersten Schritt hierzu getan hat. Dieser junge Künstler wurde mir von Petronius empfohlen, ich will, daß er Octavias Statue vollende."

Der Kaiser entließ die Versammelten heute früher als gewöhnlich, sich entschuldigend, wichtige Regierungsgeschäfte harrten der Erledigung, in Wahrheit aber erwartete er griechische Abgeordnete, die er zur Tafel gezogen hatte und die ihm die Siegeskränze der Citharöden Griechenlands überbringen wollten. Unser Freund, der ebenfalls eine Einladung zur Tafel erhalten hat, sollte auf Wunsch des Kaisers zuvor der Kaiserin vorgestellt werden. Kaum hatte der Monarch das Atrium verlassen, so näherte man sich von allen Seiten dem äußerst vergnügten Künstler, gratulierte ihm und versicherte ihn seiner unwandelbaren Freundschaft. Wodurch er sich das Herz des Herrschers so rasch erobert hat, wußte freilich niemand zu sagen, doch darüber zerbrach man sich nicht lange den Kopf. Man nannte ihn Günstling, prophezeite ihm eine glückliche Zukunft, und selbst diejenigen, die sich bei seinem Eintritt in das Atrium hochmütig von ihm abgewendet hatten, verbeugten sich jetzt und wollten gleich, da sie ihn sahen, etwas ungemein Geniales auf seiner Stirn, in seinem Betragen gesehen haben. Metellus nahm diese Freundschaftsbeteuerungen mit strahlendem Gesicht, sehr verwirrt Entschuldigung stotternd, in Empfang, und als ihm ein reicher Senator mit übertriebener Zuvorkommenheit sogleich sein ganzes Vermögen zur Verfügung stellte, war er bescheiden genug, sich nicht mehr als einige Tausend Denare zu erbitten. Der wohlbeleibte Senator, der sich über dieses Mißverständnis innerlich dermaßen alterierte, daß er, einen Schlaganfall befürchtend, von seinem Sklaven kaltes Wasser bringen ließ, lächelte indes sehr verbindlich und befahl dem Sklaven, die gewünschte Summe sobald wie möglich auszubezahlen. Metellus fand das so selbstverständlich, daß er es für unnötig fand, dem reichen Geizhals zu danken. Als er wieder auf seinem Zimmer angekommen war, war das erste, was er tat, einen Freudensprung zu machen. Wie rosig lachte ihn die Zukunft an, wie schön ist diese Welt, wie gut sind die Menschen auf derselben. Und wo blieb die Verruchtheit Neros, von der er nichts bemerkte und die man ihm nicht groß genug vormalen konnte? Hatte ihm dieser verleumdete Mann nicht Obdach, Arbeit, Brot, überhaupt Existenz gegeben, obgleich er ihn beleidigt hatte? Doch mitten in diesem Freudenrausch ergriff ihn plötzlich ein bisher ungeahntes Weh, ein Weh, das sich wohl eine Zeitlang wegbannen ließ, aber wie ein unterdrücktes Fieber immer wieder kam, ein Weh, das eine gewisse Verwandtschaft zur Wonne hatte und das sich sogleich steigerte, wenn sein Auge auf die tanzenden Nymphen fiel, die von den Wänden auf ihn herablächelten. Vielleicht trug gerade sein freudig erregter Zustand dazu bei, der goldene Lichtglanz, mit dem er auf einmal das Leben geschmückt sah, seine Phantasie mit jener Sehnsucht zu erfüllen, die sich so gerne in den Anblick weiblicher Gestalten vertieft. Selbst das Wort Weib oder Mädchen erweckte in ihm seltsame Vorstellungen, und er konnte gar nicht begreifen, daß es eine Zeit gab, in der er die Weiber verachtet, den Umgang mit seinen Freunden jedem anderen vorgezogen hatte. Ein Weib lächelte doch anders als ein Freund, die weibliche Schamhaftigkeit lockte mehr zur Hingebung als die rauhe, wortkarge Offenheit des Freundes, ein unsagbares Geheimnis umflutete die weiche, schmachtende Gestalt des Weibes. Diese Empfindungen konzentrierten sich zunächst noch auf kein bestimmtes

Weib, sie umschwebten vielmehr das Weib als ganzes Geschlecht und lagen ihm mehr wie eine dumpfe Last auf der Seele. Doch auch diese Stimmung wich allmählich wieder von ihm, und als der Sklave eintrat, ihn vor die Kaiserin zu führen, brach seine Heiterkeit aufs neue siegreich durch den nebelhaften Wust seiner Gedanken. Wie trunken vor sich hinlächelnd, folgte er dem alten Beryll durch Hallen und Gänge des Palastes und erwachte erst, als dieser, vor dem Peristyl haltmachend, den Türvorhang zurückschiebend, sagte: „Tritt ein, du bist bereits angemeldet." Man hörte hinter dem Vorhang den Springquell rauschen, der seine Strahlen in das Becken goß, feiner Wasserstaub sprühte dem Eintretenden entgegen, und eine kühle Dämmerung empfing ihn. So stand denn Metellus, die Augen niederschlagend, in dem halbdunklen Gemach und fühlte nur, ohne sie zu sehen, daß er einem Weib gegenüberstand, hörte es an dem Rauschen eines Gewandes. Einem Weib! Dieses Bewußtsein war es, das ihn, als habe er sich der Entweihung eines Heiligtums schuldig gemacht, erröten ließ und ihm die Augen zu Boden zwang. Erst als eine Männerstimme sagte: „Dies ist der junge Künstler, dem dein Gemahl, o Herrin, den Auftrag gab, deine Büste zu meißeln", wagte er es, die Augen aufzuschlagen. Aber wenn ihm Charon oder der dreiköpfige Unterweltshund erschienen wäre, hätte er nicht tiefer erblassen, nicht heftiger nach Atem ringen können, als er es nun tat, da er die Augen aufschlug und in Octavia, der Kaiserin, jene Sklavin wiedererkannte, deren Reizen er im Park so wenig widerstanden hatte. Wie hatte er dieses Weib für eine Sklavin halten können! Wo hatte er seine Augen! Sprach nicht Würde und Majestät aus jedem ihrer Züge, und verbreiteten diese großen, feuchten Augen nicht ein schwermütiges Licht über das ganze Antlitz? Er stand, als erwarte er in jedem Augenblick aus dem Palast gewiesen zu werden, ängstlich hing sein Ohr an den Lippen der schönen Frau, aber es dauerte lange, bis er ein Wort vernahm. Die Kaiserin schien betroffen, sie hatte ihm einen halb unmutigen, halb ängstlich verwunderten Blick zugeworfen und der Zofe einige Befehle zugeflüstert, um ihre Verwirrung zu verbergen. Dann hatte es den Anschein, als wolle sie zürnen, ihre Lippen suchten nach einem strengen Ausdruck, über ihrer Nase bildete sich eine kleine Falte, jedoch die Falte verschwand, und das herbe Wort bekam niemand zu hören. Wieder verrannen einige peinliche Minuten. Endlich raffte sie sich zu der Frage auf: „Wie nennst du dich?“ Dabei wollte sie hierbei majestätische Kälte zur Schau tragen, was ihr jedoch so schlecht gelang, daß sie selbst hierüber in Verlegenheit geriet, welche Verlegenheit sie, mit sich selber zürnend, dadurch dämpfte, daß sie zum zweitenmal heftiger fragte: „Wie nennst du dich?“ Metellus hörte nichts als das Rauschen des Brunnens, selbst die Frage der Kaiserin mußte ihm zweimal wiederholt werden, und kaum hatte er es versucht, seinen Namen zu nennen, als ihm statt seines Namens unwillkürlich der leise Ausruf „Verzeihung!“ entfuhr. Zugleich mit diesem Ausruf kniete er auf der Stelle, wo er stand, nieder, langsam, widerstrebend, als drückte ihn das Gefühl seiner Schuld auf den Boden. Petronius, denn dieser war es, der, neben dem Stuhl Octavias stehend, den Künstler vorgestellt hatte, bohrte seine lauernden Blicke in diejenigen der Kaiserin, die von dem plötzlichen, demutsvollen Niederknien des Jünglings ergriffen, nach Fassung rang. Die Schönheit, die ergebene Kindlichkeit seiner zusammengekauerten Gestalt mußte sie seltsam bewegen, denn einige Augenblicke hindurch betrachtete sie ihn wie verloren, wie über sich selbst verwundert, und befreite sich darauf von diesem Zauber durch eine gewaltsame Anstrengung.

„Stehe auf, Metellus“, sagte sie, mit einem Ton, der zwischen Befehl und Mitleid schwankte.

„Hohe Frau“, wollte Petronius beginnen, „das ist wahrlich eine überraschende, seltsame Szene …“

Aber die Kaiserin, rasch ihre ganze Willenskraft sammelnd, unterbrach seine erstaunten Fragen mit einer fast herben, jede Einsprache zurückweisenden Stimme.

„Ich hatte meine Dienerinnen im Palast zurückgelassen", sagte sie sehr ernst, „um mich meinem Virgil in der Grotte des Neptun ungestört hingeben zu können. Da traf mich unversehens ein Steinwurf, und als ich mich umsah, eilte dieser Jüngling hinter die Gebüsche des Gartens, sehr bestürzt darüber, daß er statt des Sperlings, den er verscheuchen wollte, ein Weib getroffen hatte. Daher unsere Bekanntschaft, Petronius."

Metellus stand auf, und sein dankbarer Blick sagte der Erfinderin dieser Fabel so viel, daß sie sich bewogen sah, eine fast noch strengere Miene anzunehmen. Petronius hustete und lächelte hinter der hohlen Hand, ob er die Fabel glaubte oder nicht, war ihm nicht anzusehen.

„Ich wage meinem Gemahl nicht zu widersprechen", sagte Octavia, „sonst würde ich mir entschieden ausbitten, er möge mich nicht modellieren lassen. Ich fand niemals Gefallen an Werken der Plastik, mich selbst als Bild zu sehen, trage ich kein Verlangen."

Metellus erschrak, da er diese kühl gesprochenen Worte vernahm, ihm entging, was sich hinter dieser Ruhe verbarg. Auch das Lächeln Petrons entging ihm, mit dem dieser erwiderte: Er glaube nicht, daß der Kaiser auf die Büste seiner Gattin verzichten werde.

„Nun denn, so mag es sein", entgegnete Octavia, „mein Gatte weiß, daß ich in allen Stücken seine Sklavin bin."

Sie erhob sich mit würdevoller Ruhe, indem sie erklärte, morgen könne der Künstler sein Werk beginnen, entließ mit einer graziösen Handbewegung die beiden und warf, indem sie sich umwandte, dem aus der Tür schreitenden Metellus wieder einen jener halb verwunderten, halb vornehmen Blicke zu, die der Arglose sich nicht zu deuten wußte, obgleich sie seine Phantasie beschäftigten. Sobald die beiden das Gemach verlassen hatten, warf sich die jugendliche Kaiserin ermüdet auf das in der Nähe des Bassins stehende Ruhelager, das, von allerlei Blattpflanzen, Palmen anmutig überwölbt, von feinem, glitzerndem Wasserstaub umhaucht, während der Mittagshitze einen angenehmen Aufenthalt gewährte. Der Brunnen sprach mit sich selbst, aus dem marmornen Löwenmaul tönte immer wie dieselbe Redensart: „Heuchelei, Heuchelei, Heuchelei!“ So wisperte und rauschte es durch die träumerische Pracht dieses Saales. Sah man nach dem Hintergrund, so leuchtete dort in ziemlicher Ferne das Grün des Parks in grellstem Sonnenglanz zwischen den Säulen der Gemächer. Hier aber herrschte kühles Halbdunkel, in das die Vergoldungen der Decken und Wände matte Blitze warfen. Eine alte Sklavin war damit beschäftigt, die Pflanzen zu säubern und mittels eines Pfauenwedels die Statuen, die das Becken zierten, abzustäuben, ein Geschäft, dem sie verdrossen oblag. Auf einen Wink der Kaiserin begann diese alte Sklavin mit mürrischer Miene, die Rolle, die auf dem Tisch lag, zu entfalten. Sie begann aus einer Abhandlung Senecas vorzulesen. Kalt, eintönig schlugen die Worte an den Marmor des Raums, frostig wie dieser Marmor war der Vortrag, frostig der Inhalt. Zutraulich mischte der Brunnen sein Geplauder in die Vorlesung über die Tugend, als mache er sich lustig über die hohlklingenden Phrasen: Heuchelei, Heuchelei, rauschte es unaufhörlich. Octavia schloß zuweilen ihr halb erloschenes Auge oder unterdrückte ein Gähnen, offenbar nicht mit den Gedanken des Philosophen, sondern mit ihren eigenen beschäftigt. Wem durfte sie sich mitteilen? Wem trauen? Wen ihr eigen nennen? Nur sich selbst durfte sie gestehen, was sie litt, hart und fühllos wie die Wand dieses Gemachs, umgab die Zwanzigjährige die Welt. Ja, der Brunnen hatte recht mit seinem sarkastischen Gelächter. Was gab ihr diese Pracht der Existenz, der Titel Kaiserin? Dort der Papagei in seinem vergoldeten Käfig war glücklicher als sie, diesen Marmorstatuen traute sie eher zu, ein warmes Herz im Busen zu tragen als den Höflingen, die sie diensteifrig umgaben. Britannicus zwar stand ihrem Herzen nahe, aber wie selten durfte sie die Annehmlichkeit seines Umgangs genießen. Der Kaiser sah es nicht gern, wenn die beiden Geschwister sich aneinander schlossen, seine mißtrauische Seele hielt beide getrennt. Auch wußte sie, daß die Tage des Bruders gezählt waren, daß man auch ihrem Leben nachstellte und nur auf eine Gelegenheit wartete, sie auf unbemerkte Art vom Schauplatz verschwinden zu lassen. Diese Gewißheit ihres Schicksals, das Bewußtsein, daß sie eigentlich nur noch wie ein von Charon vergessener Schatten auf der Oberwelt schwebte, ließ sie auch an dem Schicksal des Bruders weniger tiefen Anteil nehmen, sie betrachtete ihn als Abgeschiedenen, über dessen Tod man bereits ausgeklagt hat, an dessen Aschenkrug man mit stiller Resignation zuweilen die heiße Wange kühlt. Sie selbst dachte über ihre eigene Lage eigentlich nie nach, sie lebte dahin, wie der Hirt im Gebirge, dem es zur Gewohnheit geworden ist, am Rand des Abgrundes zu schlafen. Sie wußte nicht, was Liebe, Treue, Ergebenheit ist. Den Kaiser, der sie einst geliebt hatte, lernte sie bereits in der Nacht, da er sie über die Schwelle des ehelichen Gemachs trug, verachten. Damals schon wies sie seine wilden Liebkosungen zurück, und sie war die einzige, die schon zu dieser Zeit hinter der freundlichen Außenseite des Jünglings die Bestie kennengelernt hatte. Sie hatte ihn mit Worten beleidigt, die er, das wußte sie, nie vergessen konnte, und so oft er Annäherungen suchte, war sie ihm mit solch kalter Verachtung entgegengekommen, daß sich schließlich seine Liebe in unversöhnlichen Haß verwandelte. Trost und Erquickung fand sie allein in ihren Lieblingsdichtern, und selbst an die Werke Platos hatte sich ihr dem Leben abgewendeter Geist herangewagt. So bewunderte sie vor allem den Tod des Sokrates, und manche Worte dieses Weisesten aller Sterblichen hallten des Abends, ehe sie sich niederlegte, wie ein Gebet in ihrem Inneren wider. Ihre Leidenschaften hatten so wenig Nahrung erhalten, waren dergestalt eingeschüchtert worden durch das Benehmen ihres Gatten, den Tod ihres Vaters, das Leben ihrer Mutter, daß man ihren Charakter für sanft halten mußte, was er keineswegs war. Unter der stumpfen Kälte, die das Schicksal sie zur Schau zu tragen nötigte, schlummerte glühender

Lebensdrang, die ruhige Fassung, die sie sich durch Beschäftigung mit Philosophie und Poesie angeeignet hatte, war durch den täglichen Anblick eines lasterhaften Hofes oft genug erschüttert worden, obwohl sich ihre feine Natur mit Ekel von allen wüsten Orgien abwandte. Wohl konnte man ihren Charakter rein und edel nennen, aber oft hatte ihr der Lebensdrang zugeflüstert: Genieße den Rest deines Lebens. Und nur eine gewisse ästhetische Scham und der Umstand, daß sie noch keinen Charakter kennengelernt hatte, der ihr dauernde Achtung einflößte, hinderte sie, diesen Zuflüsterungen Folge zu leisten. Es war eine ihrer Eigentümlichkeiten, vermöge der lebhaften Phantasie, die sie besaß, sich aus den Charakteren, die ihr entgegentraten, ein schnell fertiges Idealbild zu schaffen, dessen Glanz dann nach kurzem Bestehen von der unerbittlichen Wirklichkeit zerstört wurde. So war sie bis jetzt von einer Schwärmerei durch eine andere geheilt worden, alle hatten sich als eitle Einbildungen entpuppt, das Jupiterhaupt hatte sich regelmäßig in ein grinsendes Faunsgesicht verwandelt. Mißtrauischer war sie nun allerdings geworden, aber was vermag die Stimme der Vernunft gegen den bestrickenden Reiz der Phantasie! Und selbst die bitterste Menschenverachtung, die zeitweise ihr Gemüt beherrschte, erlöste sie nicht von ihrem Wahn. Noch in ihre Träumereien vertieft, fühlte sie sich plötzlich von zwei braunen Armen umschlungen. Ihre Lieblingssklavin Meroë, eine häßliche, idiotische Ägypterin, hatte sich während des Vortrags an das Ruhelager herangeschlichen und einen ihrer gewöhnlichen albernen Streiche zu machen versucht, indem sie der Herrin einen Schlag auf die Schulter versetzte, um eine Mücke zu töten. Diese Sklavin mit den hängenden Lippen, der platten Nase und dem ewig heiteren, geistlosen Blick, durfte sich so ziemlich alles erlauben. Octavia bemitleidete das unentwickelte, gutmütige Wesen, fand oft eine Erholung an ihrem nichtssagenden Geplauder und machte sie zuweilen zum Zeugen ihrer Tränen. Alsdann hatte sie wenigstens ein lebendes Wesen, das nach der Ursache ihres Kummers fragte und das, wenn sie hierauf keine Antwort gab, mit ihr zu weinen begann, ohne zu wissen warum. Meroë ließ sich auf den Fußboden nieder, zupfte an den Fransen der Kissen und ergriff die Hand ihrer Gebieterin, während sie mit der anderen Hand ihre langen Haare zwischen ihre wulstigen Lippen preßte.

„Wie schön er ist, nicht wahr?“ flüsterte sie, während die Alte ihren Seneca weiter vortrug. Octavia wachte aus ihren Träumen auf, sah die Ägypterin erstaunt an und fragte: „Wen meinst du?“

„Oh, ich habe gelauscht“, gab diese zur Antwort, „dort hinter dem Vorhang stand ich, und mir war, als stünde ich im Tempel der Isis und die Priesterinnen schlügen das Kem-Kem, und meine Sinne berauschten sich an den blauen Weihrauchwolken, die um die bunten Säulen wirbeln. Oh, wie ich selig war, Herrin. Oh, wie er schön ist, schöner als Osiris, und wie männlich und doch sanft seine Stimme klingt. So rauscht der Nachtwind in den Papyrusstauden des Nils. Hörst du, wie es lispelt, siehst du, wie der Reiher mit ruhigem Flügelschlag über die Wogen zieht?“

Ocatavia begriff, daß die Sklavin Metellus meinte, sie errötete und strich der armen Törin die Haare aus der Stirn.

„Du hast recht, Meroë, er ist schön“, lispelte sie träumerisch, auf die Sklavin herabschauend.

„Und gut“, flüsterte die Ägypterin.

Octavia nickte und hielt die Hand in den Wasserstrahl des Brunnens, so daß die Palmfächer unter den spritzenden Tropfen erzitterten.

„Und weißt du, Herrin“, fuhr die Sklavin fort, „er sah nach mir, sein Auge flammte wie der Spiegel des Nils, wenn die Sonne ihn mit Feuer übergießt, und heiß strömte es mir durch die Glieder, als hätte mich der Gluthauch der Wüste berührt …“

„Nach dir?“

„Ja, als ich hinter dem Vorhang stand, bemerkte er mich“, lächelte das Mädchen, und sich auf die nackte, häßliche Brust schlagend, fuhr sie fort, „oh, er liebt mich! Ich fühle es, hier, hier …“

Fast mußte die Kaiserin lächeln, als sie dieses naive Geständnis vernahm, aber in ihre Heiterkeit mischte sich ein Gefühl der Bitterkeit, über das sie erschrak. Sie zwang sich jedoch zu einer freundlichen Entgegnung.

„Ei! Dann könntet ihr bald Hochzeit halten", sagte sie, „ich werde dir einen feuerfarbenen Schleier schenken und Flötenspieler bestellen."

„Nicht wahr, du hast es auch bemerkt?" fragte die Sklavin ganz erregt. „Du hast bemerkt, daß Sechet, die Göttin der Liebe, uns wohl will?"

„Gewiß, gewiß", entgegnete die Herrin mitleidig, und die arme Närrin versetzte diese Bestätigung in einen solchen Entzückungsrausch, daß sie, ohne Worte zu finden, die Hand der Gebieterin unaufhörlich küßte und manchmal ihre vorgetriebenen Augen ganz verzerrt emporschlug, um darauf in starres Hinbrüten zu versinken. Es war eine von Meroës Lieblingseinbildungen, zu glauben, es sei irgend jemand in sie verliebt. Diese Wahnidee war ihr nie ganz auszutreiben, und alle acht Tage wechselte der Gegenstand ihrer Zärtlichkeit. Bald war es ein Krieger, der ihrer begehrte, bald ein Sklave, manchmal sogar ein vornehmer Beamter. Die Törin ahnte wohl zuweilen, daß sie als Zielscheibe grober Scherze dienen mußte, aber das hielt sie nicht ab, immer verliebt zu sein und diejenigen, die sie am unmenschlichsten beleidigten, am heftigsten zu lieben. Octavia schloß die Augen, sie überhörte die Worte der Lesenden, das Rauschen des Brunnens gänzlich, sie fühlte sich plötzlich in den Garten versetzt, und wie ein Traum senkte es sich eine Sekunde hindurch auf sie nieder – der schlafende Jüngling, der blendende Sonnenschein im Wasserbecken, die zarte Hand auf ihrer Wange, dann fuhr sie mit einem Seufzer empor, der Sonnenschein war erloschen, kühle Dämmerung umschauerte sie, eintönig rauschte der Brunnen. Ganz verwundert sah sie sich in dem fröstelnden Gemach um und errötete hierauf so heftig, als habe ein Beobachter von ihren geheimen Gedanken gewußt. Nun versuchte sie es, den Weisheitslehren Senecas zu lauschen, was ihr auch einige Zeit gelang, bis sich an jeden Ausspruch des Philosophen allmählich irgendeine merkwürdige, ablenkende Vorstellung zu hängen begann. So wie sich dort in den Masken des Getäfels Ornamente rankten, schmiegten sich in die vorgetragenen Gedanken ihre eigenen Gedanken. Mehr als einmal geschah es, daß sie das Haupt zur blauen Öffnung der Decke emporrichtete oder dem Spiel der Sonnenstrahlen im Wasserbecken zusah und dabei ein Behagen, ein Aufatmen der Seele empfand, das ihr bisher fremd geblieben war. Das heitere Blau über dem dunklen Gemach, das tanzende Gold der Wellen im Becken, weckten auf einmal eine Sehnsucht nach Lebensgenuß in ihr, die, da sie sich von allen Seiten gehemmt sah, mehr zu Tränen als zum Lächeln lockte. Die Worte Meroës „Wie schön er ist!" klangen ihr noch im Ohr nach, als die Vortragende innehielt, ein Sklave in das Gemach trat und den Cäsar anmeldete. Der Cäsar werde sogleich erscheinen. Die Kaiserin richtete sich mit schwerfälliger Langsamkeit empor, und obgleich sie sich innerlich sehr bestürzt fragte, wie es komme, daß Nero, der sie so lange feindselig gemieden hatte, sich plötzlich wieder um ihre Freundschaft bewerbe, konnte man in ihrem Benehmen nichts als stumpfe Gleichgültigkeit bemerken, die sie sogar absichtlich an den Tag zu legen bemüht war. War er Sabinas müde? Oder war seine Freundlichkeit das sicherste Zeichen ihres nahen Untergangs? Doch wußte Octavia, daß er nicht wagte, ihr, solange sie der Liebling des Volkes war, zu nahe zu treten. Den Dienerinnen, die der seltene Besuch des Kaisers in große Bestürzung versetzt hat, gebot sie mit einer ihr sonst nicht eigenen Strenge, sich in keiner Weise für den Empfang vorzubereiten, nicht einmal bessere Gewänder sollten angelegt werden. Sie selbst rührte sich nicht vom Platz, und obgleich ein banges Angstgefühl ihr die Brust beklemmte, wich der Ausdruck gleichmütiger Nichtachtung, der mehr verletzt als offenbare Verachtung, keinen Augenblick aus ihren Zügen. Der

Türvorhang rauschte zurück, zwei Wachen traten vor, langsam, von wenigem Gefolge umgeben, erschien der Kaiser auf der Schwelle des Gemachs. Er trug einen sehr einfachen, geblümten Mantel, da er gehört hatte, daß Künstler meist ihr Äußeres vernachlässigen, nur seine Haare, auf denen der Lorbeer ruhte, waren in kleine Locken gebrannt. Auf seinem feisten Gesicht suchte sich ein zuvorkommendes Lächeln Bahn zu brechen, als er jedoch seine Gattin sich mit kühler Ruhe von ihrem Lager erheben sah, machte dieses Lächeln einer fast albernen Miene der Scheu und des Mißtrauens Platz. Die Höflinge gruppierten sich, und der Kaiser schritt auf seine Gattin zu, die ihn mit niedergeschlagenen Augen wie im Halbschlaf erwartete. Vielleicht zum erstenmal in seinem Leben fühlte dieser Gott auf Erden, was Verlegenheit ist, und wendete sich, über diese neue Empfindung äußerst betroffen, an Petronius. Dieser jedoch zog es boshafterweise vor zu schweigen, und Nero, mit sich selbst uneins, begann unbehilflich stammelnd, einige Fragen an Octavia zu richten. Er fragte, wie sie lebe, ob sie irgend etwas wünsche, vielleicht eine neue Sänfte, neue Sklaven, ein besseres Bad, ausgesuchtere Speisen. Octavia schüttelte jedesmal verneinend das Haupt, und erst, als er zum letztenmal fragte, mit was er ihr dienen könne, richtete sie das große Auge auf ihn und sprach: „Damit, daß du mich ungestört den Tod meines Vaters beweinen läßt." Nero, den man stets als einen von den Mördern des Claudius bezeichnete, zuckte zusammen, rang sichtlich nach Fassung und sagte, seinen aufkochenden Grimm mühsam dämpfend, zu seiner Umgebung:

„Ich bin gekommen, um ihr die Hand zur Versöhnung zu reichen, ihr alle seht, wie sie mich empfängt."

Burrus, der Octavia zunächst stand, beugte sich zu der teilnahmslos Dasitzenden.

„Hohe Frau", flüsterte er ihr zu, „benutze die Gelegenheit, dein Leben zu retten, seine Absichten sind gut, sei sanft, und du vermagst ihn zu versöhnen."

Dann sich gutmütig lächelnd an den Kaiser wendend, sagte er laut: „Verlasse dein Weib nicht im Zorn, o Cäsar, sie wird, wenn du ihr zusprichst, deinem Wunsch entgegenkommen."

Alle betrachteten den Kaiser, der sofort begriff, wie sehr er dieses trotzige Schweigen seiner Gattin zu seinen Gunsten ausbeuten und sich als den Märtyrer weiblicher Launen hinstellen konnte.

„Wohlan", entgegnete er mit affektierter Demut, „du weißt es, Octavia, daß ich deine Schönheit von jeher zu schätzen wußte und daß es mich in jeder Beziehung beglücken würde, dein Herz, wenigstens soweit es der Anstand verlangt, an mich fesseln zu können. Laß uns wenigstens dem römischen Volk gegenüber als Mann und Weib erscheinen."

Nero wandte sich zu Petronius.

„Wenn sie mir zu gehorchen verspricht", flüsterte er, „bin ich in der Tat gewillt, den ganzen Plan, der ihren Untergang herbeiführen soll, fallenzulassen."

Petronius erschrak, obgleich er recht gut wußte, daß Nero in diesem Augenblick die Unwahrheit sprach. Um selbst seine nächsten Freunde zu täuschen und die Spannung der Szene zu erhöhen, hielt er es doch für unmöglich, daß die Schönheit Octavias auf das unstete Herz des Kaisers ihre alte Anziehungskraft auszuüben vermöge. Ihm galt es, Poppäa auf den Thron zu bringen, Octavia mußte um jeden Preis gestürzt werden, und nun schien ihre Stellung gesicherter denn je. Nero, dem das Theatralisch-rührende dieser Situation ungemein gefiel, beschloß, das Schauspiel noch effektvoller zu gestalten. Er wendete sich jetzt an sein Gefolge, und indem er mit der Nachlässigkeit seiner Kleidung kokettierte, gab er zu verstehen, daß er nichts sehnlicher wünsche, als den Versöhnungskuß auf die Lippen seines Weibes drücken zu dürfen. Diese jedoch, als sie seine Absicht erriet, ballte unwillkürlich die Hände und richtete sich empor, als gedächte sie zu entfliehen. Alle erwarteten jetzt eine verletzende Antwort von ihren Lippen tönen zu hören, und der Kaiser rüstete sich bereits, dieselbe mit edler Resignation in Empfang zu nehmen, indem er seinem Gesicht den Ausdruck eines unschuldig Leidenden zu geben versuchte. Ocatvia indes, sobald sie diesen Ausdruck auf ihres Gemahles Antlitz bemerkte, beschloß, den Listigen zu überlisten und ihre Verachtung zu verbergen, so schwer ihr dies auch gelingen wollte.

„Mein Gemahl", sagte sie mit unverkennbarer Ironie, „mein Gemahl, was bedarf es der Liebeszeichen von deiner Seite, ich weiß, daß du mich liebst. Beweist es nicht die Aufmerksamkeit, die du mir durch die Anfertigung meiner Büste erzeigest? Oh, ich weiß diese zarte Andeutung deiner Neigung wohl zu würdigen, obgleich mir, offen gestanden, nichts mehr zuwider ist, als mich als marmornes Gespenst zu erblicken. Aber da es dein Wunsch ist, mich doppelt zu besitzen – tot und lebend –, so bringe ich dir dieses Opfer. Ja! Wie könnte ich dieser Liebe länger widerstehen! Komm! Laß uns dem römischen Volk dartun, daß wir in innigster Eintracht leben und daß du weit davon entfernt bist, wie etliche behaupten, mich um einer anderen willen verstoßen zu wollen. Ich weiß, dies ist Verleumdung."

War es ihr schwer geworden, sich zu verstellen, so belohnte sie jetzt die Verwirrung, der Grimm in des Kaisers Zügen für ihre Anstrengung. Wäre sie ihm, wie sie früher öfter getan hatte, mit abweisendem Stolz entgegengetreten, so würde er diesmal als Sieger davongegangen sein. Diese liebenswürdige Bosheit war er an der stolz Duldenden nicht gewohnt. Ein tückischer Blick, den sie mit einem verächtlichen Lächeln erwiderte, strafte sie vorerst für die Kühnheit, die schöne Abgangsszene des kaiserlichen Schauspielers verdorben und ihn vor seinem Gefolge in Verlegenheit gesetzt zu haben.

„Sorge dafür, daß die Büste rasch vollendet werde", entgegnete er mürrisch, „hörst du? Ich will sie bald besitzen ..."

Dann unterbrach er sich, und da seine sich steigernde Wut über die mißlungene Komödie irgendeinen Ausweg suchte, schrie er den ihm zunächst stehenden Sklaven, ohne einen ersichtlichen

Grund, an und versetzte ihm, da er jetzt das Gemach verließ, mehrere Faustschläge. An der Tür angekommen, lehnte er sich auf die Schultern einiger Freigelassenen und rief seiner Gattin zu, er werde in dem „Tagesanzeiger des römischen Volkes" ihre beiderseitige Versöhnung bekanntmachen, vor allem aber möge sie für die rasche Vollendung ihrer Büste Sorge tragen, da er dieselbe feierlich in seinem Schlafgemach aufzustellen gedenke, für welche Festlichkeit er bereits ein großes Musikstück komponiert habe. Dann neigte er sich im Weiterschreiten zu Petronius.

„Sorge dafür, daß wir sobald wie möglich Beweise haben", flüsterte er, „mit meiner Langmut ist's zu Ende."

Petronius wollte erwidern, daß immerhin einige Monate vergehen müßten, bis man eine Entscheidung herbeiführen könnte, Nero aber herrschte ihn an: „Ich warte nicht länger als bis zu den Saturnalien. Dein Kopf sitzt ebenso fest wie der meines Weibes."

Petronius preßte die Lippen zusammen und schwieg.

Die Kaiserin küßte, als sich das Gemach geleert hatte, in überströmendem Siegesgefühl ihre Meroë, die, von alledem nichts verstehend, sich albern lächelnd küssen ließ. Sie hatte, unter dem Einfluß einer höheren Gewalt stehend, dem Kaiser diese Antwort gegeben. Ohne daß es ihr zu Bewußtsein kam, war es der Kaiserin, als habe diese ganze Szene der Erniedrigung Neros eine Erscheinung, der sie sich Namen zu geben verbot, unsichtbar mit angesehen. In ihr zitterte auch jetzt noch das wunderbare Gefühl, als stünde sein Geist neben ihr und drücke ihr seinen Beifall aus, und sie nähme lächelnd seinen Beifall in Empfang.

„Habe ich würdig gehandelt?" hätte sie ihn fragen mögen. „Habe ich dir gefallen?" Und sie mußte ihm gefallen haben. Als sie sich jetzt in die Kissen zurückbeugte und die Augen, unter deren Lider sich Tränen hervorstahlen, schloß, sagte ihr freilich das klopfende Herz, daß sie den Löwen gereizt und seine Tatze zum vernichtenden Schlag herausgefordert habe, aber trotzdem mischte sich in dieses Bewußtsein des nahen Untergangs eine stille Seligkeit. Sie fühlte sich so sicher, sie wußte, daß ihr der Holzstoß bald lohen werde, und fühlte sich so geborgen. Es umschwebte sie ein Etwas, sie dachte nicht darüber nach, was es war. War es der Duft einer Individualität? Das feine Aroma, das aus dem Benehmen eines schönen, gern gesehenen Menschen strömt, das uns berauscht und das wir wider Willen immer gieriger einatmen, bis es uns zur zweiten Lebensluft wird? –

Gegen Abend dieses Tages besuchte der Arzt Andromachus die Kaiserin. Die Sonne warf durch die Dachöffnung ihren Abendpurpur in das Schlafgemach. Draußen vor dem Fenster säuselten die Pinien im Abendwind, und ihre breiten Wipfel verschwammen in der Glut des geröteten Himmels. Der Blick des Arztes war ernst, als er Octavias Puls fühlte und jetzt sagte:

„Es ist etwas im Werk, hüte dich, hohe Frau."

Octavia nickte. Der Arzt ließ ihren Arm sinken, trat, die Stirn runzelnd, zurück und fuhr fort:

„Ich wollte dir eine Mitteilung machen!"

Sie lächelte mechanisch, offenbar war sie mit ihren Gedanken woanders.

„Willst du mich hören, hohe Frau?" begann Andromachus von neuem.

„O bitte, rede", sagte sie.

„Doch vielleicht störe ich dich jetzt – wenn ich dir ungelegen komme ..."

„Nein! Bleibe! Sprich", fiel die Kaiserin dem Zögernden in die Rede. „Ich bin zerstreut, nicht wahr? Doch verzeihe mir."

„Ich habe dir die letzten Grüße deines Bruders Britannicus zu überbringen", sagte Andromachus sehr ernst.

„Er ist tot", fuhr Octavia empor.

Der Arzt senkte das Haupt.

„Er ist tot", murmelte die Kaiserin träumerisch vor sich hin. Andromachus versuchte es, tröstende Worte an die Trauernde zu richten, sie jedoch sah starr vor sich nieder, beachtete ihn nicht und schien überhaupt des Trostes nicht zu bedürfen. Andromachus ging. In der Tat bedurfte sie des Trostes kaum. Auf ihres Bruders Tod war sie seit Jahren vorbereitet, und nun, da er eingetreten war, da sie völlig allein stand, fühlte sie sich frei, selbständig, stark. Wohl zürnte sie mit sich, daß sie jetzt keine Tränen hatte, daß sich sogar ein stürmischer Drang nach ungehemmtem Lebensgenuß in ihr erheben wollte, doch würde sie sich für weniger herzlos gehalten haben, wäre ihr klarer zum Bewußtsein gekommen, daß dieser Lebensdrang derjenige war, den der Tierkämpfer fühlt, wenn er heute noch zecht und liebt, da ihm morgen die blutige Arena winkt. Es war ihr, als habe sie nun erst recht die Pflicht, die versäumte Lebenswonne zu schlürfen. Sie hatte, als er lebte, um ihren Bruder getrauert, jetzt, da er erlöst war, wozu Klagen erheben? Kein Band hielt sie mehr, früh genug hielt sie der Orkus hinab. Dort unten wollte sie mit dem Bruder klagen, hier oben galt es, noch hastig eine Summe Glück mit an die traurigen Ufer hinabzunehmen. Solcher Art waren auch ihre Gedanken, als sie in dieser Nacht vor der Leiche des Hingemordeten stand. Der Anblick des geliebten Körpers hatte statt Wehmut einen seltsamen Trotz im Busen der Verlassenen aufgestört. Sie zürnte den Göttern, die ihr niemals gnädig waren, sie wollte das Glück, das sie ihr vorenthielten, herbeitrotzen. In dem weiten Saal lag er, wie es der Brauch wollte, mit den Füßen der Tür zugekehrt, auf teppichbehangener Bahre. Das im Leben so schöne, sanfte Gesicht jetzt krampfhaft verzerrt, die Erstarrung des Schmerzes auf den erdfahlen Zügen. Über ihm hing eine Ampel, deren gedämpfter, bläulicher Schein schwermütig auf ihn herabfloß, den übrigen Teil des Raumes im ursprünglichen Dunkel lassend. Der Nachtwind säuselte draußen in den Zypressen, schürte die Flamme der Ampel zuweilen zu hellerer Glut an und drückte sie darauf bis zum Erlöschen herab. Der Nachtwind glitt über den Marmorboden, schlich sich an der Bahre hinauf und spielte mit den Locken, mit der weißen Toga der Leiche. Aber die starren Züge vermochte er nicht zu bewegen, nur die Zipfel der Toga flatterten, als wollten sie den Toten hinwegheben. Octavia stand und stand und rührte sich nicht, sie wünschte zu sein wie ihr Bruder und wünschte doch zu leben, sie beneidete seine gleichgültige Ruhe und fürchtete sie und schmähte ihre Furcht und wünschte auch in diesem Augenblick, daß ein Auge sie sähe, das fern weilte. Das Rauschen eines Gewandes schreckte sie aus dem Zwiespalt ihrer Empfindungen empor, ihr Herz setzte in seinen Schlägen aus, aber nicht jenes Auge, das sie erwartete, sah in das ihre, Agrippina, die Mutter des Mörders, stand vor ihr, hoch aufgerichtet, wachsartig leuchteten die Runzeln ihres Gesichts.

„Bedauernswürdige", flüsterte die stolze Mutter Neros, „der Löwe hat den ersten Sprung getan, sein zweites Opfer wirst du sein."

Sie griff nach der Hand der Jüngeren.

„Oh, hätte ich ihn nie geboren, er lacht unserer, er zecht, während wir weinen, der Ungeheuere. Laß uns Freundinnen werden", fuhr sie fort, „Unglückliche tragen ihr Unglück leichter vereint, wir wollen ihm trotzen. Oder nein, nicht ihm trotzen, wir haben beide auf das Leben verzichtet."

„Hast du verzichtet", entgegnete Octavia mit scharfem, gereiztem Lächeln, „so habe ich es noch nicht. Ich fange jetzt erst an zu genießen. Wer will es mir verübeln, da ich immer trauern mußte? Wenn ich schlafen soll, wie er schläft, will ich mich zuvor berauschen. Man sagt, dort unten vergesse man – ich werde nicht vergessen, ich will zehren dort unten von dem, was ich hier genoß."

Die Ampel zuckte wie im Schmerz, jetzt war es völlig Nacht, jetzt greller Tag. Agrippina verstand sie nicht, als sie sich zusammenschauernd, mit wildem Lächeln auf den erhitzten Wangen, in ihren Mantel hüllte. Dann schloß sie die Augen, und ihre geöffneten Lippen zitterten um ihre weißen, fest aufeinandergebissenen Zähne. Noch in dieser Nacht flammte Britannicus' Holzstoß zum sternbesäten Himmel empor.

Sechstes Kapitel

Metellus war mit dem Leben im Palast sehr zufrieden. Er übersah in seiner Unbefangenheit die Laster, die ihn umgaben, und hielt sich an das Schöne, das ihm geboten wurde. Er legte den Schmeicheleien der Höflinge Gewicht bei und fühlte gar nicht einmal das Außergewöhnliche, das nach den Aussprüchen der Höflinge in der Gunst des Kaisers lag. Ihm kam diese Gunst ganz gelegen, aber sie war so natürlich. Bei Tafel kam es freilich mehr als einmal vor, daß er nicht wußte, wie er dieses oder jenes Gericht zum Mund führen sollte, einen Sklaven um Verzeihung bat oder daß er früher zulangte, als es der Anstand erlaubte. Aber was bedeuteten diese kleinen Unannehmlichkeiten, die das Gelächter des Hofes erregten, sie wurden durch die Gnade des Kaisers aufgewogen, die ihn systematisch zum Feinschmecker erzog.

„Was meinst du, Metellus," redete ihn der Kaiser zuweilen an, „wie wäre es, wenn wir eine neue Erfindung zur Ausführung brächten. Purpurschnecken in Wein gekocht, das müßte vortrefflich munden."

Und Metellus erteilte bescheiden seinen Rat. Die Göttin der Kochkunst rächte sich bitter an der Verachtung, die er bisher ihren Gaben entgegengebracht hatte, indem sie ihn zwang, wenn er seine Mahlzeiten beendet hat, sich mit Beschämung gestehen zu müssen, er habe beim Genuß der meisten Delikatessen in der Tat an nichts weiter gedacht, als daß sie vorzüglich zu kosten seien. An alle Hofgebräuche hatte sich unser Idealist rasch gewöhnt, sogar Verbeugungen lernte er machen, und manchmal gelang es ihm auch, einem Redenden nicht in die Rede zu fallen. Nur das eine fiel ihm schwer: ohne Grund zu schmeicheln. Er bemerkte, daß die ganze Umgebung des Kaisers in diesem Punkt große Übung besaß, daß alle, wenn der Kaiser seine Stimme ertönen ließ, wie rasend Beifall klatschten, auf jeden seiner Atemzüge lauschten, unaufhörlich, wenn er sprach, ihn beobachteten, ob man nicht irgendwo ein Lob einfließen lassen könne, und wenn er nieste, den Göttern seine Gesundheit empfahlen. Er bemerkte auch, daß ein Versäumnis dieser Beifallsbezeigungen unter Umständen gefährlich werden könne, dennoch stotterte er seinen Morgengruß immer noch errötend hervor.

„Mein Freund", hatte ihm Petronius gesagt, als sie einst ein Gastmahl verließen, bei dem der Jüngling lebhaft die Liebhaberei der Römer an Tierhetzen verwarf, „mein Freund, du erfreust zwar das Herz des Kaisers, aber hüte dich! Die Wahrheit ist nur so lange vergnüglich, als sie neu ist. Und sie rostet sehr schnell."

„Aber ist es nicht ein Greuel", entgegnete der weinerhitzte Künstler, „daß gesetzte Männer, sogar gebildete Frauen Vergnügen an solchen Schauspielen finden? Hat denn Sophokles für die Römer nicht geschrieben?"

„Mein Freund", erwiderte ihm Petronius freundlicher als je, „hilf dir über dergleichen Betrachtungen mittels der Satire hinweg. Die Satire ist heutzutage unsere Trösterin, unsere Religion. Und wenn du den Gästen bei Tisch Bosheiten sagen willst, lächle dabei so liebenswürdig wie möglich. Verlasse dich darauf, sie werden glauben, du habest ihnen geschmeichelt."

„Das verstehe ich nicht", erwiderte der Musensohn.

Eines Tages fand unser Künstler den Kaiser damit beschäftigt, den Kopf einer Venus von Praxiteles in Ton nachzubilden. Der Kaiser fragte, wie ihm das Werk gelungen sei. Metellus brummte etwas Unverständliches in den Bart, nahm dem Kaiser den Modellierstab aus der Hand und begann, das ganze Tongebilde umzugestalten. Neros Züge verdüsterten sich mehr und mehr, als er seine Arbeit unter den Händen des Künstlers verschwinden sah, und nur der Geistesgegenwart des Petronius gelang es, einen nahenden Sturm abzuwenden. Der gewandte Höfling erklärte des Metellus' Arbeit für die des Kaisers und schwur, der Künstler habe auch nicht die kleinste Linie verändert. Ein andermal wollte der Kaiser gezeichnet sein mit dem Ausdruck eines begeisterten Sängers auf dem Antlitz.

„Doch, Metellus", sagte er in den Spiegel sehend, „hier den Zug um die Lippen, könnte man ihn nicht weglassen?"

Dabei fuhr er sich mit der Hand über die breite Nase, um anzudeuten, er wünsche nicht die Lippen, sondern die Nase auf dem Bild idealisiert zu sehen. Metellus erklärte zum allgemeinen Entsetzen der Umstehenden, die breite Nase könne unmöglich geändert werden, gerade sie gebe seinem Gesicht den charakteristischen Ausdruck. Wieder zuckte es tückisch im Auge des Herrschers, und wieder war es Petronius, der erklärte, die Nase des Herrschers dürfe um keinen Preis geändert werden. Metellus habe ganz recht, sie sei eine Zierde seiner Züge, jeder Römer sei stolz auf diesen Körperteil seines Kaisers. Die Umstehenden stimmten ein, und Nero glaubte der Mehrzahl.

„Ich bin nicht mehr zufrieden mit dem Jungen", hatte Nero seinem Festordner gesagt, „es wird Zeit, daß wir das Werkzeug in Anwendung bringen, um es darauf mit ihm zu machen wie mit Britannicus."

Nach einem Monat kam endlich der Tag, an dem die Kaiserin dem Künstler zum erstenmal saß. Sie hatte sich so reich wie möglich geschmückt, legte, noch ehe er das Gemach betreten hatte, den Schmuck wieder ab, um ihn nach einigem Besinnen wieder anzulegen. Es war mit der jungen Frau eine Veränderung vorgegangen, die sie vergeblich ihrer Umgebung zu verbergen versuchte. Die sonst so Entschlossene war schwankend geworden in ihren Entschlüssen, eine gewisse ungeregelte Art zu leben, ein Gehenlassen in allem und jedem war der sonst so Entschiedenen jetzt zur Gewohnheit geworden. Die Götter vernachlässigte sie. Ein innerer Kampf schien sie oft so völlig zu beherrschen, daß die Außenwelt kaum für sie vorhanden war. Breits dreimal hatte sie sich unwohl erklärt und dadurch die Sitzungen immer weiter hinausgeschoben. Sooft Metellus bisher angefragt hatte, war stets eine abschlägige Antwort erfolgt, dennoch sehnte sie sich danach, mit ihm zusammenzukommen, ihr eintöniges Dasein mit seiner Gesellschaft auszufüllen. Sie wußte aus ihren Philosophen, wie nichtig weltliche Genüsse seien, aber sie wollte diese Genüsse prüfen, und doch hatte sie, ehe sie ihrer Leidenschaftlichkeit nachgab, ihr ästhetisches Schamgefühl, ihre ganze Herzensbildung niederzuringen, und dies fiel der Feinsinnigen schwerer, als sie ahnte. Ein Monat ist indes für ein junges Herz eine lange Zeit, und so hatte sich denn die Phantasie unseres Freundes in bezug auf Octavias Reize ziemlich abgekühlt. Überdies hatte er weit schönere Frauen in der Umgebung des Kaisers gesehen, die ganz anders ihre Reize zur Geltung zu bringen wußten, deren Keckheit ihn allerdings oft verletzte, die ihn aber trotzdem beschäftigten. Nur diese Frechheit, diese zynischen Tänze, die auch den letzten Schleier von dem Geheimnis der Liebe rissen, hielten ihn ab, ernstliches Gefallen an jenen Schönen zu haben. Es war deshalb nicht zu verwundern, daß er ziemlich gefaßt dreinschaute, als ihm jetzt der Sklave die Tonmasse in das Gemach der Kaiserin vorantrug. Im einfachen, ärmellosen Unterkleid war er gekommen, lächelte zwar ein wenig befangen, verbeugte sich nicht sehr geschickt, begann aber ungeniert den Modellierstab an die weiche Masse zu legen. Die Kaiserin betrachtete ihn enttäuscht. So wenig aus dem Gleichmut jugendlicher Unschuld herausgetreten, hatte sie sich sein Gemüt nicht gedacht. War denn jene Szene im Garten ohne tiefere Spuren an ihm vorübergegangen? Kindliche Menschen vergessen die Ausbrüche ihrer unbewußten Gemütsbewegungen sehr rasch, doch gerade diese unschuldige Sicherheit bildete einen neuen Anziehungspunkt. Fühlte er denn nicht, daß sie heute ihm zuliebe die Perlenkette um die dunklen Haare geschlungen hatte? Hatte er kein Auge für die Grazie, mit der sie sich zu bewegen versuchte?

Ach! Sie hatte nie gelernt, zu kokettieren, und mochte mit ihrem bescheidenen Schmuck keinen günstigen Eindruck machen. Er sprach kein Wort bei seiner Arbeit, drückte mit der schönen Hand anmutig den Ton und sah zuweilen hastig nach dem Profil seines Modells. Die arme Meroë saß zu Füßen ihrer Herrin und betrachtete den Arbeitenden, dessen ruhiges Versunkensein ihr sehr imponierte, mit stummem Entzücken. Manchmal bewegten sich die Lippen des Jünglings, wenn er diese oder jene falsche Linie änderte, als tadele er sich selbst, manchmal erheiterten sich seine Züge, wenn ihm eine Bildung gelungen war, im übrigen schien für ihn niemand außer ihm im Gemach zu sein. Einem Marmorkopf gegenüber würde er ebenso gleichmütig den Lehm geknetet haben. Während der vergangenen Tage hatte die Kaiserin das Bild des Jünglings aus ihrer eigenen Phantasie bereichert, ihn mit jedem Reiz des Gemüts geschmückt und sich von dem stillen Zusammenleben mit ihm den Olymp auf Erden versprochen. Sie wollte, was sie auch nur dem Namen nach war, sie wollte nicht Kaiserin für ihn sein, und nun entsprach sein Benehmen nicht im entferntesten ihren Vorstellungen. Wie stürmisch hatte ihr vergangene Nacht das schlaflose Herz gepocht, wenn sie in ihrer Leidenschaftlichkeit sich ausmalte, ihn wieder vor sich knien zu sehen, ihn freundlich anreden zu können, wie hatte ihr der Traumgott die keuschsten Umarmungen gewährt, wie dachte sie an seiner mitfühlenden Brust ihre Brust zu erleichtern, und nun wagte sie kaum ein Wort an ihn zu richten. Sie hatte, nach der Art vornehmer, aber unerfahrener Frauen, gedacht, er werde in feuriger Weise ihr dienen, unter ihren Blicken zerschmelzen, sich beglückt fühlen, wenn sie ihm die Hand reichte, ja, sie hatte dem glühenden Wunsch Nahrung gegeben, er werde ihre Bedenken besiegen, ihren Kämpfen mit einemmal ein Ende machen, ihren dürstenden Hoffnungen entgegenkommen, und nun war er ganz mit sich selbst und seiner Arbeit beschäftigt. Und sie wollte doch noch einen Tropfen Glück am Grund ihres Lebensbechers finden, ehe es kein Glück mehr für sie gab. Widerstand mußte ja das arme Herz leisten, aber die Kraft des Mannes mußte diesen Widerstand überwinden, und wenn eine aufrichtige Liebe die Seele ergriffen hatte, fühlt sie, daß sie den guten Göttern gehorcht, daß die Götter ihr Beifall zollen, und wiederum hatten sie die Götter betrogen, ihre dürstende Seele mußte verschmachten. So saß sie in sich gekehrt auf ihrem Sessel, starr die tränenvollen Augen auf die Wellen des Bassins gerichtet, und dachte an nichts als an ihr zerstörtes Leben und sehnte die Stunde herbei, die allen diesen Hoffnungen, Kämpfen und Leidenschaften ein Ende machen werde. Der Abend hatte allmählich das Stückchen Blau über dem Wasserbassin gerötet. Metellus wollte, noch ehe es völlig finster wurde, die Stirn seines Modells vollenden. Das Formenbilden begann nachgerade sein Talent herauszufordern, denn nicht leicht war es, den Ausdruck im Gesicht dieses Weibes zu treffen. Dreimal war ihm bereits der individuelle Zug, der das ganze Gesicht überhaucht, mißlungen, und man konnte ihm den Zorn über sein Ungeschick, seine Anfängerschaft an den verdrießlichen Augenbrauen, an den heftigen Bewegungen der Hände ablesen. Auch die Röte seiner Wangen, die Unruhe seiner brennenden Augen deuteten an, daß er mit sich selbst äußerst unzufrieden war. Er wollte so gern Ehre einlegen mit diesem Werk, sein hoher Gönner sollte sich von seinem Talent überzeugen. Plötzlich rief er mit ärgerlicher Stimme: „Es gelingt nicht, in die Höhe! Den Kopf mehr in die Höhe“, und ohne abzuwarten, daß seinem Befehl Folge geleistet würde, schritt er auf Octavia zu, nahm sie ein wenig unsanft am Kinn, faßte mit der anderen Hand ihre Schläfe und rückte das Haupt. Anfänglich schien die Kaiserin erschrocken, nun da der schön geschwungene Arm des Jünglings dicht vor ihren Augen sich bewegte, schlug es wie ein kalter Blitz nach ihrer Brust. Sie saß starr, leblos, die unwirsche Art, mit der er ihr Haupt, als sei es das einer Holzpuppe, behandelte, erfüllte sie mit einer sonderbaren ersterbenden Demut. Metellus fühlte das Zittern ihres Körpers, sah, wie sie das Wogen ihrer Brust herabzupressen versuchte.

Noch hielt er das Kinn in der Hand, und als jetzt die Kaiserin ihr großes Auge so ergeben, mit so irrem Glanz zu ihm emporschlug, erwachte er aus dem Arbeitsfieber, das ihm die Besinnung raubte. Er errötete jäh und stammelte eine Entschuldigung, indem ihm beide Arme von den Schultern herabsanken. So stand er einen Augenblick regungslos, gleich einer schönen Bildsäule. Wie wunderbar ihm plötzlich zumute war, wie ein Zauber wirkte es auf ihn, als jetzt dieses Weib ihre kleine Hand, gleichsam beschattend, über ihr brennendes Gesicht deckte. Gewaltsam überdrang ihn auf einmal ein süßes Mitleid mit ihr, die er durch seine Unachtsamkeit in einen solchen Zustand tödlichster Verwirrung versetzt hatte, mit ihr, die sich vor ihm zu verbergen suchte in unbegreiflicher Angst. Wie berauscht schritt er zu seinem Tonmodell zurück, es war ihm, als habe er sie gefoltert, die dort noch immer mit sich kämpfte. Wie blaß, wie leichenhaft-starr ihr Gesicht noch immer blickte, ein Entsetzen klammerte sich an sein Herz. Was hast du getan, rief es in ihm. Wenn er sie getötet hätte, es hätte sich ihm nicht schmerzlicher in der Brust zusammenkrampfen können. Endlich erholte sie sich und befahl Meroë, einen Becher voll Wasser zu bringen. Meroë, die alle Blicke des Künstlers auf sich gedeutet hatte, wollte sich erheben, den Befehl auszuführen, die Herren rief sie jedoch zurück, es sei nicht nötig, sie solle bleiben.

„Wie gefällt es dir im Palast?“ fragte nach einer Pause die Kaiserin mit leiser, ängstlicher Stimme, ihren Zügen einen gleichgültigen Ausdruck gebend, und ihm fiel ein Druck vom Herzen, als er sie so sprechen hörte.

„Oh, sehr gut“, sagte er, sich setzend und mit dem Modellierstab spielend. Die Erregung der schönen Frau hatte ansteckend auf ihn gewirkt. Jetzt, da sie sich gefaßt hatte, fühlte er, wie der kurze Moment der Spannung ihn erschöpft hatte. Ärgerlich sträubte er sich gegen ein körperliches Unbehagen, das ihm so fremd war, auch den Zwang, den er seiner Stimme, die rauh klang, antun mußte, empfand er unwillig.

„Armer Knabe, es gefällt dir im Palast?“ fragte sie noch einmal, und ihre Stimme hatte einen so teilnehmenden, weichen Klang, als sie dies „armer Knabe“ aussprach.

„Warum soll es mir nicht gefallen?“ sagte Metellus. „Warum, o hohe Frau, nennst du mich arm?“

„Ich bedaure dich, daß du schon so früh die Greuel dieses Hoflebens kennenlernen mußt“, entgegnete Octavia.

„Oh, man hat deinen Gemahl sehr verleumdet“, sagte Metellus, „dem Kaiser bin ich dankbar, ja, ich liebe ihn, denn er fördert die Kunst. Gerne diene ich ihm, und es ist unwahr, was die Römer sagen, daß er dich nicht liebt. Dieses Volk schwatzt so viel in Tavernen und Barbierstuben. Du solltest deinen Gatten öfter zu sprechen suchen ...“

„Erzähle mir von deinen Eltern, deiner Heimat“, unterbrach ihn ablenkend die Kaiserin, und Metellus begann, ihr ein Bild seines elterlichen Hauses zu entwerfen. Mit einer fliegenden Hast, als fürchte er, durch zu langes Verweilen bei den Einzelheiten Heimweh in sich zu erwecken, berichtete er, was ihm gerade einfiel, und brach dann rasch seine Erzählung ab.

„Ich wünschte, ich hätte deine Mutter gekannt“, sagte die schöne Frau, als er geendet hatte. Die Dachöffnung hatte sich abendlich dunkler gerötet, das Wasser des Bassins färbte sich wie mit Blut, in den glänzenden Wänden spiegelten sich purpurne Flecken. Kaum waren die Gegenstände des Gemaches mehr zu unterscheiden, Bilder und Statuen nahmen unsichere Konturen an. Die beiden schwiegen. Sie blickte noch wie lauschend in sein schönes Antlitz, das so reizend in das noch bartlose Kinn auslief. Er hatte die Stirn, in die sich eine Falte gelegt hatte, schwermütig gesenkt. Endlich unterbrach Octavia die Stille.

„Du sehnst dich nach der Heimat, armer Knabe“, sagte sie weich.

„Oh, ich bin nicht so schwachherzig“, lächelte Metellus, „auch in Rom ist es schön.“

„Aber hier besitzt du kein Herz, das mit dir fühlt", sagte sie.

„Besitzt du ein solches Herz?" fragte er.

„Nein", sagte sie mit hartem Klang der Stimme.

„Dann soll das meinige mit dir fühlen", entgegnete er mit einer Offenheit, als sage er etwas ganz Alltägliches, Natürliches. Sie hatte das Haupt mit edler Biegung des schmalen Halses zu ihm geneigt, die feingezogene Linie ihres Armes zeichnete sich scharf von dem Hintergrund des schwarzen Sessels ab.

„Willst du teil an meinem Schicksal nehmen?" fragte sie halb lächelnd, halb traurig.

„Oh, gewiß", rief er fast heiter, „du gefällst mir, Gebieterin, du bist nicht wie die übrigen Frauen des Palastes, nicht wild und keck. Aber sage mir, warum blickst du oft so traurig, mir dünkt, du habest hierzu keinen Grund."

„Armer Knabe", flüsterte die Kaiserin schmerzlich, „dir ist manches verschlossen. Möge dir nie die Binde von dem Auge fallen, armer Knabe."

„Nein! Nenne mich nicht immer wieder arm", sagte er, mit dem Kopf schüttelnd, „das bin ich nicht, und es tut mir weh, wenn du mich so nennst."

„Ich sehe dich gerne, wenn du traurig bist, Metellus", sagte sie leise, wie zu sich selbst.

Er sah mit glücklichem Lächeln zu ihr empor, wollte sprechen, errötete jedoch und schwieg. Dann schaute er sinnend zur Erde, bis sie sich erhob. Sie wollte auf ihn zuschreiten, ihm die Hand zu reichen, blieb jedoch stehen und betrachtete ihn noch einmal mit einem jener Blicke, die das Auge zu einer verkörperten Seele werden lassen, mit einem jener tief mitleidigen Blicke, in denen sich die Liebe ausspricht, wenn sie keine Worte finden darf. Metellus, der sich ebenfalls erhoben hat, fing noch den letzten zitternden Schimmer dieses Blickes auf, dann sah er der sich Zurückziehenden nach, wie ihr dunkles Haar so graziös den blendenden Nacken überflutete und gleich der Mähne eines edlen Rosses bis auf die schlanke Hüfte herabwehte. Ein sinnlicher Wunsch, der durch innige Seelenhingabe veredelt wurde, beklemmte ihn so lange, bis über ihr weißes Gewand der Türvorhang herabfiel. Dieser tiefe Blick hatte ihn so seltsam beängstigt, so hatte ihn noch nie ein menschliches Auge angeblickt, so das Herz im Innersten zerreißend. Sie mußte sehr unglücklich sein, das begann er zu ahnen. Oh, wären Blicke Worte, dachte er, noch immer über dieses Auge nachsinnend. Was hat sie mir sagen wollen? Ich weiß es und fürchte doch, ich täusche mich. Da er jetzt das Gemach verlassen wollte, schleifte sich ein unförmiges Wesen, das er bisher nicht bemerkte, an seine Knie heran. Es war Meroë, die seine Aufmerksamkeit zu erregen versuchte, da er sie in dem abendlichen Halbdunkel anfänglich nicht erkannt hatte.

„Was willst du, Meroë“, sagte er freundlich, als sie eine Dattel zu ihm emporhielt.

„Nimm“, grinste sie, „iß, mein Freund.“

„Ich danke dir“, entgegnete er der Törin. Diese jedoch ließ nicht ab und bot ihm nach der Reihe das Stück eines alten Kammes, einen Ring, eine Halskette, das kleine Bildnis des Osiris, Geschenke, die sie mit großer Sorgfalt aus der Tasche zog, die er jedesmal freundlich ablehnte. Meroë ließ sich dadurch nicht abschrecken, da sie denken mochte, es fehle ihrem Liebhaber an Mut. Sie begann mit der Dattel Ball zu spielen, um ihre Grazie in das richtige Licht zu setzen, wodurch sie indes in ihrem halb tierischen Benehmen, ihrem kreischenden Gelächter einen so abstoßenden Eindruck auf den Gegenstand ihrer Zärtlichkeit machte, daß sich dieser entfernen wollte. Sie jedoch klammerte sich an seine Knie und verschwendete unartikulierte Liebesworte an den Erschrockenen, der, mitleidig wie er war, ihr nicht rauh begegnen mochte. Endlich befreite ihn Petronius, der am Eingang des Gemaches erschien, aus dieser peinlichen Lage.

„Ah, Metellus übt sich einstweilen im Küssegeben“, lachte der Festordner.

„Wie kommst du in die Gemächer der Kaiserin?" fragte der Künstler, erstaunt über das plötzliche Erscheinen des Festordners.

„Oh!" erwiderte dieser ausweichend. „Ich wollte dich vor den Cäsar rufen, er hat einen neuen Trank erfunden, den er den ‚Kühltrank Neros' nennt. Du sollst ihn prüfen helfen."

Pretonius hatte gehofft, Metellus mit einer ganz anderen in zärtlichem Gespräch zu überraschen, und um wenigstens seinem Herrn irgendeine Nachricht betreffs der beiden überbringen zu können, fragte er: „Wie gefällt dir die Kaiserin, ist sie nicht ein schönes Weib? Und du, Glücklicher, hast Gelegenheit, sooft du willst, in ihrer Nähe zu weilen." Der lauernde Frager hatte sich jedoch verrechnet, wenn er hoffte, eine Äußerung aus dem Mund des jungen Mannes zu erhaschen, die demselben zum Verderben gereichen könne. Metellus wich allen Andeutungen aus, und als Petronius, um zu seinem Ziel zu gelangen, schließlich die Rolle eines Verführers in höchst zynischer Weise übernahm, schnitt ihm Metellus sehr barsch das Wort ab. Petronius hatte ihm lachenden Mundes den Vorschlag gemacht, sich in die Gunst der verlassenen Kaiserin zu setzen, indem er ihre Tugend, als keineswegs jedem Angriff gewachsen, hinstellte, ja, es versuchte, einen gewissen geheimnisvollen Nimbus betreffs früherer Liebesverhältnisse um sie zu verbreiten.

„Du kennst sie nicht", rief der Bildhauer entrüstet, „und bist nicht wert, ihren Namen im Mund zu führen."

Der schlaue Hofmann lenkte begütigend ein, hatte aber als feiner Menschenkenner gerade an dieser unmotivierten, exaltierten Heftigkeit erkannt, daß es in dem Busen seines Opfers nicht mehr so harmlos aussah wie früher.

„Teuerster", lächelte er, „ich begreife nicht, daß du dich dergestalt ereiferst. Ein junger Mann hat den Wunsch, nein, das Recht, das Leben zu genießen, und er ist ein Tor, wenn er in seiner Wahl zu fein ist. Vorsichtig in Worten, mutig in Werken. Der Tag lächelt uns nur einmal, und die Schatten lieben nicht mehr. Venus ist uns willkommen, wo wir sie auch finden mögen, oder küßt eine Sklavin anders als eine Kaiserin? Die Liebe eines Weibes von sich zu weisen, ist ein Verbrechen."

„Hier ist nicht die Rede von Liebe", sagte Metellus mit mürrischer Treuherzigkeit, „oder was denkst du denn von Octavia und mir?"

„Oh, verzeihe", wandte hastig Petronius ein, „du hast meine Worte falsch aufgefaßt. Ich denke über euer Verhältnis offengestanden nicht nach. Was sollte mich das kümmern? Übrigens, wenn du Octavia für begehrenswert hieltest – wer wollte dir dies verübeln? Ich gewiß nicht, und auf meine Verschwiegenheit darfst du zählen."

„Oh, ich bedarf keines Vertrauten", sagte der Jüngling stolz.

„Wer weiß, guter Knabe, ob du einst eines solchen bedarfst. Die Luft, die durch diese Säle weht, ist nicht keusch wie die in Tibur. Hier hauchen betäubende Dünste. Hier gleißt der Marmor, und der ist kalt und fühllos und sehr hart, und vielleicht kommt die Zeit, in der du für ein warmes Wort, einen weichen Busen, einen ehrlichen Rat dankbar bist."

Petronius warf einen Seitenblick auf den Knaben. Beide waren, nicht auf den Weg achtend, in den Garten des Palastes gelangt, dessen schwarze Wipfel in den fahlen Nachthimmel emporschauerten, dessen Gebüsche der Mond goldig durchglänzte. Als der kluge Ausforscher das ehrliche Gesicht des Jünglings gewahrte, wie es mit so kindlicher Unschuld zum Mond aufblickte, als könne die goldene Scheibe, die da zwischen Pinienwipfeln hing, Licht bringen in die verworrenen Irrgänge seines Lebenslaufes, wandelte ihn denn doch ein flüchtiges Mitleid an.

„Schade", rief eine Stimme in seiner ausgestorbenen Brust, „schade, wenn diese frische, reine Seele zugrunde gehen müßte, aber sie wird zugrunde gehen, wer kann in der Nähe eines Nero weilen und seine Tugend bewahren."

Die unbestimmten Worte des Festordners hatten indes die schlummernden Empfindungen in Metellus' Brust geweckt, hatten seinem heißen Inneren Ziel und Richtung gegeben. Er wurde sich selbst klarer, und es war ihm, wenn er sich die Gestalt Octavias in der Phantasie verkörperte, als wenn ihn ein gliederlösender, warmer Regen übergieße. So wenigstens wirkte der allgemeine Eindruck ihrer Erscheinung, ihre Stimme, ihr Benehmen.

„Es ist eine seltsame Sache um die Liebe zu einem Weib", fuhr der Festordner bedächtig fort und beschrieb nun die Freuden der Liebe mit einer von verstohlener Sinnlichkeit glühenden Anmut, verstand es jedoch dabei, neben Amor auch der Psyche so sehr ihre Rechte einzuräumen, daß selbst ein strenger Moralist höchstens gegen gewisse hastig hingeworfene Wendungen etwas hätte einwenden können. Immer weiter tasteten sich seine Worte, wie das Gewebe einer ekligen Spinne zogen sie sich um das Gemüt seines Zuhörers. Wie die Schatten der Nacht die Tiere aus ihren Schlupfwinkeln hervorlocken, so lockten diese verschwommenen, dunklen Worte allerlei ungeahnte Wünsche und Begierden aus dem Inneren des Arglosen, Wünsche und Begierden, die sich selbst verwunderten, sich aber allmählich in dem finsteren Element behaglich fühlten. Metellus fühlte, daß er diesen Worten nicht lauschen sollte, mehr als einmal wollte er die Schilderungen unterbrechen, aber das Gift betäubte allmählich seine Sinne und raubte ihm die Kraft.

„Über jeden kommt einst die Gewalt der Venus", endete der Festordner, „auch über dich wird sie kommen, und du tust gut daran, dich nicht gegen das Joch zu sträuben, denn dadurch bohrst du dir den Stachel nur tiefer in die Brust. An die Götter glauben wir zwar alle nicht mehr, nur an der göttlichen Macht der Venus wagt keiner zu zweifeln. Sie brennt heißer als das glühende Eisen des Gladiatorenwärters, mit dem er den feigen Gladiator in die Arena treibt. Sie reißt tiefere Wunden als die Tatze des Tigers. Erleichterung in solchen Fällen verschafft nur die Freundschaft, und einen Freund, Metellus – das wirst du bereits herausgefühlt haben –, einen Freund findest du an mir. Gib mir die Hand, und versprich, offen zu sein gegen mich. Ich werde dir behilflich sein, wie und wo ich es vermag."

Metellus erwiderte nichts, das Herz war ihm zu voll, mechanisch ergriff er die gebotene Hand, das Antlitz immer noch von jenem köstlichen, naiven Ausdruck überschattet, der den Augen etwas Verwundertes, etwas Verschlafenes gibt. Als er nun in seiner Hilflosigkeit zu dem vertrauenerweckenden Gesicht des Festordners aufblickte, der ihm noch immer die Hand schüttelte, schluckte er die Tränen hinab und faßte sich ein Herz.

„Wenn du mich anhören willst", begann er, „hätte ich dir wohl Mitteilungen zu machen. Ich weiß nicht, o Petronius, wie mir heute ums Herz ist. Ich muß jemanden haben, dem ich mich mitteilen kann."

Petronius verbarg sein Lächeln, als er dieses gestammelte Bekenntnis vernahm. Er bog sich, gespannt lauschend, zu einem Buchsgebüsch nieder und tat, als wolle er den Nachtfalter verscheuchen, der dort schimmerte.

„Ich höre, mein Freund", sagte er so gleichmütig wie möglich, „sieh nur, diese Leuchtkäfer, wie das flimmert im Gebüsch." – Jetzt muß sich der Tor verraten, dachte er im stillen.

Metellus sah mit müdem Ausdruck zum Mond auf, der jetzt unter einem dünnen Wolkenstreifen hervorlugte, den fernschimmernden Teich und die weißen Marmorbilder beleuchtend.

„Ja, ich will es dir sagen", murmelte er. Petronius wünschte nichts sehnlicher, als habe er bereits sein Geständnis gemacht, wagte jedoch nicht zu drängen, sondern schlang zutraulich seinen Arm um die Schultern des Jünglings und forderte ihn nochmals freundschaftlich auf, Vertrauen zu hegen. Doch rührte der willenlose, schlaffe Ausdruck, den er nun auf dem Antlitz seines Opfers bemerkte, selbst sein kaltes Höflingsherz, und als Metellus jetzt mit niedergeschlagenen Augen und gleichsam wie in schmerzlicher Bewußtlosigkeit flüsterte, er brächte es nicht über die Lippen, was er gestehen wolle, empfand der alte Satiriker plötzlich eine Art Hochachtung vor dieser Reinheit, eine Hochachtung, die ihm so neu war, daß sie ihn fast ärgerte.

„Du gehörst nicht an den Hof", entfuhr es ihm mit rauher Stimme, „mache, daß du fortkommst."

Metellus sah verwundert zu ihm auf. Dann aber, seine Worte bereuend, lachte der Festordner und tat, als habe er das eben Gesagte nur im Scherz hingeworfen. Petronius fühlte sich in der Tat erleichtert, als endlich ein Sklave erschien, um beide in den Palast zu rufen. Auf dem terrassenartigen Dach eines Vorbaus, hinter blumenumwundenen Säulen, lagen die Gäste Neros, eine sehr gemischte Gesellschaft von Tänzerinnen, Mimen, Sängern. Hohe Erzkandelaber warfen aufflackernde Flammenfetzen rauschend in den Nachthimmel und übergossen die ganze Zechgesellschaft, die sich da weinerhitzt, halbentkleidet, auf purpurnen Polstern wälzte, mit ihrem trübroten Schimmer. Geschäftige Diener füllten die Becher mit spanischen Weinen, schöne Knaben, wie Mädchen herausgeputzt, reichten Kränze und Schalen, indem sie affektiert lächelten, blasse Griechinnen lagen berauscht am Boden oder versuchten sich schelmisch ihren Liebhabern zu entziehen. Wein floß von den runden Tischen herab, zertretene Rosen, Becher, Schmuckgegenstände, zerrissene Gewänder schwammen auf dem besudelten Marmor, und aus dem Schatten der Vorhänge und Polster tauchten häßlich lachende Gesichter auf oder beleidigte widriges Gekicher das Ohr. Über der ganzen Szene brütete der schmutzig-rote Dunst des verbrannten arabischen Rauchwerks, dieser Weihrauch hüllte die triefenden Polster, die kosenden Gestalten in langgestreckte, schwere Wolken, die sich wie ein Nebel zwischen den Kandelabern und Tischen hinzogen. Metellus hatte nicht Lust, teilzunehmen an dem Gelage, er stand an der Tür, düsteren Auges die allerdings höchst malerische Szene musternd. Der Nachtwind wehte ihm den betäubenden Rauch entgegen, eine Sklavin schürte auf einem silbernen Dreifuß die Glut und warf neues Rauchwerk darauf. Dichter qualmte es um die nackten Körper, die blumenumschimmerten Säulen. So mochten die Götter bei ihren Mahlen auf Wolken ruhen. Petronius hatte indessen dem Kaiser betreffs seiner Forschung Bericht erstattet. Der Kaiser nickte zufrieden.

„Die Frucht reift heran", flüsterte Petronius ihm zu, „bald dürfen wir sie abschütteln, überlasse mir, o Cäsar, die Ausführung, du sollst zufrieden sein."

Dann sich zu Poppäa wendend, fügte er schalkhaft hinzu:

„Mach dir keine Hoffnung, schöne Frau, der Knabe ist ein Schwärmer, und die Tugend Octavias scheint ihn zu fesseln."

„Ich werde meine Netze stellen, Petronius", lächelte Poppäa, „wir wollen sehen, wer das schöne Reh zuerst fängt."

Hierauf versuchte sie es, die Aufmerksamkeit des Metellus mittels Augensprache auf sich zu lenken und sagte zu Petronius:

„Sieh nur, wie düster er vor sich niederblickt. Bei Zeus! Er ist schön, und ich gönne ihn der tugendstolzen Octavia nicht. Er ist zu schön, um tugendhaft bleiben zu dürfen."

Petronius lächelte schmachtend, wie ein Satyr, dem die Nymphe entfloh, sie aber ergriff, als der Jüngling nicht auf sie achtete, einige Rosen, die vor ihr lagen, und warf dieselben geschickt über die Köpfe der Zechenden hinweg, so daß die eine davon Metellus' Stirn streifte. Er sah auf und erkannte diejenige, die sich diesen Scherz erlaubte, daran, daß sie, zuweilen nach ihm schielend, den Kopf mit absichtlicher Hartnäckigkeit abwandte. Metellus widerte der Anblick dieses ganzen wüsten Gemäldes an, dennoch bestach der dämonische Reiz desselben allmählich seine Phantasie. Er nahm sich vor zu gehen, drückte die Augen zu und blieb. Als Poppäa ihn durch einen Sklaven einladen ließ, sich neben sie zu setzen, konnte er, mit sich selbst im Widerstreit, diesem Wunsch nicht ausweichen. Verdrießlich näherte er sich und saß dann teilnahmslos, doch innerlich fiebernd, neben der Schönen, die ihm einen frischen Rosenkranz auf die Haare drücken und Wein vorsetzen ließ. Es war das erstemal, daß er so in der Nähe eines Weibes saß. Er sprach sehr wenig und wies unwillig alle Annäherungen zurück. Freilich konnte er nicht verhindern, daß, wenn sie ihren Arm auf den seinen stützte, ihm die Schläfen heißer pochten, ihm die Phantasie Octavias Liebreiz brennender vormalte. Er entzog ihr jedoch stets seine Hand mit jenem unmerkbar verächtlichen Lächeln, das man ebensogut für ein widerwilliges Nachgeben hätte halten können, und machte den Eindruck eines Menschen, der sich jeden Augenblick entfernen will und nur durch Höflichkeit und ein wenig Charakterschwäche gezwungen wird zu bleiben. Sie unterhielt ihn unaufhörlich, bald mit den Zirkusneuigkeiten, bald mit den neuesten Skandalgeschichten Roms, versuchte, ihn zum Lachen zu bringen, und warf ihm schließlich seine Schweigsamkeit vor, wobei sie sich so energisch auf seine linke Schulter lehnte, daß ihm hierdurch das Aufstehen fast unmöglich gemacht wurde und ihn die Nähe ihres weinerhitzten Atems äußerst beunruhigte. Nero, der sich entfernt hatte, um durch ein Brechmittel seine Stimme geschmeidiger zu machen, erschien jetzt wieder. Noch war die Wirkung des genommenen Medikamentes an der Blässe seiner feisten Wangen bemerkbar, die hierdurch, im Kontrast zu seinem rötlichen Haar, eine ganz besonders widerlich-fleischige Färbung angenommen hatte. So schritt er, die Leier im Arm, durch die Reihen der Zechenden, während der weite Mantel seine schweren Glieder unordentlich umhing. Er werde die „Niobe" deklamieren, rief er, worauf atemlose Stille eintrat. Nun bestimmte er die Beurteiler seiner Kunstleistung und redete sie demütig als seine Herren an, von deren gerechtem Urteilsspruch sein Leben abhinge. Sie möchten doch ja milde Richter sein und alles Zufällige ausscheiden, das etwa seiner Leistung ankleben würde. Die Richter sprachen ihm Mut zu, indem sie den aufrichtig Zagenden an sein schon oft erprobtes Talent gemahnten. Zwischen zwei mit neuem Pech versehenen

Kandelabern stehend, begann er das von ihm selbst verfertigte Gedicht zu rezitieren. Seine Stimme tönte schneidig, doch mußte man seinen Versen wie dem dramatischen Ausdruck seiner Gebärden Gerechtigkeit widerfahren lassen. Eine Stelle, die ihm besonders gefiel, da sie die zärtlichste Mutterliebe zum Thema hatte, wiederholte er, wobei er dergestalt in Ekstase geriet, daß gleich nach den ersten Versen ein fataler Zwischenfall den Vortrag unterbrach. Eine kühne Armbewegung ausführend, hatte er den einen Kandelaber umgestoßen, dessen flammendes Pech den zunächst liegenden Gast beinahe übel zugerichtet hätte. Nero tat indes, als sei nichts geschehen, während die Purpurpolster brannten und die einstudierten Beifallsbezeuger sich keineswegs abhalten ließen, wie rasend Beifall zu klatschen. Viele der Anwesenden behaupteten später, Nero habe den Leuchter absichtlich auf jenes Ruhelager gestoßen, da auf demselben sein Rivale, der von ihm bitter gehaßte Dichter Lucan, ruhte. Als nun Sklaven den Marmorboden zu reinigen begannen, fand Metellus Gelegenheit, in der allgemeinen Verwirrung dem Sitz Poppäas zu entschlüpfen und unbemerkt sein Zimmer zu erreichen. Nachdem er seine Kleider abgelegt hatte, setzte er sich an den Tisch, auf dem bereits die napfartige Lampe über Bücher, Rollen und Zeichnungen ihren kränklich blauen Schimmer goß. Die Liebessehnsucht Poppäas, die er diesmal deutlicher denn je empfunden hatte, flößte ihm einen momentanen Abscheu gegen sich selbst ein, er kam sich erniedrigt vor, als er seinen Arm betrachtete, der einige Zeit an dem ihren ruhte, es überlief ihn das Zittern des Ekels, und um diesen Schauder loszuwerden, versenkte er sich hastig in seine Bücher. Er wählte, um vor dem Einschlafen sein auf so widerwärtige Art entzündetes Blut abzukühlen, einige Oden des Horaz zur Lektüre, hatte jedoch das Unglück, daß ihm, während er das Buch suchte, Ovids „Kunst zu lieben" in die Hände fiel. Dieses Werk war ihm bisher gänzlich unbekannt geblieben, unter seinen eigenen Büchern hatte es sich nicht befunden, man mußte es ihm heimlich hierhergelegt haben. So begann er zu lesen, während von draußen der Mond über die Pinienwipfel durch die Falten des Vorhangs lugte und ein scheuer Nachtfalter gleich einem warnenden Dämon die bläuliche Flamme umkreiste. Manchmal legte er das Buch weg und versank in Betrachtungen. Die satirische Frechheit, mit der hier dem Liebhaber Vorschriften erteilt werden, das Herz der Geliebten in egoistischer Weise zu verführen, wirkte abstoßend auf sein Gemüt, das noch nicht gelernt hatte, in der Liebe kluge Berechnungen anzustellen. Nein, rief es in ihm, Ovid hat die Liebe nie gekannt, wie könnte er sonst den Liebenden auffordern, Tränen zu heucheln. Und dennoch konnte er nicht verhindern, daß ihm zuweilen, wenn er an Octavia dachte, eine böse Stimme in die Ohren raunte, er solle die Lehren des Dichters in Anwendung bringen. So starrte er in die Flamme, den Kopf auf den schönen Arm gestützt, und bohrte mit dem Plektron einer Lyra, ohne zu wissen, was er tat, an dem Docht. Weit vom Park her trug zuweilen der Wind den Lärm des Zechgelages herüber, und unseres Freundes bemächtigte sich eine Melancholie, die ihn um so tiefer niederdrückte, als er bisher das Leben ganz im entgegengesetzten Licht zu betrachten gewohnt war. Sein Leben kam ihm so inhaltsleer vor, es war ihm, als läge er mitten im Meer, nirgends ein Halt, nirgends eine Stütze. An die Götter glaubte er nicht mehr, und an die Menschen mochte er ebenfalls nicht mehr glauben, da er an sich die Erfahrung zu machen fürchtete, daß das Edle im Menschen auf sehr schwachen Füßen stehe. Daß er diese Erfahrungen machen mußte, erfüllte ihn mit Unmut gegen sich selbst, und doch fehlte ihm die moralische Kraft, diesem Unmut das Recht einzuräumen, bessernd auf sein Herz zu wirken. Wie ein böser Traum, von dem man sich nicht befreien kann und von dem wir doch im Halbschlaf wissen, daß es nur des energischen Erwachens bedürfe, ihn zu verscheuchen, lastete das erschlaffende Bewußtsein auf seiner Seele, daß das Laster Macht auf ihn auszuüben imstande sein könnte. Niemanden betrügt man feiner als sich selbst. Nach der Art junger Leute wußte er bald ein schönes Pflaster über die wunde Stelle seines Inneren zu kleben, und mit der Gewandtheit des Selbstbetrugs glitt sein Geist über das Peinliche hinweg. Nur manchmal, wenn er sein Leben an diesem Hof überschaute, fröstelte es ihn seltsam an, allerlei ferne Ahnungen beklemmten ihn, und wenn er auch unter der Vergoldung den Schmutz, unter der Blumenhülle die Schlange bis jetzt noch nicht bemerkt hat, trug er doch das unbehagliche Gefühl mit sich herum, als ob um ihn her nicht alles wäre, wie es sein sollte. Das Gespräch mit der Kaiserin hatte ihn in seiner Unsicherheit bestärkt, ihm die jugendliche Unbefangenheit seines Dahinlebens geraubt, ja, ihm fast die männliche Überlegung vorgeschrittener Jahre, wenigstens für Augenblicke, gegeben. Der Docht der Lampe war halb verzehrt, als der Sklave eintrat und den Gardehauptmann Burrus anmeldete. Gleich darauf trat dieser ein, einen Knaben mit sich führend. Burrus entschuldigte sich, daß er in so später Nachtstunde ihn zu stören wage, und sagte dann: „Hier dieser Knabe ließ nicht eher ab mit seinen Bitten, ihn zu dir zu führen, bis ich seinen Wunsch erfüllte." Der Knabe kniete vor Metellus nieder und bat darum, in seiner Nähe weilen zu dürfen.

„Er klammerte sich, da ich über die Heilige Straße schritt, an meinen Mantel", sagte Burrus, „und versicherte, er wäre dein Sklave und habe sich in Rom verirrt."

„Du hast mir einst das Leben gerettet, o Herr, als man mich den Tieren vorwerfen wollte", sagte der Kleine, „oh, sorge auch weiter für mich, gib nicht zu, daß ich verhungere. Schon drei Tage suche ich dich in dem großen Rom, gestern sah ich, daß du hier im Palast wohnst."

Jetzt erst erkannte Metellus, daß er jenen Knaben vor sich hatte, den er, da er nachts durch die Straßen Roms irrte, in der Mauernische verbarg, während die Christenschar zum Zirkus geführt wurde. Er klärte Burrus hierüber auf und fragte dann, wie sich der Knabe nenne.

„Stephanos“, sagte dieser rasch.

„Nun, Stephanos“, entgegnete der Künstler, „du gefällst mir. Du sollst mein Sklave sein und sollst es nicht schlecht bei mir haben, wenn du gehorsam bist.“

Der Kleine küßte dankbar seines Herrn Hand und kauerte sich auf den Fußboden, jede Bewegung seines Herrn mit halbgeöffneten Lippen beobachtend. Burrus trat zu dem Künstler heran.

„Junger Mann“, sagte er, „laß mich dir ein paar Worte im Vertrauen sagen.“

Der Angeredete sah fragend empor.

„Ich weiß nicht, weshalb du dich so plötzlich den Liebling des Kaisers nennen darfst“, fuhr der Hauptmann mit unruhigen Blicken fort, „ich will nicht hoffen, daß dich Laster an das Herz des Kaisers fesseln.“

Metellus errötete und kehrte sich unwillig von Burrus ab, indem seine Züge einen stolzen Ausdruck annahmen. Wie er so dastand, ein Bild jugendlicher Schönheit, edler Entrüstung, ruhte des Burrus Auge mit Wohlgefallen auf ihm. Er bot ihm die Hand, die der Jüngling jedoch nicht ergriff.

„Ich wollte dich nicht beleidigen“, fuhr der Hauptmann fort, „ich denke, du gehörst nicht zu jenen käuflichen Seelen, die nach Rom kommen, um Werkzeuge der Reichen zu werden. Deine Miene erweckt mein Vertrauen, und ich wage offen mit dir zu sprechen. Wie es sich nun auch verhalten mag, Tatsache ist, daß dir die Götter große Macht über das Herz Neros gaben, und der alte Burrus bittet dich, diese Macht nicht zu mißbrauchen.“

Des Hauptmanns Stimme zitterte, als er diese letzten Worte sprach, der untere Teil seiner Stirn errötete, und sein Blick hing am Boden.

„Ich bin kein Freigelassener, sondern ein Freier“, sagte Metellus, noch immer unmutig.

„Wohl, mein Freund“, entgegnete der Hauptmann, „da du zu einiger Macht an diesem Hof gelangt bist, so gebrauche dieselbe, um die Guten zu schützen und die Schlechten zu verderben. Vor allem vermeide es, die Tugendhaften, deren Ruf so leicht befleckt wird, in Gefahr zu bringen." Burrus hatte diese letzten Worte mit einer eigenen Heftigkeit, fast widerstrebend hervorgestoßen, als wolle er noch einen Zusatz beifügen, und beugte nun die in Runzeln gelegte Stirn bekümmert zu Boden.

„Ist denn irgend jemand in Gefahr?" hatte der Künstler unwillkürlich gefragt, und Burrus, der seine Erregung dämpfte, versicherte ihm, man bedrohe der Kaiserin Leben.

„Das Leben der Kaiserin?" rief Metellus. „Was kommst du mit blinden Gerüchten, meine Ruhe zu rauben: Niemand lebt sicherer als Octavia."

Als nun der Künstler vernahm, daß Nero selbst den Untergang seiner Gattin wünsche, wallte sein Blut auf, und er nannte den Hauptmann einen Verleumder.

„Weh mir", sagte dieser, ohne beleidigt zu sein, „wenn ich berufen sein sollte, deine glücklichen Jugendträume zu zerstören."

Und nun malte er ihm ein Bild des Hoflebens, schilderte ihm die Todesangst aller derjenigen, die mit dem Cäsar in Berührung kamen, ließ ihn einen Blick in den Charakter Neros werfen und deutete ihm an, wie er, Metellus selbst, nur gleich einem Seiltänzer auf dem schwankenden Seil kaiserlicher Laune balanciere.

„Du siehst nur die Vorderseite des Bildes", fuhr er fort, „doch es hat auch eine unbemalte, häßliche Rückseite, und ich möchte dich nochmals vor dem Umgang mit mehreren Höflingen warnen. Vor allem aber hüte dich, das betone ich zum zweitenmal, den Ruf der Guten nicht zu beflecken."

Metellus schüttelte den Kopf, die letzte Warnung hatte er überhört, sein Geist weilte noch bei dem Unerhörten – Nero wolle sich seiner Gattin entledigen, anderes zu verstehen, war ihm im Augenblick unmöglich.

„Das glaube ich niemals", sagte der Arglose, „das ist Hochverrat. Der Kaiser mag Fehler haben, ihr aber übertreibt sie, um ihn zu stürzen. Ich verehre den Kaiser als meinen Beschützer, und es wage keiner, mich gegen ihn aufzuwiegeln."

Umsonst versuchte ihm Burrus zu beweisen, daß Nero seine Gemahlin nicht liebe, umsonst gab er ihm Andeutungen, daß man am Hof beginne, seinen vertrauteren Umgang mit Octavia zu besprechen, der junge Mann verstand ihn nicht und rief endlich aus, er werde sogleich zu Nero eilen und ihn geradezu über diesen Punkt zur Rede stellen. Als schließlich Burrus, da sich der Künstler der Freundschaft des Petronius rühmte, den Petronius einen alten Wüstling, einen Heuchler nannte, deutete ihm Metellus entrüstet an, er möge das Zimmer verlassen. Burrus ging, einen mitleidigen Blick auf den Zornigen werfend.

„Sie wollen mir das Vertrauen rauben, mich zum Menschenfeind erziehen", murmelte der Jüngling, an das offene Fenster tretend, „aber so schlecht wie sie die Menschen hinstellen, sind sie nicht – nicht wahr, ihr ewigen Sterne?"

Und er hob beide Arme zu dem glitzernden Sternhimmel empor und fühlte trotz seines starren Festhaltens an das Schöne und Gute ein banges Weh seine Brust durchschauern, gleich einer Ahnung, als wäre die Zeit nicht fern, in der er seine Jugendideale begraben müsse. Er wollte nicht an das Schlechte glauben, und wenn auch die Worte des Burrus ihm Zweifel in das bereits vom Zweifel angefressene Herz gesät haben, es war so viel bequemer, so viel angenehmer, das Häßliche nicht zu sehen oder es mit ein wenig Aufwand von Nächstenliebe zu entschuldigen. Freilich, Nero, wenn er es recht überdachte, war nicht, wie er sein sollte, Octavia war unglücklich. Solange Petronius sprach, war man wohl von seiner Aufrichtigkeit überzeugt, wenn er nicht mehr sprach, schämte man sich, ihm zugehört zu haben. Poppäa konnte keinem Sittenreinen gefallen. Die übrige Umgebung des Herrschers taugte nicht viel. Die Sänger, Mimen, Zitherspieler und Tänzer waren jedenfalls Schwindler. Die Einwohnerschaft Roms, vor allem die Stoiker, die feinen Herren, Barbiere, Gastwirte und

Sklaven waren keineswegs nach dem Geschmack eines Ehrenmannes, aber das waren wohl Ausnahmen, und vielleicht sahen die Handlungen aller dieser Menschen verwerflicher aus, als sie im Grunde waren. Oder wollte Burrus ihn aus der Gunst des Kaisers verdrängen? Und was wollte er damit sagen, er möge die Tugendhaften nicht in Gefahr bringen? Hatte er nicht stets Achtung vor der Tugend bewiesen? Nein, Burrus war ein Verleumder, Petronius meinte es aufrichtig mit ihm. Wieviel liebenswürdiger klangen die Worte des letzteren, wie klar lag es am Tag, daß Burrus ihn mit Nero verfeinden wollte! So kreuzten sich die Gedanken in der Seele des Beunruhigten, und noch ehe sie zu einem sicheren Resultat gekommen waren, fühlte er sich an der Hand erfaßt, und eine Knabenstimme fragte: „Wie heißt dieser Stern, der so hell über jenem Tempel flimmert?“ Der Künstler blickte in das unschuldige, schöne Gesicht seines neuen Sklaven herab, fuhr ihm mit der Hand über das schwarze, krause Haar und sagte: „Mein Stephanos, ich bin kein Sterndeuter, vielleicht ist es der Cyllaros!“

„Oh“, rief der Knabe, „bitte sage mir, ob er über Griechenland leuchtet.“

„Auch das kann ich dir nicht sagen“, erwiderte der Jüngling, „aber es ist möglich.“

Des Knaben Stirn senkte sich schwermütig, und sein Herr fragte ihn, weshalb er nun so traurig sei. Der Kleine schüttelte den Kopf. „Ich weiß es nicht“, sagte er.

„Du weißt es nicht?“

„Nein!“

„Das ist seltsam!“

Dann schwiegen beide.

„O Herr“, fuhr der Knabe auf einmal fort, seine großen furchtsamen Augen aufschlagend, „kannst du mich nach Griechenland führen?“

„Griechenland ist weit von hier, mein Freund“, sagte Metellus und entfernte ihm mit der Hand ein wenig Grind, der sich zwischen die Wimpern seiner entzündeten Augenlider geheftet hatte.

„Weit von hier!“ murmelte der Knabe bestätigend und blickte träumerisch nach den Sternen hinüber, als könne er dort die Berge Griechenlands erspähen.

„Warum verlangst du, nach Griechenland geführt zu werden?“ begehrte der andere zu wissen. Doch Stephanos gab hierauf keine Antwort, erst nach einiger Zeit sagte er leise: „Mich hungert.“ Metellus ließ ihm Speise bringen, und der Kleine griff durstig nach der Milch, während ihm der Herr stillschweigend zusah, innerlich immer noch mit der eben vernommenen Warnung des Burrus beschäftigt. Die Grazie, mit welcher der Sklave die Geschirre handhabte, fiel ihm auf, und mitten in seinen ernsthaften Betrachtungen mußte er plötzlich lachen, als er ihn so eifrig essen sah, besonders deshalb, weil Stephanos nach jedem Bissen zu ihm hinüberblickte, als erwarte er die Erlaubnis, weiteressen zu dürfen.

„Stephanos“, rief er.

„Ja, o Herr?“

„Warum atmest du immer statt durch die Nase durch den Mund?“

„Ich weiß nicht, Herr“, sagte der Knabe lächelnd. Diese Art, Atem zu holen, nötigte den Kleinen, die Lippen geöffnet zu halten, was seinem Gesicht jenen Ausdruck schmachtender Träumerei verlieh, den wir an griechischen Statuen bewundern und der unseres Künstlers Herz jetzt mit Heiterkeit füllte.

„Wie alt bist du, Stephanos?“

„Vierzehn Jahre, Herr!“

„Und wo wohnen deine Eltern?“

„Ich kenne meine Eltern nicht“, entgegnete er leichthin, ohne Schmerz zu empfinden. Metellus fragte, von Mitleid bewegt, welches Land er seine Heimat nenne, aber auch dieses wußte Stephanos nicht anzugeben, doch erzählte er mit seltsamer Erregung von einem reichen, milden Land, mit kühlen Hainen, vielen Tempeln und einem hohen, wolkigen Berg. Dort habe er auf schönen Wiesen zwischen Geißen geruht, und ein älterer Freund habe ihm auf einer Rohrflöte vorgespielt, aber niemals um die Mittagszeit, wenn die Sonne so still auf dem Wald lag, wenn die Geißen schliefen und nur die Quelle murmelte, denn zu dieser Zeit, habe der Ältere gesagt, dürfe man den schlafenden Pan nicht wecken. Oh, das sei so schön gewesen, wenn die zottigen Hirten zusammenkamen, um den Preis eines Käses oder Bechers Lieder sangen, und die Hirten hätten so oft um ihn gestritten und ihn geküßt, während die Zicklein munter sprangen.

„Und von deinen Eltern weißt du gar nichts?" fragte, als er geendet hatte, Metellus. Der andere schüttelte den Kopf.

„Ich will dein Vater sein, Stephanos", sagte dann Metellus, ihm die Hand hinhaltend, „willst du mich recht liebhaben?"

„Oh, ich habe dich sehr gern", sagte der Knabe, auf seinen Herrn zueilend, ihm über die Wangen streichelnd und dabei so hold lächelnd, daß ihm Metellus gerührt auf die geöffneten Lippen küßte.

„Du hast mich gern", fragte Metellus, „warum hast du mich gern?"

„Das sage ich nicht", erwiderte der Knabe.

„Das sagst du nicht?"

„Nein!"

„Komm, sage es mir!"

Aber er war nicht dahinzubringen, Antwort zu geben, sondern preßte die Lippen aufeinander und atmete zum erstenmal durch die Nase. Metellus schüttelte ihn im Scherz und drohte ihm lachend mit Schlägen.

„Du tust mir nicht weh", rief der Kleine, „schlage mich nur."

Der Künstler ließ ihn los, indem er ihn versicherte, er könne sich hierin verrechnen, was jedoch der durchtriebene Junge nicht glauben wollte.

„Ich bin müde“, sagte er nach einiger Zeit, setzte sich auf einen Stuhl und sah über dessen Lehne seinem Herrn sehr ernsthaft zu, wie dieser in einem Buch blätterte.

„Aber nicht wahr, du schenkst mir eine Rohrflöte, wenn ich dir fleißig diene?“ fragte Stephanos auf einmal gähnend.

„Ah, jetzt weiß ich, warum du mich gern hast, Schelm“, entgegnete Metellus, „du denkst, ich beschenke dich reichlich?“

Der Knabe lachte, und sein Herr versprach ihm eine Rohrflöte, was ihn sehr glücklich zu machen schien, denn er fingerte einstweilen an seinen Lippen hin, als besäße er das Instrument bereits. Allmählich wurde Stephanos immer einsilbiger und nickte nur noch mit müden Blicken, wenn sein Herr vom Buch zu ihm aufsah. Dieses Nicken hatte etwas ungemein Zutrauliches, bald jedoch nickte er nicht mehr, und als der Lesende nach einer längeren Pause sich umwandte, fand er ihn, den Kopf auf die Stuhllehne gesunken, eingeschlafen. Er legte den Ovid weg, trug den Schlafenden sorgsam auf das gelbe Löwenfell, das neben seinem Lager den Marmorboden schmückte, und warf sich ermüdet auf die Polster. Nachdem er die Lampe ausgelöscht hatte, betrachtete er noch lange die feinen Züge des am Boden ausgestreckten Kindes, über dessen schmächtig-schöne Glieder der Mondschein das silberne Netz wob. Auch das Antlitz der unglücklichen Kaiserin betrachtete er mit innerem Seelenauge. Beruhte es auf Wahrheit, was Burrus wissen wollte? Überschattete bereits die Unterwelt diese edle Stirn? Metellus nahm sich vor, zu prüfen und dem Geheimnis auf die Spur zu kommen. Noch nie hatte er sich so befriedigt gefühlt wie in diesem Augenblick, keine trüben Grübeleien sollten jetzt sein Herz beschleichen. Es wurde ihm ganz väterlich weihevoll zumute, wenn er bedachte, daß hier zu seinen Füßen ein Leben ruhte, das von seiner Liebe, seiner Gnade abhing. Es wich wie ein schwerer Panzer von seiner Brust, wenn er bedachte, daß es in der weiten Welt vielleicht ein hohes edles Frauenherz gab, das für ihn schlug, teil an seinem Wohl und Wehe nahm. Du trägst den größten Schutz gegen die tückische Macht des Schicksals in dir, sagte er sich, was kann dir jetzt noch entrissen werden? Wie gerne hätte er jetzt den Göttern gedankt für das Glück, das sie ihm gewährten, aber er fand sie nicht mehr, die Götter, wenn er sie suchte, sie antworteten nicht mehr auf seinen Ruf. Draußen im Garten schimmerten ihre bleichen Bilder, aber es waren tote Larven, sie lächelten gleichgültig, teilnahmslos, prunkvoll im Mondglanz. Stephanos ließ jetzt im Schlaf einige griechische Wörter vernehmen, Metellus fragte ihn, was er meine, doch Stephanos schlummerte weiter.

„Der arme Knabe wird frieren", sagte Metellus, schob ihm sein Kissen unter den Kopf und umhüllte seinen anmutigen Leib mit der Purpurdecke des Lagers.

Siebentes Kapitel

Unter dem Portikus des Gesellschaftssaales, der auf den Garten mündete, befand sich einige Tage nach den eben erzählten Ereignissen eine kleine Versammlung. Die Kaiserin lag auf einem Ruhebett, das, von einem von einigen Baumstämmen herabgespannten Purpurbaldachin überschattet, halb unter den Ästen des Zitronenwäldchens, halb unter den vergoldeten Säulen stand. Ihr Gesicht leuchtete heute frischer denn je, fast hätte man sagen können, wilder Lebensdrang glomm zuweilen aus ihren Augen, und nur selten fiel es plötzlich wie ein dunkler Hauch über ihre Stirn. Dann sah sie einen Augenblick wie geistesabwesend, fremd vor sich nieder, riß sich dann gewaltsam aus dieser Schwermut und versuchte lächelnd um sich zu blicken. Seneca, Andromachus und Burrus saßen rings um ihr Lager, während in der Mitte des Kreises, den Rücken gegen die dunkle Taxuswand gekehrt, ein junges, langhaariges, sehr mageres Individuum stand, das, in eine ziemlich abgetragene Toga gehüllt, aus einer Rolle sein Erstlingswerk „Odysseus" vortrug. Man hörte anfangs aufmerksam zu, Seneca nickte zuweilen befriedigt mit dem Kopf, nur die Sklavin Meroë, die wie immer zu Füßen ihrer Herrin lag, beschäftigte sich, statt mit dem göttlichen Dulder, mit dem Einfangen von Fliegen, die sich aus der grellen Sonnenhitze des Gartens hier in die kühle Dämmerung der Säulenhalle geflüchtet hatten. Der Vortrag des Dramas, das sich durch eine gewandte Sprache auszeichnete, im übrigen jedoch an bedenklich gedehnten Monologen nebst sehr verblasener Charakteristik litt, währte lange. Andromachus begann gelinde zu gähnen, was er durch geschickte Handbewegungen zu verbergen suchte, Burrus schaute sehr verdrießlich drein, heimlich Seneca verfluchend, der versprochen hatte, der Gesellschaft durch das langhaarige Individuum einen geistigen Hochgenuß zu verschaffen. Die Kaiserin hatte bereits nach der vierten Szene nur bruchstückweise zugehört, Seneca allein hielt stand und schien großes Vergnügen an dem zutage geförderten Bombast zu hegen. Seneca war es, der den jungen Poeten protegiert und ihm dazu verholfen hatte, sein Werk der Kaiserin vortragen zu dürfen. Diese letztere hatte dem von ihr verehrten Philosophen, der ihr das Talent seines Schützlings lebhaft gepriesen hatte, sehr bereitwillig die Erlaubnis erteilt, das junge Talent bei ihr einzuführen. Der langhaarige Dichter achtete weder auf die gelangweilten Blicke der Kaiserin noch auf die gemurmelten Flüche des Burrus, die er wohl gar für Beifallsbezeigungen hielt, sondern donnerte seine Trimeter mit einer Stimme hinaus, die infolge des anhaltenden Gebrauchs einen Anflug von Heiserkeit erhalten hat. Wenn eine besonders pathetische Stelle eintrat, wagte er sich mit glühenden Augen über den Rand des Manuskriptes hinweg von der Wirkung seiner Verse zu überzeugen, und wenn dann die Kaiserin gutmütig, wie sie war, aus ihren Träumereien aufgeschreckt, mit dem Kopf nickte, beugte der glückliche Jüngling sein Haupt stolz zurück oder strich sein straffes Haar mit der Hand über die Stirn. Andromachus zählte bereits, um den Schlaf zu verscheuchen, die vergoldeten Zierate der Säulen, Burrus hatte das Gähnen seines Nachbarn bereits bedenklich angesteckt, als endlich der Poet, die Hand erhebend, einen etwas längeren Atemzug tat, um sich für die jetzt eintretende Katastrophe würdig vorzubereiten. Diese Gelegenheit benutzte die Kaiserin, indem sie dem höchst verblüfften Deklamator den Vers mit dem Ausruf „Prächtig, sehr schön!“ abschnitt. Freilich strafte sie ein Blick des Unterbrochenen, der sogar zu bemerken glaubte, sie habe mit jenem Ausruf nur ein Gähnen maskieren wollen.

„Sehr schön gesagt“, rief Ocatavia ein wenig verlegen, „Amor, der Götter und der Menschen Qual bist du! – Sehr schön.“

„Nein, ‚Glück bist du'", korrigierte der gereizte Poet, aber es half ihm nichts. Der Bann war gelöst. Burrus fiel sogleich ein und erklärte, die Wirkung des Dramas sei zu konzentriert, um sie auf einmal zu genießen, man bedürfe notwendigerweise einiger Tage Erholung, um für den zweiten Teil genußfähig zu bleiben. Seneca verbreitete sich ausführlich über die Schönheiten der eben gehörten Dichtung, wobei ihn Octavia durchaus unterstützte.

„Du hast uns eine sehr angenehme Stunde bereitet", sagte sie gnädig, „deine Sentenzen ermangeln nicht der Tiefe, und deine Gleichnisse sind sehr gelehrt, der Götterlehre entlehnt."

Geschmeichelt lächelte der beglückte Dramatiker, während Andromachus von seinem Recht als Arzt Gebrauch machte und die Kaiserin bat, dem jungen Mann etwas Speise vorsetzen zu lassen, da seine zarte Konstitution unter dem Vortrag seiner wuchtigen Verse sicherlich sehr gelitten habe. Die Kaiserin stimmte dieser Meinung bei, und so mußte der arme Dramatiker sein Manuskript einstecken, was er indes, als ihm kalter Braten mit Wein angeboten wurde, gar nicht so ungern tat. Er schmunzelte sogar und ließ sich würdevoll zu der Bemerkung herab, er habe Götterspeise verteilt und erhalte zum Lohn dafür die Güter der Erde. Mit der Geringschätzung eines Gottes, der unter Menschen weilt, bediente er sich der Speisen, und nachdem er seine schäbige Toga malerisch geordnet hatte, versank der eben noch so Beredte in tiefes Schweigen, sich mit einem Eifer der Mahlzeit widmend, als habe er drei Tage nichts anderes als Worte über die Lippen gebracht. Die Kaiserin fragte eine der Sklavinnen leise nach Metellus und trug ihr auf, ihn zu bitten, er möge diesen Nachmittag in ihrer Gesellschaft zubringen. Dann winkte sie und unterhielt sich, während der ausgehungerte Poet in die Genüsse der Tafel versunken war, lebhaft mit dem sich nähernden Burrus. Burrus bemerkte sehr wohl, daß Octavia das Gespräch immer auf ihren Lieblingsgegenstand, die Charaktereigenschaften des Metellus, zu lenken suchte, aber er wich ihr mit jenem Takt aus, den alle Offenen

Heimlichkeiten gegenüber unwillkürlich in Anwendung bringen. Innerlich bereute er, daß er gestern der Gebieterin von seinem Besuch bei Metellus flüchtige Mitteilung gemacht hat. Da sich diese Mitteilungen nun nicht mehr zurücknehmen ließen, deutete er durch kurze Antworten, verdrossene Mienen an, wie lästig ihm dieses ganze Thema werde und wie sehr er wünsche, keines Einblicks in das Herz der hohen Frau gewürdigt zu werden. Diese stellte ihre Fragen sehr klug und mit einem lächelnden Behagen, als erwarte sie nur Schönes zur Antwort. Man sah ihr an, wie begierig sie nach irgendeiner Äußerung spähte, die jener etwa betreffs ihrer getan habe. Dabei wußte sie ihre brennende Neugier mit weiblicher Verstellungskunst zu bemänteln, je heißer es ihr ums Herz wurde, von desto gleichgültigeren Dingen sprach sie, bis sie plötzlich mit überraschender Sophistik dem Satz eine Wendung auf ihr Hauptthema zu geben wußte. Burrus konnte diesen Sprüngen nicht folgen, ja, selbst das Ausweichen war ihm meist schwer genug. Da sich die Herrin danach erkundigte, was Metellus entgegnete, als er erfuhr, ihre Sicherheit sei gefährdet, blickte der rauhe Kriegsmann nach einer anderen Richtung und gab zu verstehen, diese Nachricht habe den Knaben – er nannte ihn absichtlich stets Knabe – sehr wenig beunruhigt.

„Das kann ich nicht glauben", rief bei dieser Mitteilung die hohe Frau, „nein! Er nimmt teil an meinem Schicksal."

„Ich glaube, daß du dich irrst", warf Burrus ärgerlich hin, „der Junge – lebt in den Tag hinein und bekümmert sich um die Götter ebensowenig wie um dich." –

„Vor allem ist der Gegenstand unseres Gesprächs kein Junge mehr", wollte errötend die Kaiserin einwenden. Burrus fiel ihr jedoch sogleich ins Wort und murmelte halblaut „unbärtiges Bürschlein" vor sich hin.

„Das gilt gleich, ob er einen Bart trägt oder nicht", erwiderte lauter als zuvor und mit blitzenden Augen die Kaiserin, „der Bart macht den Mann nicht, Burrus, und Verstand verleiht er ebenfalls nicht. Ich aber weiß, daß Metellus teilnimmt an meinem Schicksal, und keiner soll mir diesen Trost rauben, oder kannst du mir Beweise vom Gegenteil geben? Wahrlich, wenn du dies könntest, du wärest mein Feind." –

„Ihr vergeßt euch, hohe Frau", flüsterte Burrus, erschrocken die Erregte betrachtend, deren Augen sich mit Tränen zu füllen begannen.

„Ich vergesse mich?" sagte sie mit nervösem Lachen. „Und warum darf ich mich nicht vergessen? Was habe ich zu verlieren? Glaubst du, ich mache ein Hehl daraus, daß ich diesen Jüngling ..." Sie brach ab, da der plötzlich starr und befehlend gewordene Blick des Hauptmanns sie traf, sah sich wie erwachend um und zitterte heftig mit der Unterlippe. Sie hatte das Geheimnis ihres Herzens ausgeplaudert, das fühlte sie, aber es beschämte sie nicht, kaum vorübergehend beschämte es sie, aber der Gedanke, derjenige, von dem die Rede war, könne gleichgültig geblieben sein bei der Nachricht ihres erwarteten Untergangs, dieser Gedanke rief in ihrem Geist eine plötzliche Leere hervor, preßte ihre Brust mit verhaltenen Tränen. Es war ihr, als habe sie sich jetzt selbst verloren und müsse, sich selbst bemitleidend, ‚wehe!' über ihren Lebenslauf rufen. Erst nach einer längeren Pause ergriff der Hauptmann wieder das Wort.

„Ich hoffe, wir hatten keine Lauscher", sagte er ruhig, während sich die Gebieterin zu fassen suchte. Scheinbar, um ihr diese Fassung zu erleichtern, berichtete Burrus, es seien neue griechische Pantomimen am Hof erschienen, und gestern, als sie Paris und Helena gespielt hatten, habe die Helena die Gesichtsmaske der Poppäa Sabina auf Befehl des Kaisers tragen müssen. Als man ihm dies tadelte, habe er geäußert: „Pah, meine Gattin muß sich mit der Auszeichnung ‚Kaiserin' begnügen."

„Was fehlt unserer Herrin", unterbrach ihn der redselige Seneca, der das Zwiegespräch der beiden, am anderen Ende der Halle stehend, beobachtet hatte.

„Wie? So verstimmt, hohe Frau, und eben noch so heiter?" fuhr er fort und trat mit Andromachus dem Ruhelager näher. „Was ist vorgefallen?"

„Ich erzählte der Kaiserin von Poppäa", sagte Burrus rauh.

„Ah", machte Seneca und sah zu Boden, während der noch immer speisende Dramatiker sich nach der Gruppe umwandte. Andromachus wechselte mit Burrus einen Blick, räusperte sich und legte, seiner Gewohnheit gemäß, die Stirn in kleine Falten.

„Unsere Gebieterin weiß", begann er alsdann ernst, „wie hoch wir sie schätzen, wie wir sie als den reinen Stern betrachten, der über dem Sumpf dieses Hoflebens in unbewölkter Höhe steht. Unsere Gebieterin weiß, wie viel uns daran gelegen ist, sie der Ruchlosigkeit, der Zuchtlosigkeit als Gegenbild vorhalten zu können. Die Besseren des römischen Volkes brauchen dich, o Herrin, um sich an deinem Anblick zu erholen, wenn sie verzagen wollen, wenn sie entsetzt die Götter fragen, ob Treue, Sittenreinheit, Edelsinn auf Erden nur noch inhaltlose Namen sind. Deshalb stehen wir vor deinem Thron, dich auf demselben zu erhalten, solange wie möglich, und jedes Hindernis, das dein hohes Dasein bedroht, dir aus dem Weg zu räumen. Unsere Herrin wird um des römischen Volkes willen jeden Schritt vermeiden, der ihr übel gedeutet werden, der ihren Sturz zur Folge haben könnte."

Die letzten Worte hatte Andromachus stark betont, und Burrus fügte mit zitternder Stimme hinzu: „Wie leicht ist's dem Späher, den Verdacht groß zu ziehen. An diesem Hof schmiedet man Henkerbeile aus dem Nebel der Vermutung."

Alle schwiegen hierauf, die Kaiserin hielt das erglühende Haupt tief gesenkt, jeder wußte, was der andere dachte, keiner sprach es aus, Burrus und Andromachus wechselten Blicke des Einverständnisses. Endlich hob die hohe Frau langsam ihre Stirn. Man hörte ihren schmerzlichen Atemzug, als sie jetzt die geblendeten Augen schloß.

„Und glaubst du wirklich, ich sei notwendig in dieser Welt, ich sei dem römischen Volk notwendig?“ fragte sie.

„Mit dir reißt die letzte Stütze der Edlen“, sagte Andromachus, „was soll unser Volk denken, an was soll es sich klammern in seiner Not, wenn selbst du …“, er hielt inne, und Burrus endigte flüsternd, „„… ihm nicht mehr als Ideal der Sittlichkeit vorgehalten werden kannst.“

Octavia zuckte zusammen.

„Ich bin, hoffe ich, noch Herrin meiner Handlungen“, sagte sie leise, aber mit abweisender Vornehmheit, indem sie, zu Andromachus emporblickend, fortfuhr:

„Deute mir an, wie die Stadt und der Hof über mich urteilt, was man redet unter den Leuten.“

Andromachus, befürchtend, er müsse peinliche, delikate Einzelheiten berühren, schwieg, und da sie den Grund seines Schweigens sogleich erriet, sagte sie mit trotziger Betonung:

„Habt ihr nichts besseres zu tun, als euer Ohr dem Geklatsche der Tavernen, den Gerüchten des Zirkus zu leihen? Daher stammt eure ganze Weisheit, euer ganzer Verdacht. Kommt mir nicht mehr mit den Orakelsprüchen der Sklaven oder der geistreichen Philosophie, welche die müßigen Tänzer meines Gatten bei ihren Gelagen ausgrübeln. Ihr wähnt mich zu verstehen, aber ihr irrt im Dunkeln.“

Sie warf, unmutig darüber, daß sie als Hochgestellte keine Geheimnisse haben konnte, den Fächer zu Boden, und während sie nach Worten rang, traten ihr die Tränen in die Augen. Sie mußte die Warnungen ihrer Freunde gutheißen, sie mußte ihnen recht geben, als ehrliche, treue Männer taten sie ihre Pflicht, und das empörte, das kränkte sie. Die Freunde hatten in ihrer Seele gelesen, hatten vielleicht die Stimmen des Volkes belauscht und machten ihr nur zu billigende Vorstellungen, sie solle sich beherrschen, solle mehr als Mensch sein. Wenigstens einmal vor dem Tod geliebt zu werden! Durfte sie das nicht wünschen? Wollte man ihr verbieten, was allen erlaubt war? Nur weil man ihr hieraus das Beil schmieden konnte, das sie auf ewig dem Orkus gab? Weil man rings auf jeden ihrer Tritte und Fehltritte lauerte? Ihr verbieten, dem Drang ihres einsamen Herzens zu folgen, das zum erstenmal ein Herz gefunden? Freilich! Schön wäre es gewesen, zu lieben, geliebt zu werden, schön aber auch mitten in den Greueln dieses Zeitalters als unbefleckte Marmorstatue zu stehen, ein Vorbild allen Guten, eine zweite Lucretia, auf die auch die giftigste Verleumdung keinen Tropfen zu spritzen vermag! Was sollte sie wählen! Noch war es Zeit, den, zu dem sich ihr noch unerfahrenes Herz drängte, aus ihrer Nähe zu weisen. Alsdann wich jede Versuchung und sie stand anbetungswürdig. Ja, schon oft versetzte man Menschen unter die Götter – wäre ihr vielleicht ebensolches Los beschieden? Ein großer Gedanke! Wert, daß man ihm zuliebe dem Irdischen entsage. Als sie, in solche Kämpfe vertieft, das Auge zu Andromachus aufschlug, bemerkte sie dessen mitleidigen Blick, und sich seufzend gleich einer körperlich Kranken in den Kissen aufsetzend, reichte sie ihre feine, beringte Hand dem Arzt. Den fast eifersüchtigen Gesichtsausdruck des ehrlichen Burrus bemerkte niemand als Seneca, niemand bemerkte, wie er seinen Schwertknauf grimmig zwischen den Fingern preßte.

„Da kommt unser Freund“, rief Seneca, auf Metellus deutend, der die Halle entlangschritt.

Sobald Octavia ihn gewahrte, wendete sie ihr Haupt von ihm ab, um es ihm dann rasch wieder zuzuwenden und ihn mit dem Blick der Bewunderung zu messen. Jede seiner Bewegungen nahm sie in ihre Seele auf. Es ging ein Reiz von seiner melancholisch gesenkten Stirn auf sie über, dem ihr ganzes Innere entgegenzitterte, und dennoch mußte sie die kaiserliche Vornehmheit bewahren, da wo sie so gerne, allen Zwang abschüttelnd, als Weib erschienen wäre. Metellus kam, wie immer, auf seine Umgebung nicht achtend, nachlässig dahergewandelt. Als er in den Kreis der Männer eingetreten war, fiel ihm deren Schweigsamkeit auf. Er fühlte, daß von ihm die Rede gewesen sein mochte. Zugleich gewahrte sein Blick den Dramatiker, der mit weit aufgerissenen Augen dasaß, ein Bild des Schreckens und der Überraschung. Wären seine Haare nicht so lang gewesen, sie würden sich sicherlich gesträubt haben, als er jetzt bemerkte, daß Metellus, anfangs zerstreut, ihn nun genauer in Augenschein nahm, aber er mochte sich trösten. Selbst wenn ihn Metellus als jenen Bettler wiedererkannt hätte, der ihm in jener Nacht des Umherirrens seine letzten Denare gestohlen hatte, er würde höchstens über die nunmehrige Metamorphose des Stoikers gelächelt haben. Indessen erkannte ihn unser Freund nicht, was den armen Poeten in freudiger Erregung bewog, einige Becher Wein mehr zu trinken. Octavias Kampf war beim Anblick ihres Lieblings entschieden. Mit Bedauern sah Andromachus, wie sie sich rückhaltlos, fast der kaiserlichen Würde bar, ihrer Leidenschaft überließ und wie sie den Künstler bat, sein eigenes Bild mit wenigen Strichen mittels eines vorgehaltenen Spiegels zu entwerfen. Die Sklavin brachte den Spiegel und die Art, wie die hohe Frau denselben ihrem Liebling reichte, hatte etwas herausforderndes, als wolle sie sagen: Mögen sie reden, was sie wollen, ich liebe dich! Metellus, als er den Spiegel empfing, betrachtete seine Gönnerin lange mit jener erstaunten Scheu, die reine Gemüter vor einer unheimlichen, sie überwältigenden Leidenschaft haben, und fragte dann, warum er sich selbst zeichnen sollte. Sie wich dieser Frage aus, und als Metellus gar nicht aufhörte, sie in seiner naiven Taktlosigkeit anzublicken, fing es ihr nun doch, ihrer Umgebung wegen, an, unbehaglich zu werden. Sie vermied diesen Blick, der zu fragen schien: Unselige, was willst du mit mir beginnen? Warum störst du meine Ruhe? Sie fühlte aber diesen Blick beständig wie der Schläfer die Mittagssonne auf sich ruhen und hatte dabei das peinliche Bewußtsein, daß ihre edelsten Freunde unzufrieden mit ihr waren. Wenn sie daran dachte, welche hohe Erquickung ihrem Geist oft das Gespräch des Andromachus gegeben hatte, kam sie sich jetzt recht kleinlich vor. Wenn sie die gefurchte Stirn ihres Lehrers Seneca wahrnahm, empfand sie beschämt, wie wenig sie jetzt seiner Weisheit Ehre machte. Der verdrossenen Miene des Burrus mochte sie ebenfalls gerne ausweichen. Während Metellus vor dem Spiegel zeichnete und die hohe Frau ihm nachlässig zusah, wurde fast kein Wort geredet, unbehagliches Schweigen ruhte über der Versammlung, das nur durch das regelmäßige Zungenschnalzen des trinkenden, schon halb betrunkenen Poeten unterbrochen wurde. Der Künstler zeichnete mit einer Flüchtigkeit, die erkennen ließ, er hätte, statt des seinigen, lieber ein anderes Antlitz studiert. Die Umgebung war für ihn nicht vorhanden, mehr als einmal war er versucht, den Griffel wegzulegen und die Kaiserin zu fragen: „Ist dein Dasein wirklich bedroht?" Obgleich er sie nicht sah, fühlte er ihre Nähe, wie ein Duft umgab sie ihn, und die Möglichkeit, sie könne ihm durch den Tod entrissen werden, verlieh ihr in seinen Augen neue Reize. Ob er sie liebe, wußte er nicht, darüber sann er um so weniger nach, als er nur sehr gestaltlose Vorstellungen von Liebe hatte.

„Es ist wohl sehr schwer, sich mittels des Spiegels zu zeichnen", sagte endlich Octavia, um die Stille, die sie allmählich wie eine heiße Marmorplatte niederdrückte, zu verscheuchen. Der Poet erhob sich und näherte sich, als er diese Frage vernommen hatte, unsicheren Schrittes der Gruppe, in der einen Hand den Becher graziös schwingend.

„Das Lob, diese Art des Porträtierens erfunden zu haben", sagte er, mit der Zunge ein wenig anstoßend, „gebührt uns Griechen. Und zwar soll es ein Weib, namens Jaja gewesen sein, die zuerst auf den Gedanken verfiel, sich selbst vor dem Spiegel zu malen."

Und ganz als wäre jene Frage an ihn gerichtet worden, verbreitete er sich über die Kunst, lobte diejenigen, die gut honorierten, tadelte andere und entwickelte weitschweifig seine Theorien der Malerei, was er um so ungestörter tun konnte, da ihm niemand widersprach, noch, außer Seneca, zuhörte. Er hatte noch lange nicht den ersten Abschnitt seiner Lehre entwickelt, als sich eiligen Schrittes ein Sklave näherte.

„Der Kaiser", rief er atemlos, „der Kaiser naht mit Zitherspielern und Pantomimen diesem Ort."

Und in der Tat hörte man bereits eine größere, in lebhafter Unterhaltung begriffene Menschenmenge vom Garten her der Halle nahen. Metellus wollte weiterzeichnen, Burrus jedoch entriß ihm das Blatt, schleuderte es rasch hinter eine Säule, und während die übrigen dem Kaiser entgegeneilten, versuchte er der Kaiserin die Notwendigkeit dieser Maßregel durch Blicke begreiflich zu machen. Metellus, als man ihm das Blatt entriß, hatte die Fäuste geballt und war nahe daran, voll Zorn von seinem Feind, der ihn mit wegwerfenden Blicken maß, Rechenschaft zu verlangen. Die Kaiserin jedoch warf dem Erzürnten einen flehenden Blick zu, der seine geballten Fäuste löste und seinen unmutigen Gesichtszügen die frühere Ruhe wiedergab. Auch machte das Erscheinen des Kaisers dem Streit sogleich ein Ende. Der Kaiser, von zwei Liktoren gefolgt, schritt mit bäurischer Pomphaftigkeit dem Zug voran, der aus Flötenspielern, Zitherspielern, Pantomimen bestand und dem sich Petronius nebst Poppäa Sabina anschlossen. Nero hatte eine Toga in seltsamen Falten um den Leib gewunden, was ihm fast das Ansehen eines dickbauchigen Ölkruges gab, um seine Stirn hingen Rosen, mit seinen feisten Händen fingerte er an den Hüften entlang. So kam er, halb knabenhaft, halb priesterlich-theatralisch auf seine Gattin, schwerfällig wie ein ägyptischer Steinkoloß, zugeschritten und lächelte sie mit seinem satten Gesicht an. Anfangs stellte er sich, als ob er überrascht sei, seine Gattin hier zu finden, und nur von wenigen wurde diese Verstellung bemerkt, denn als gewandter Schauspieler fand er sich in die Rolle des angenehm Überraschten vortrefflich.

„Verzeihe, wenn ich dich störe", sagte er auf die liederliche Gesellschaft deutend, die sich verbeugte, „ich wollte mir hier einen kleinen Genuß gewähren. Da sind herrliche Pantomimen aus

Griechenland angekommen, köstliche Kerle! Daß du nun zufällig hier im Garten weilst, trifft sich gut. Laß uns ihre Kunst gemeinsam prüfen. Ich denke, du hast nichts dagegen, wenn sie unser Auge durch ein Schauspiel erfreuen."

Die Kaiserin nickte zum Zeichen des Einverständnisses mit dem Kopf, während Metellus, an eine Säule des Hintergrunds gelehnt, die Szene überblickte. Octavia hätte gerne auf das Schauspiel verzichtet, ja, sie hatte bereits eine passende Entschuldigung auf den Lippen, aber, obgleich sie ihren Gatten verachtete, übte seine Gegenwart doch einen Druck, eine Spannung auf ihr Nervensystem aus, als stünde sie den Ausbrüchen einer unberechenbaren Naturgewalt gegenüber. Sie konnte nicht anders als ihm gehorchen, und es war seltsam, seit dem Tod des Britannicus fing das Wesen des Gatten beinahe an, ihr zu imponieren. Es war etwas von der beängstigenden, erschlaffenden Wirkung eines herannahenden Gewitters, das von diesem Menschen auf sie ausströmte. Nicht daß sie ihn fürchtete, die bubenhafte Verstellungskunst, die behagliche Gewissenlosigkeit, die er seit jenem Mord zur Schau trug, benahm ihr die frühere Sicherheit. Sie nicht allein, alle kamen sich in des Kaisers Nähe seit jenem Tag vor wie Mücken, denen ein Knabe die Flügel ausriß. Gönnerhaft schmunzelnd, mit sich selbst sehr zufrieden, ließ sich der Gefürchtete neben Octavia nieder, nachdem sich die übrigen gruppiert hatten, und sein Lächeln, als er jetzt den Befehl zum Beginn des Schauspiels gab, war so gutmütig wie dasjenige des Operateurs, der, seinem Patienten ins Fleisch schneidend, dabei sagt: Halte nur still, mein Freund, es kommt noch besser!

„Was ist das für eine langhaarige Rohrfahne?" wandte er sich dann an Octavia, als ihm der Poet ins Auge fiel, der durch allerlei kühne Stellungen, phantastische Armbewegungen die Aufmerksamkeit auf sich zu lenken versucht hatte. Seneca gab ihm Auskunft, und Nero, der es gerne sah, wenn man an seinem Hof die Dichter protegierte, ließ den armen Schlucker vor sich kommen und redete ihn freundlich als „verehrungswerten Kollegen" an. Der Langhaarige, dem Entzücken und Verlegenheit den Atem raubte, verbeugte sich unaufhörlich, der Kaiser fragte nach dem bewußten Drama und benahm sich, obgleich er bemerken mußte, daß sein Konkurrent nicht mehr ganz bei klaren Sinnen war, sehr gnädig, ehrerbietig, ja, fast demütig, er reichte dem hierdurch sein Selbstgefühl Wiederfindenden die Hand und sagte: „Nur so fortgefahren, Freund, der Lorbeer wächst für jede Stirn. Ich hoffe, du weißt, daß ich selbst zuweilen den Musen diene. Was hältst du von meiner Niobe?" Der Kaiser wartete, wie alle sahen, in der Tat mit sichtlichem Herzklopfen auf das Urteil seines Kollegen, neigte, ängstlich lauschend, den Kopf und gab, als dieses Urteil natürlich sehr günstig ausfiel, zu verstehen, er habe einen Mann von Einsicht kennengelernt. Der Poet trug nun, die Umstände klug erwägend, die Farbe seines Lobes immer stärker auf, und Nero, der in dieser Hinsicht viel vertragen konnte, lauschte anhaltend, durch Winke den anderen zu verstehen gebend, sie möchten den Redenden ja nicht unterbrechen. Kaum war der Dramatiker entlassen, so atmete der kaiserliche Poet erleichtert auf und flüsterte dem Polizeipräfekten, der neben ihm saß, zu: „Versuche sein Drama zu erlangen. Wenn es gut ist, verbrennst du es, wenn es schlecht ist, verbreite es!" Inzwischen hatten sich zwei Pantomimen, sehr schön gebaute Jünglinge, vor die dunkle Taxuswand begeben, während sich zwei Flötenspieler nebst einem Zitherspieler links von den Zuschauern aufstellten. Ein Herold rief: „Man werde ‚Aneas und Dido' tanzen." Die schönen Gestalten der Tänzer hoben sich reizend von der dunklen Wand ab, über diese Wand breitete sich der tiefblaue Himmel aus, die Sonne glänzte in den gesalbten, duftenden Gliedern der beiden und verlieh ihnen den markigen Schimmer des Marmors. Der die Dido Spielende mochte kaum achtzehn Jahre zählen, und als er jetzt seine Maske vorband, fiel es allen auf, daß diese Maske eine ungefähre Ähnlichkeit mit den Gesichtszügen Octavias zeigte. Wie beneidete, als er dies bemerkte, Metellus den Tänzer, der nun, als die Flöten das Wirbeln eines Gewittersturmes nachzuahmen versuchten, kaum die Erde berührend, dahinflog. Der andere, weniger jugendliche, trug den Köcher nebst der Lanze. Bald stürzte auch dieser in den Tanz. Dido schrak zusammen, die Musik wurde schmelzender, der Tanz weniger heftig. Immer schmeichelnder quollen die Töne, die Bewegungen der Jünglinge schmiegten sich diesen schmachtenden Tönen an, sie tanzten nicht mehr einzeln, sondern zusammen, während ihre Fingersprache beredter wurde. Der achtzehnjährige Knabe wußte vortrefflich die Schamlosigkeit Didos darzustellen, sie wies ab und lockte zugleich, sie ermutigte und hielt in Schranken. Aneas umarmte sie, einen Augenblick standen die beiden regungslos, graziös, wie Bildsäulen, dann riß sie sich los, entfloh, er eilte ihr nach, und sie, von den süßesten Tönen durchflutet, stand voll zitternder Erwartung. Aneas nahte sich ihr schüchtern, seine Hand auf ihren Arm legend. Die Zuschauer gerieten in die stürmischste Erregung, denn die nun folgende Szene schilderte die Überwindung der Spröden durch eine Schärfe der Beobachtung und Anmut der Bewegung, einer künstlerisch geläuterten Sinnlichkeit, die nicht nur die Worte ersetzte, sondern mehr aussagte, als diese je vermochte. Besonders die Finger schienen zu Gedanken werden zu wollen, und als sich endlich Dido ergab und Aneas sie küßte, brach ein unendlicher Beifall los, den selbst Metellus teilte. Die Kaiserin war mit starren Augen dem Spiel gefolgt, als wolle sie seinen bestrickenden Zauber abschütteln. Metellus' Seele hatte hingegen wie mit einem Zauberschlag Aufschlüsse über das Wesen der Liebe erhalten. Jetzt wußte er auf einmal, was er wollte, die Töne hatten es ihm zugelispelt, was Liebe sei, die geheuchelte Glut der Tänzer hatte seinen Mut entflammt, den bescheidenen Knaben zum unternehmungslustigen Mann umgeschaffen. Sein fieberhafter Blick traf das erschrockene, starre Auge Octavias, dieser sich selbst verzehrende, ersterbende Jünglingsblick wurde instinktiv von ihr empfunden, sie aber wandte trotzdem den Kopf nicht, sondern saß noch immer wie in Erz gegossen, und Nero mußte seine Frage, wie ihr das Spiel gefallen hatte, zweimal an sie richten, bis sie, wie aus einer peinlichen Lähmung emporschreckend, ihm zur Antwort gab, es habe ihr keineswegs gefallen. Während des ganzen Schauspiels hatte Petronius seine Opfer, Metellus und die Kaiserin, nicht aus dem Auge gelassen, und die Beobachtungen, die er anstellte, schienen ihn befriedigt zu haben, denn er nickte dem Kaiser bestätigend zu, als dieser sich jetzt erhob. Der Kaiser verlangte Octavias begonnene Porträtbüste zu sehen. Die Kaiserin, noch mit sich selbst beschäftigt, gab ihren Sklaven einen Wink und wollte sich in ihre Gemächer zurückziehen, Andromachus jedoch, sich durch die Menge drängend, flüsterte ihr zu, sie möge bleiben, dieses rasche Sichzurückziehen könne zu allerlei Deutungen Anlaß geben. So blieb sie denn. Die Lippen aufeinandergepreßt, den Blick am Boden, sehr blaß, stand sie neben ihrer Tonbüste, die man mittlerweile gebracht hatte, und stützte sich zitternd mit der linken Hand auf die Lehne eine Stuhls, während ihr Gemahl freundlich lächelnd voll Kunstbegeisterung mit dem Modellierstab die Schönheiten der Büste nachwies. Ohne Zweifel bemerkte der Kaiser die innere Verwüstung seiner Gattin, denn sein Lächeln kündigte außergewöhnliche Zufriedenheit an.

„Seht nur diese Linie“, sagte er zu seiner Umgebung, „wie schön, wie jugendlich sie nach dem Hals verläuft und welch süße Schwermut auf dieser Stirn ruht. Doch hat die Kunst die Natur nur nachgestammelt, unser Künstler muß eingestehen, daß er die Schönheit dieses Mundes nie zu erreichen vermag.“

Dann sich an Metellus wendend, dessen Augen ein fieberhafter Glanz beseelte, fragte er, plötzlich eine alberne, possierliche Miene annehmend, ob dieser Hals denn wirklich auch im Original von solcher Länge sei? Und als Metellus, die Bewegung der Umstehenden nicht bemerkend, arglos meinte, man könne den Hals wohl, ohne die Naturwahrheit zu verletzen, ein wenig verkürzen, entgegnete Nero mit gutmütigem Tonfall der Stimme:

„O ja! Verkürzen wir ihn ein wenig!" Und entfernte sich hierauf, nachdem er seiner Gattin Stirn nebst Busen küßte, wobei er die Rolle eines verschmähten Liebhabers mittels Seufzern und Blicken geschickt zur Schau trug. Octavia zog sich ebenfalls, ohne Metellus mit einem Blick zu streifen, in ihre Gemächer zurück. Hier angekommen, eilte sie mehrmals wie eine Gefangene auf und ab, zum erstenmal in ihrem Leben ratloser Angst dahingegeben. Erst nach einiger Zeit gelang es ihr, die Überlegung wieder zur Herrin ihres zerrütteten Geistes werden zu lassen. Sie bändigte ihre atemlos ringende Brust, zwang sich zu regelmäßigen Bewegungen und lernte erkennen, welche Vorteile geistige Durchbildung in wichtigen Lebensmomenten gewähre, denn sie brachte es, zu ihrem eigenen Erstaunen, dahin, mittels der Reflexion die dumpfen Regungen blinder Triebe ihres Inneren zu klären. Die letzten Worte des Kaisers schienen darauf hinzudeuten, daß sie nicht mehr allzu lange das Licht der Sonne zu genießen habe, und obwohl vorbereitet auf ihren Sturz, hatten ihr diese frostigen Worte das warme Herz wie ein kaltes Schwert durchstoßen, ihr augenblicklich jede Fassung geraubt. Dazu kam, daß sie plötzlich, sie wußte nicht warum, Metellus zu fürchten begann. Von den Plänen Neros hatte sie keine Ahnung. Was er mit dem jungen Mann ins Werk setzen wollte, erriet sie nicht, aber jenes eben gesehene Schauspiel, das mit so drastischer Ausführlichkeit den Liebeswahnsinn geschildert hat, hatte ihr wie in einem Spiegel die Folgen ihrer Leidenschaft gezeigt, und sie erschrak vor sich selbst. Was konnte an diesem Hof lange verborgen bleiben? Und wurde ihre Leidenschaft offenkundig, so hatte der Kaiser ein sicheres Mittel gefunden, vor dem Volk seine Bluttat zu rechtfertigen. Daß er nach der Erlangung dieses Mittels strebe, daran dachte sie freilich nicht. Sie fürchtete Metellus nicht nur, weil er die Ursache ihres Todes zu sein vermochte, ihre feine Natur bebte vor einer innigeren Vereinigung mit ihm zurück, der Tanz der Pantomimen hatte, so gefällig er war, die Liebe ins Menschliche herabgezogen, und eben dieses Menschliche, an das sie seither nur wie im Traum gedacht hatte, widerte sie an. Gerade das, was Metellus ermutigte, entmutigte sie, ließ sie den jungen Mann als eine unheimliche Gewalt fliehen, zeigte ihr ihn als den häßlichen Besudler ihres reinen Inneren. Und dennoch liebte sie den Liebenswerten! Todesangst, Scham und Liebessehnen mischte sich so seltsam in ihr, jede dieser Empfindungen steigerte sich durch die Forderung der anderen, bis schließlich das rein Weibliche siegte und sie jener exaltierte Taumel ergriff, gegen den die Vernunft, die Bildung nicht mehr vermag, da er einem uns Unbegreiflichen, Übernatürlichen entstammt. „Was will ich denn?" fragte sie sich. „Nur einmal seine Lippen berühren, dann mag mich die Faust des Henkers dem Sonnenlicht entrücken." Sie hatte, den Kopf in den Armen verborgen, auf dem Lager geruht, und da sie jetzt einen warmen Hauch in ihren Haaren spürte, richtete sie sich empor. Meroë beugte sich über die Herrin, und wie sich das Komische so leicht mit dem Tragischen zu verbinden pflegt, stieß, als sie sich hastig aufrichtete, die Herrin dem guten Wesen sehr heftig mit dem Haarschmuck an das Kinn. Meroë verbiß, unter äußerst drolligen Grimassen, ihren Schmerz, und die Herrin umarmte die Dienerin, sich einen Augenblick ganz ihrer Empfindung überlassend. Sie weinte nicht, nur die Muskeln, welche die Tränen zum Fließen bringen, zuckten, Tränen flossen nicht. Meroë spielte mit dem Haar der Herrin und griff sich, halb lächelnd, halb übellaunig an das verwundete Kinn. Warum mochte die Herrin sie so bebend umklammern? Was bedeutete es, daß unausgesprochene Worte ihre Lippen bewegten? Sie verfiel in ihre kindische Art, begann ein Wiegenlied zu singen und sprach dann im Ton des Entzückens von Metellus. Sehr erstaunt war sie indes, als die Herrin, sich rasch fassend, ihr andeutete, sie möge schweigen.

„Warum soll ich nicht mehr von ihm sprechen?" fragte sie halb singend. „Ich träume so viel des Nachts von ihm, auch am Tag muß ich stets an ihn denken."

Aber die Herrin sagte:

„Schweige, es langweilt mich."

„Ihr Götter, was du heute so blaß aussiehst, Herrin", trällerte sie, „soll ich dir deine rote babylonische Schminke bringen? Und deine Augen sind so rot, ich will dir die weiße ägyptische Salbe holen!"

Octavia nickte, und während Meroë die Salben brachte, regte sie sich nicht.

„Was ist das, was hast du hier?" fuhr Octavia die Dienerin an, als diese begann, die Schalen auf dem Tisch auszubreiten.

„Nun die Schminke", lachte Meroë.

„Die Schminke?"

„Die du verlangtest!"

„Verlangte? Ich?" fragte die Herrin und befahl, die Schalen zu entfernen.

„So lege dein neues Gewand an", bat Meroë, „oder willst du ein Bad nehmen?"

Die Kaiserin schüttelte den Kopf.

„Nun, so will ich dir ein ägyptisches Liebeslied vorsingen."

Auch davon wollte die Kaiserin nichts wissen.

„Beim Osiris, so wollen wir uns verkleiden und durch die Straßen Roms ziehen", fuhr die Redselige fort.

„Nein, Meroë, sei vernünftig", wies sie die Herrin zurecht.

„Auch das nicht?" rief die andere. „So will ich Fechter bestellen, wir wollen Blutende und Tote sehen!"

„Rufe die Toten nicht zu früh!"

„Wie Gebieterin?"

„Meroë, sei vernünftig", entgegnete Octavia ernst, „weißt du nicht, daß deine Herrin bald sterben muß?"

Das Wort „sterben" klang der Sklavin seltsam, sie schaute verblüfft drein, und als Octavia, erschrocken darüber, daß ihr dieses Wort entflohen war, schwieg, lachte die Sklavin hell auf.

„Sterben?" lachte sie. „Beim Nil! Du bist heute, wie ich dich nie sah. Eine Kaiserin sterben! Das ist gar nicht möglich. Sterben! Wie komisch!“ Und sie klatschte in die Hände, immer weiter lachend. Dieses Lachen beleidigte die Herrin, obgleich sie es der Armen verzeihen mußte. Es klang ihr wie die Teilnahmslosigkeit der Welt.

„Geh“, sagte sie, einen starren, strafenden Blick auf das Mädchen werfend, „es ist schlecht, ist gar zu unsinnig.“

Sie wußte selbst nicht, was sie eigentlich gesagt hat, und würde zu einer anderen Zeit über die Inhaltslosigkeit ihrer Worte erschrocken sein. Es fiel ihr nichts besseres ein, es war so hohl, so drückend leer in ihrem Kopf, und in ihrem Busen lag es wie ein eisiger Dolch. Meroë hatte indes der strafende Blick der Gebieterin mehr belustigt als betrübt. Nach einer Pause des Schweigens, während der Meroë mit dem Zeigefinger in der Salbenschale bohrte, drückte diese den rot gefärbten Finger auf die Nasenspitze und sagte:

„Sterben? Was ist das eigentlich? Ich weiß wohl, wie ein Gestorbener aussieht, aber nicht, wie es ihm ist.“

Dann lachte sie wieder über ihren roten Finger und kam auf den Einfall, sich die Hälfte des Gesichts feuerrot zu schminken, da sie gähnend erklärte, die Langeweile töte sie.

„Wäre ich wie dieses Kind“, dachte die Kaiserin und bemerkte, wie die Dienerin, sich halb von ihr abwendend, einen Gegenstand aus den Falten ihres Gewandes zog, um ihn dicht vor die Augen zu bringen. Da das Betrachten dieses Gegenstandes auffallend lang dauerte, wurde die Kaiserin aufmerksamer, eine Ahnung stieg in ihr auf, und sie forderte von der Sklavin Aufschluß. Diese ließ, aus ihrer Versunkenheit emporgeschreckt, den Gegenstand sofort wieder unter die Gewandfalten gleiten, indem sie sich verschmitzt lächelnd umwandte.

„Errate, wer es sein mag“, sagte sie. Die Gebieterin wollte der Sache auf den Grund gehen, es entspann sich ein kleiner Wortstreit, und nach vielem schalkhaften Zögern rückte Meroë mit dem verborgenen Papyrus heraus, der jenes halbvollendete Bild des Metellus enthielt, das Burrus so unsanft der Hand des Künstlers entrissen hatte.

„Seht, er ist's", rief das Mädchen, „es ist sein Gesicht, ich fand das Blatt hinter einer Säule des Gesellschaftssaales."

Octavia unterdrückte ihre Erregung, um, ohne Verdacht zu erwecken, in den Besitz des Blattes zu gelangen, aber alle angewendete Beredsamkeit veranlaßte Meroë nicht, ihre Kostbarkeit herauszugeben, von der sie behauptete, Metellus habe sie absichtlich hinter jene Säule gelegt, damit sie die Entdeckerin derselben sein sollte. Sogar den angebotenen Schmuck wies sie zurück, drückte das Bild an die Lippen und tanzte damit in dem Gemach auf und ab, den Anfang eines ägyptischen Liebesliedes vor sich hin summend. Nachdem Octavia die freudig Erregte einige Zeit fast mit Neid betrachtete, drängte sich ihr ein Plan auf, der möglicherweise sie von dem Verdacht, der auf ihr ruhte, zu befreien und in den Augen ihrer Freunde sie wieder in Ehren zu bringen vermochte. Alle Schleichwege verachtend, war sie an diesem Hof dennoch manchmal gezwungen, Schleichwege zu betreten. Der aufgenötigte Umgang mit Lasterhaften hatte ja selbst den Kopf des weisen Seneca mit seinem Herzen in Widerspruch gebracht. Octavia glaubte sich daher genugsam entschuldigt, wenn sie, als Weib jeder Waffe entbehrend, zur List ihre Zuflucht nahm. Auch der Mutigste liebt das Leben oder fürchtet wenigstens zeitweise den Tod. In Octavias Brust verdrängte ein plötzlich aufsteigendes Angstgefühl jede andere Rücksicht. „Augenblickliche Rettung!" rief es in ihr. Mag Meroë das Bild behalten und es womöglich in ihrem Schlafgemach aufhängen. Ihr wird man jedes Liebesverhältnis verzeihen, sie mag den Verdacht von mir ablenken, und was ist am Ende „Liebe"? Kann ich sie nicht entbehren? Habe ich nicht an mir selbst genug? Bedarf ich der Teilnahme eines anderen? Die Zeit wird mir helfen, die befangene Phantasie zu beschwichtigen, und weißt du denn auch, oft betrogenes Herz, ob du dir nicht wieder einmal etwas vorlügst? Du siehst jetzt in diesem Menschen einen Gott! Wer weiß, was du in einigen Monaten von ihm denken würdest. Wie gar mancher Prätor, den du für einen Mann von großen Gefühlen hieltest, entpuppte sich später als gemeiner Abenteurer, wie manches edle Gesicht war nur die Larve eigennütziger Absichten! Sogleich ließ sie sich Stift nebst Papyrus bringen, um an den Kaiser ein längeres Schreiben zu richten, in dem sie ihn bat, auf die Vollendung ihrer Büste zu verzichten und den jungen Künstler vom Hof zu verweisen, da letzterer sich nicht völlig so betrage, wie sie es wünsche. War es nicht besser für ihn wie für sie, wenn er den Palast verließ? Den Brief überlesend, schreckte sie vor den allzu harten Ausdrücken desselben zurück, rasch korrigierte sie noch etliche Sätze hinzu, die auf ein Verhältnis des Künstlers mit einer der kaiserlichen Zofen schließen ließen, konnte aber nicht zu dem Entschluß kommen, das Schreiben in dieser Gestalt abzuschicken. Sie zerriß den Brief und schämte sich, ihn, den ihr weibliche Feigheit diktiert, geschrieben zu haben. Doch nahm sie sich von nun an vor, Metellus nicht mehr mit leiblichen Augen zu sehen und ihn, sobald er vor ihrem geistigen Auge auftauchte, einer unerbittlichen Kritik zu unterwerfen, jeden zauberhaften Reiz, den die Phantasie um sein Bild zu weben beabsichtigte, sofort zu zerstören. – Als Burrus sie später am Abend besuchte, fand er sie gleichsam innerlich gealtert. Sie speiste, von einer Zofe bedient, in dem einsamen, weiten Gemach. Der Kandelaber beleuchtete schläfrig den Tisch, den übrigen Raum im Dunkel lassend. Hinter ihr stand ihr Haushofmeister, an den sie zuweilen eine gleichgültige Frage richtete. Man glaubte eine speisende Leiche zu sehen, so langsam mechanisch griff sie nach den Schüsseln, so müde hob sie das schwere Augenlid, so einerlei war ihr alles, was um sie her vorging. Die Pracht des Fußbodens, die Vergoldungen der Säulen und Möbel, die im Glanz der Flamme blitzten, erhöhten nur den trübseligen Eindruck des Bildes. Sie aß, weil es Sitte ist zu essen, nicht aus Bedürfnis. Der ehrliche Burrus betrachtete sie lange mit düsteren Mienen, mit

Augen, die noch nie geweint haben, jetzt aber feuchter glänzten als je zuvor. Octavia redete ihn nicht an. Hinter ihm unterhielt sich im Halbdunkel der Haushofmeister leise mit einem niederen Wirtschaftbeamten über die Toilettenkünste Sabinas. Das Kichern der beiden deutete an, daß auch pikante Skandalgeschichten nicht unerwähnt blieben.

„Das ist auch bald ein gefallener Stern", zischelte der eine, und als sich Burrus umwandte, stieß der Haushofmeister, um seine Diensteifrigkeit zu beweisen, einem jungen Sklaven, der auf dem Fußboden eingeschlafen war, den Fuß in die Hüften. Mit dem Ruf: „Hat der Hahn gekräht?" erwachte der kleine Schläfer, und der plötzliche laute Schall seiner Worte durchschnitt seltsam die feierliche Stille des Gemachs. Als die Kaiserin abgespeist hatte, erschien Andromachus, der Burrus einen besorgten Blick zuwarf. Burrus zog sich, dem Freund einige Worte zuflüsternd, zurück. Andromachus schritt an den Tisch der Kaiserin heran, und als sie, eine vor ihr stehende Schüssel von sich schiebend, zu ihm emporsah, legte er der Zwanzigjährigen väterlich die Hand auf die weiße Stirn. Einen Augenblick schauerte unter dieser sanften Berührung ein Schmerz über das Gesicht der Kaiserin, dann aber beherrschte sie den Ausdruck ihrer Züge bis zur Herbheit. Darauf flüsterte sie (lächelnd, um die anwesenden Sklaven zu täuschen):

„Deine Warnung kam nicht zu spät, du wirst mit meiner Handlungsweise von jetzt ab zufrieden sein. Ich werde ihn nicht mehr sehen."

Bei diesen Worten hatte sie sich, vielleicht um ihre Gemütsbewegung zu unterdrücken, erhoben. Ebenfalls lächelnd, obwohl sein Herz blutete, entgegnete Andromachus:

„Ich danke dir. Das heutige Schauspiel sagt mir, daß du das Schlimmste zu befürchten hast."

Hierauf einen mißtrauischen Blick auf die Speisen werfend, griff er nach der Kaiserin Hand, um den Puls zu fühlen. Diese verstand ihn.

„Besorge nichts, ich bin mit Gegengiften versehen", lächelte sie so unbefangen wie möglich, konnte jedoch dieses Lächeln kaum einige Sekunden hindurch ihren Zügen einprägen, die sogleich wieder jene ausdruckslose, ins Leere blickende Starrheit niedergekämpfter Leidenschaften annahmen. Andromachus erinnerte sich, daß Agrippina solche entgegenwirkende Mittel besaß, diese mochte heimlich der Kaiserin von jenen Mitteln übersandt haben. In der Tat verhielt es sich so. Octavia trug seit einigen Tagen ein silbernes Büchschen bei sich, das mit Pillen gefüllt war und das ihr Agrippina hatte zukommen lassen.

„Es wird gut sein", fuhr Andromachus, sich scheu ringsum sehend, fort, „du läßt den Kaiser für den Genuß danken, den dir das Spiel der Pantomimen gewährt hat."

Als sie ihn fragend ansah, setzte er hinzu: „Um den Argwohn zu zerstreuen, als errietest du sein Inneres."

Octavias Lippen kräuselten sich im Zorn, aber sie konnte den wohlgemeinten Rat ihres Getreuen nicht mißbilligen, es war Sitte geworden am Hof, den Anschlägen des Kaisers dadurch zu begegnen, daß man denselben scheinbar entgegenzukommen versuchte, um sie hierdurch hinauszuschieben.

„Ich werde mich wohl auch bei ihm für die liebenswürdige Kritik meiner Büste bedanken sollen?" stieß sie mit kurzem, schneidendem Lachen hervor. Ein Sklave, der eintrat, um die Flamme des Kandelabers zu schüren, nötigte beide, in ihrem Zwiegespräch innezuhalten. –

„Gebieterin, du erleichterst mir meine schwierige Aufgabe", entgegnete der Arzt, nachdem der Sklave gegangen war, „höre mich an."

Diesmal legte er nicht nur die Stirn, sondern fast das ganze Gesicht in Runzeln, als wenn es ein Schmerz verzöge.

„Du weißt, daß dich der Kaiser haßt. Wohlan! Den Blitz abzulenken, gibt es nur ein Mittel, das mit demjenigen, das Seneca anwandte, einige Ähnlichkeit besitzt."

Der Arzt hielt inne, das Gesicht der Gebieterin prüfend. Nach einiger Zeit fuhr er fort:

„Seneca bot dem Kaiser sein Vermögen an, weil er wußte, daß der Kaiser ihm, dieses Vermögen zu erlangen, nach dem Leben trachtete. Gestern umarmte Nero den Philosophen und erklärte: Nie würde er seinem Lehrer auch nur ein Haar krümmen. Was um so glaublicher ist, da Seneca einen ziemlich kahlen Schädel besitzt. Du, o Herrin, mußt nun dem Kaiser den Vorschlag machen, da dein Anblick ihm lästig sei, möge er die Gnade haben und dich auf irgendeine Insel verbannen."

„Verbannen!" rief die Kaiserin so laut, daß Andromachus sich erschrocken umsah, ob keiner der Diener das Echo dieses Wortes gehört hat, das von den Marmorwänden zurückprallte.

„Und solche Erniedrigung mutest du mir zu, du, zu dem ich von Kindheit an emporgesehen habe? Du, mein Lehrer?" fuhr sie leise fort, sich höher aufrichtend.

„Besiege deinen Widerwillen, o Herrin", entgegnete der Arzt, „ist es Erniedrigung, wenn ich an die Großmut appelliere? Oder wenn ich die Klugheit überklügele? Bei Zeus, ich würde dir es nicht raten, wäre es nicht notwendig, daß du in diesem Fall heuchelst. Der Kaiser wird deine Bitte abschlagen, er wird dich seiner Freundschaft versichern, er kann nicht anders handeln, da ihn die öffentliche Meinung hierzu zwingt. Aber dein Leben ist durch diese Demütigung gerettet."

„Gerettet? Auf wie lange?" entgegnete ihm heftig die Kaiserin.

„Immerhin auf einige Monate", fiel ihr der Freund traurig ins Wort. „Hegen wir neue Befürchtungen, so ersinnen wir neue Gegenmittel."

„Nein, Andromachus, die Tochter des Claudius greift nicht zu solch herabwürdigenden Mitteln", erwiderte die Gattin Neros, „der Schreckliche mag mit mir beginnen, was er will, ich werde weder um Gnade bitten, noch zu anderen Kunstgriffen meine

Zuflucht nehmen. Auf wie lange kannst du dem Tiger entfliehen, mit dem dich dieselbe Arena vereinigt?"

Sich beschämt abwendend, versuchte der Arzt die Kaiserin von der Notwendigkeit seines Vorschlages zu überzeugen, aber weder das Beispiel Senecas noch andere Gründe, die er ins Gefecht führte, vermochten den Entschluß der hohen Frau zu ändern. Sie verließ das Gemach, den Befehl erteilend, jeden etwaigen Besucher abzuweisen.

„So müssen deine Freunde für dich handeln", rief ihr Andromachus nach und ging Burrus aufzusuchen. –

Um diese Zeit war es, als Agrippina von Rom Abschied nahm, um sich nach Bajä zu begeben. Als die Mutter Neros in Octavias Gemächern erschien, zeigte sich die Kaiserin anfangs im Gespräch durchaus unzugänglich. Als sie aber merkte, daß Agrippina mit einer gewissen Charaktergröße auf ihren eigenen baldigen Tod anspielte, erweckte dies die Teilnahme der Kaiserin so sehr, daß beide schließlich nicht ohne gegenseitige Achtung voneinander schieden.

„Er wird mich vor dir in den Orkus senden", hatte Agrippina gesagt, „aber dennoch bin ich stolz darauf, der Welt einen Kaiser Roms gegeben zu haben."

Achtes Kapitel

In Metellus' Innerem war seit jenem Schauspiel eine auffallende Veränderung vorgegangen. Stephanos sah ihn oft, schweigend vor sich niederstarrend, auf dem Stuhl sitzen oder die Pfade des Gartens durchwandeln mit dem Schritt eines Kranken. Bald versuchte er, die Kraft seines Körpers durch anstrengende Leibesübungen auszutoben, eilte, wie von innerer Unruhe gefoltert, von dem Zimmer ins Freie, vom Freien zurück ins Zimmer. Bald lag er träge, müde auf seinem Lager und gab sich, die Außenwelt vergessend, seinen Gedanken hin. Oh, hätte ich den Schwur, den ich einst dem Freund geleistet hatte, halten können, dachte er oft, hätte ich mich vom Weib fernhalten können! Wenn sich der Knabe teilnehmend an ihn schmiegte und ihn fragte, was ihm fehle, erhielt er meist zur Antwort, das verstünde er nicht.

„Ich werde es verstehen, wenn du es mir erklärst", sagte dann der Kleine, „oh, ich bin nicht töricht."

„Auch an dich wird einst die Reihe kommen", entgegnete ihm hierauf sein Herr, „gedulde dich nur."

Dann umarmte und küßte er Stephanos und versuchte sich einzubilden, die Liebe dieses Verlassenen vermöge seine Leidenschaft abzulenken. Manchmal gelang es ihm auch, sich zu zerstreuen, immer aber war es ihm, als entbehre er etwas. Der Kleine ahnte in seinem unentwickelten Gemüt, was seines Herrn Seele beschäftigte, und empfand beinahe eine unverstandene Eifersucht. Stephanos wurde stiller, verdrossener, worüber Metellus, als er endlich den Grund dieses Stillerwerdens erkannte, lächelte.

„Komm her, mein Liebling", redete ihn Metellus an, „sei nicht böse, du weißt, daß ich dich gern habe."

Der Knabe wandte sich unwillig ab, und Metellus fragte lachend, warum er ihm zürne. Da er hierauf keine Antwort erhielt, setzte er sich zu ihm auf das Löwenfell des Lagers und versuchte ihm freundlich zuzureden. Stephanos lauschte aufmerksam und sagte dann: „Nein, nein, du sprichst nicht die Wahrheit."

„Wie? Lüge ich?"

„Lügst du wirklich nicht?" fragte der Knabe.

„Wie kannst du glauben, ich lüge!"

„Gib mir die Hand."

„Nun, hier hast du sie!"

„Und du hast mich wirklich gern?"

„Sehr gern, Stephanos, du bist mein Kind, mein Sohn."

„Ich glaube dir nicht", sagte der Kleine, den Kopf schüttelnd, „du hast andere lieber."

Metellus lachte, küßte ihn und versprach ihm, heute noch die gewünschte Rohrflöte zu kaufen.

Andromachus hatte sich dem Künstler zu nähern versucht und ihm unter dem Vorwand, er habe eine krankhafte Nervenstimmung an ihm beobachtet, den Vorschlag gemacht, Rom zu verlassen. Ägypten sei das Land, das seine angegriffenen Nerven wieder herzustellen vermöchte. Es läge bereits ein Schiff in Ostia, das nach Alexandria zu segeln beabsichtige, er selbst würde ihm gerne das zur Reise nötige Geld vorschießen. Metellus behauptete, er fühle sich hier völlig wohl.

„Jetzt noch", sagte der Arzt, „aber die Krankheit schreitet in ihrer Entwicklung schnell vorwärts. Rette dich, ehe es zu spät geworden ist, du weißt, wir Ärzte sind meist Kunstfreunde, es wäre mir in der Tat lieb, könnte ich dein Leben der Kunst erhalten."

„Mag sie kommen, diese Krankheit", entgegnete ihm der Jüngling verschlossen.

„Und wenn der Tod käme?" fragte Andromachus.

„Nun? Was dann?" gab unser Freund achselzuckend zurück. Als der Arzt sein Thema mit Hartnäckigkeit festhielt, begann in

Metellus, der dunkel ahnte, um was es sich im letzten Grund handelte, ein Trotzgefühl aufzusteigen. Er entgegnete schärfer, verbat sich alle Ratschläge und wurde schließlich so unliebenswürdig, daß ihn der Arzt notgedrungen verlassen mußte.

„Du wirst es bereuen, meinen Vorschlag zurückgewiesen zu haben“, sagte er ihm noch im Weggehen, und Metellus rief ihm nach: „Was kümmert das dich ...“

Sehr unzufrieden mit sich selbst und von seiner Selbstsucht aufs peinlichste überzeugt, hatte Metellus eines Tages die Straßen Roms durchwandelt, um sich einen Virgil zu kaufen. In dem Buchladen, den er betrat, unterhielt sich gerade der Verleger mit einem jungen Autor über den Absatz der neuesten Bücher. Während in den Nebengemächern die Sklaven emsig das Diktat eines Werkes niederschrieben, wiegte der Verleger eine Rolle in der Hand und sagte zu dem sehr bescheiden dreinschauenden Schriftsteller: „Deine Gedichte sind in der Tat schön, tief empfunden, markig. Ich habe lange keine besseren Verse gelesen, aber, mein Freund, die Lyrik ist in Rom gänzlich aus der Mode gekommen. Wir verlangen nach Salz, nicht nach Milch. Epigramme, mein Freund, keine sanften Liebeslieder. Die Satire gefällt desto mehr, je beißender sie ist.“

„Ich habe keine satirische Ader“, entgegnete der junge Dichter seufzend.

„Das ist schade“, meinte der Verleger trocken, „doch diese Ader bildet sich, wenn du einige Zeit in die römische Welt gesehen hast. Ich empfehle dir den Besuch der Schänken, werde der Vorleser eines Reichen. Das ist eine gute Schule.“

Dann gab er dem Poeten sein Manuskript zurück, indem er nochmals betonte, die Verse seien ausgezeichnet. Metellus hatte einstweilen die purpurgebundenen Bücher an den Wänden bewundert. Als er jedoch, von dem Einband auf den Inhalt schließend, eines dieser Bücher herausnahm, um den Tiefsinn eines Plato in schöngeschriebenen Lettern zu genießen, stellte er errötend den vermeintlichen Plato wieder ins Regal. Der Prachteinband umschloß eine schmutzige Skandalgeschichte, deren Überschrift allein genügte, jeden Anständigen zurückzuscheuchen. Nach dem Virgil fragend, erhielt er einen Band, dessen äußere Ausstattung sich nicht entfernt in einen Vergleich mit jener Schmutzschrift einlassen konnte. Der Buchhändler zuckte die Achseln.

„Solche Werke müßtest du schreiben", sagte er zu dem jungen Autor, „alsdann, mein Freund, würde dir es an Honorar von meiner Seite nicht fehlen."

Der schüchterne, sehr ausgehungerte Poet schüttelte den Kopf und verließ den Laden, während der Buchhändler zu den Umstehenden sagte:

„Ein sehr talentvoller Mensch. Aber, ihr Götter, kann ich ihm helfen? Die Kritik würde ihn totschweigen oder ihn zerreißen wie ein hungriger Wolf das Lamm. Geld, um die Kritiker zu bestechen, besitzt er nicht."

Metellus, als er den Virgil erstanden hatte, begab sich an die Ufer des Flusses, um der Ausladung wilder Tiere beizuwohnen, die man für die kaiserlichen Gärten hatte aus Afrika kommen lassen. Er fand seit einiger Zeit Gefallen daran, sich durch den Anblick fader Schauspiele, greller, wüster Szenen zu betäuben, nur noch starke Eindrücke vermochten seinen Geist von dem Gegenstand seines ewigen Vorstellens und Grübelns abzulenken. Durch eine enge schmutzige Gasse schreitend, fühlte er, wie sich der Griff eines Stocks um sein Knie schlang, und da er sich umdrehte, fuhr er erschrocken zurück, als ihm aus der Dunkelheit eines Hauseingangs die häßlichen Züge eines triefäugigen Judenweibes entgegengrinsten.

„Was willst du, alte Zauberin?" entfuhr es seinen Lippen, als das Weib, mit dem dürren Finger ihn herbeiwinkend, sich umsah, ob niemand ihr Vorhaben belausche.

„Komme ins Haus", flüsterte sie.

Metellus konnte sich, angeekelt, nicht entschließen, der Einladung Folge zu leisten, jedoch neugierig gemacht, blieb er stehen. Näher zu ihm hinschlürfend, zog sie nun vorsichtig ein kleines silbernes Büchschen aus der Tasche, putzte es mit ihrem grauen Untergewand glänzend, und ihn schalkhaft anblinzelnd, flüsterte sie: „Errate, was ich hier habe?“

„Gift!“ rief Metellus.

„Oh, für was hältst du die alte Esther, die Mutter des Rufus!“ keuchte das Weib, „Gift? Nun ja! Wenn du ihm diesen Namen beilegen willst, mag es sein, andere nennen es anders.“

„Ich danke“, sagte er, „ich habe keine Feinde.“

„Glücklicher du“, hauchte sie, „der keine Feinde hat. Aber so bleibe nur und betrachte die Mischung genauer. Gibt es nicht süße Gifte? Gifte, die das Leben verlängern, statt es zu verkürzen? Hm? Was ist denn ein Kuß anderes, du Schalk, als Gift?“

„Laß mich in Frieden“, murmelte er, sich zum Gehen wendend.

„Schmähe nicht das alte Judenweib“, ächzte sie, ihn am Mantel haltend, „der Kaiser selbst verlangt zuweilen nach unseren Künsten, und Poppäa Sabina schätzt sehr hoch die Zubereitung meiner Toilettenmittel. Schmähe nicht die alte Esther. Ich will dir wohl, mein Junge. Errate, was ich hier habe?“

Dann öffnete sie die Büchse, roch an dem Inhalt und hielt ihn Metellus vor die Nase.

„Welcher Duft“, hüstelte sie, „der Atem deiner Geliebten weht nicht süßer, der Zorn Jehovas komme über mich, wenn ich nicht habe eigenhändig gebraut dieses Mittel und gar geheimnisvolle Stoffe habe verborgen darin.“

Dann die Augen verdrehend, daß nur noch das Weiße in den roten Rändern schwamm, sang sie mit krächzender Stimme eine Hymne vor sich hin, die mit dem hohen Lied Salomonis eine große Ähnlichkeit hatte, unterbrach sich aber bei den Worten „schön bist du, Geliebte, ja schön“ und flüsterte: „Drei Denare, mein Gebieter!“ Worauf sie wieder singend fortfuhr: „Schön bist du, ja schön, wie die Sonne.“ Metellus ahnte, daß es sich hier um einen Liebestrank handelte. Das Blut stieg ihm nach dem Hirn, sein Herz klopfte, wenn er daran dachte, welches Glück ihm dieses kleine Silbergefäß zu verschaffen vermochte. Die Alte, diese Gemütsbewegung wahrnehmend, fuhr fort, das Mittel zu preisen nebst Gebrauchsanweisungen zu geben, wobei ihr, wie zufällig, die Silberbüchse zur Erde fiel.

Metellus hob sie auf, steckte sie halb widerstrebend zu sich und ließ zugleich drei Denare zu Boden gleiten.

„Recht so, junger Mann", hüstelte die Alte, „vergiß nicht: Die Hälfte davon aufgelöst in Wein." – Verwundert über seine rasche Entschlossenheit, vor sich selbst entsetzt, wollte Metellus so rasch wie möglich diesen Ort verlassen, wurde aber durch das Erscheinen des Rufus daran gehindert, der in voller Kriegsrüstung die Gasse herabgeschritten kam und ihn sofort bei der Hand ergriff.

„Hast du meine Mutter besucht?" fragte der Krieger, auf die Alte deutend. „Da tust du wohl daran, sie ist eine kluge Frau."

Rufus' stolzes Wesen hatte sich fast in kriechende Demut umgewandelt. Er betrachtete den Jüngling, den er noch vor etlichen Monaten tief verachtet hatte, gewissermaßen als einen höheren, militärischen Vorgesetzten, was dem Künstler, der die Gunstbezeigungen Neros, ohne daß sie auf sein Selbstgefühl wirkten, über sich hatte ergehen lassen, in nicht geringe Verlegenheit setzte.

„Du bist ein Mächtiger geworden, o Herr", seufzte der Krieger, „es ziemt mir, jedem deiner Befehle zu lauschen."

Metellus wies alle diese ehrerbietigen Anreden zurück, obgleich sie seinen Stolz doch ein wenig zu kitzeln begannen, und als Rufus ihn höflich einlud, folgte er ihm in das Haus. Dort angekommen, hatte sich die Alte in einen dunklen Winkel des schmutzigen, von allen Seiten durchlöcherten Zimmers zurückgezogen, aus dem sie die beiden mit brennenden Blicken beobachtete. Die Risse der Wände waren mit Papyrus verklebt, ein rostiger Dreifuß, eine alte Bettstelle, zwei zerbrochene Töpfe bildeten das ganze Mobiliar. Metellus, dem die Situation bald anfing, unbehaglich zu werden, verabschiedete sich und ging. Kaum hatte er das ärmliche Gemach verlassen, als der Krieger, nachdem er sich seiner Rüstung entledigt hatte, einen schweren Seufzer ausstoßend, sich auf das in allen Fugen knirschende Lager warf. Die Alte schlich sich leise an ihn heran, und als sie auf der schmutzigen Wolldecke des Lagers Blutspuren bemerkte, zuckte sie zusammen und sagte dann mit zitternder Stimme:

„Mein Sohn Rufus, mein Augapfel du! Du hast wieder fühlen müssen den Rebstock des Zenturio auf deinem Rücken." Rufus lachte widerlich, während der Abendwind klappernd durch die Risse des baufälligen Zimmers pfiff.

„Mein Sohn, laß mich dir streichen die ägyptische Salbe auf die Striemen deines Rückens, komm', laß streichen die alte Mutter die Salbe, die sie selbst bereitet hat mit Sorgsamkeit."

„Laß es bluten, Mutter", entgegnete er und bediente sich der Mutter gegenüber der hebräischen Sprache. Die Alte schlich an eine Wandnische, der sie einige Salbenschalen entnahm. Mit gramgefurchten Mienen trat sie an das Lager des Sohnes, er aber regte sich nicht.

„Erhebe dich", sagte sie endlich, „auf daß ich dich verbinde!"

„Es soll bluten", entgegnete er.

„Gott unserer Väter", jammerte Esther, „er sagt: bluten soll es, warum soll es bluten, wenn man es kann stillen?"

„Die Wunde kühlt mein Inneres, Mutter", stöhnte der Sohn, „wenn ich habe Schmerzen des Leibes, fühle ich nicht diejenigen der Seele. Oder kannst du mir geben eine Salbe, zu ersticken den Brand der Seele?"

„Daß ich es könnte, Rufus", wimmerte die Alte, „daß ich es könnte. Aber erzähle mir, warum haben sie dir zerbleut den Rücken, warum haben sie zerschlagen meinen Sohn, den ich trug unter dem Herzen, so ehrlich wie ein Römerweib, und ihn habe genährt mit meines Leibes Nahrung." Rufus schwieg. Esther fühlte, als seien es die ihrigen, die Gedanken des Sohnes im Herzen. Er litt unter der Vorstellung seiner Niedrigkeit, das Los des glücklicheren Metellus erfüllte ihn mit Neid und nagte an seiner ehrgeizigen Seele. Bekümmert kauerte sie sich an den Boden, die Oberlippe unter die Unterlippe ziehend, brütete sie vor sich hin. „Ich will ihn erhöhen", sagte sie zu sich selbst, „ich ertrage nicht mehr den Anblick seines Grämens."

Der Abend brach herein, noch immer schwiegen die beiden, in denselben Stellungen verharrend. Wenige schlürfende Schritte tönten von der Straße, über die sich jetzt die ungesunden Nebel des Tibers bläulich lagerten. Ungefähr nach einer Stunde erhob sich Rufus von seinem Lager, hüllte sich in seinen Soldatenmantel und verließ das Haus. Esther wußte, wohin er gehe. Sie hatte in Erfahrung gebracht, daß er liebe, daß er allabendlich eine Familie besuche, deren Tochter er das Leben gerettet hat. Er selbst redete über dieses Verhältnis kein Wort, und wenn sie zuweilen danach forschte, schien er verstimmt.

„Er soll glücklich werden", murmelte sie, „was nützt das Leben der alten Esther, wenn ihr Sohn sich verzehrt in Gram, in Sehnsucht nach Macht? Die Römer haben Götter, die sie anrufen, wohlan, ich will werden seine gute Göttin, die ihn rückt in die Nähe des kaiserlichen Throns." Sie hatte kaum dieses Selbstgespräch beendet, als Stimmen vor dem Haustor laut wurden. Die Alte schien die Stimmen zu kennen, sie lächelte und ließ sich, da nun eine verhüllte Gestalt in das Zimmer trat, nicht aus ihrer Fassung bringen. Sie war es zu sehr gewöhnt, in ihrer armseligen Wohnung die Gewänder der Reichen rauschen zu hören, und sie schlug, als die Fremde im Gemach stehenblieb, sogleich den Ton vertraulicher Bekanntschaft an.

„Die Hohen besuchen die Niederen", hüstelte sie, „lege ab den Mantel, ich kenne dein Begehren."

Die Verhüllte winkte nach der Tür zurück, eilte dann näher und setzte sich ermattet auf einen Stuhl, den sie vorher mit dem Zipfel ihres Mantels säuberte.

„Welch ein weiter Weg, und es riecht nicht angenehm in deinem Palast, alte Esther", flüsterte sie ein wenig erregt, „jedesmal bringt meine Zofe eine Legion Ungeziefer mit in meine Wohnung, sobald sie von dir kommt."

„Warum schickt die hohe Frau nicht ihre Dienerin?" erwiderte die Alte.

„Was ich diesmal mit dir zu verhandeln habe, dreht sich nicht um Toilettenmittel, Jüdin, auch nicht um Liebestränke", flüsterte die vornehme Dame, sorgsam ihr Gesicht verhüllend und anscheinend sehr ungeduldig.

„Ah, brauchst du diesmal Gift?" warf die Jüdin hin, indem sie ihrer Gönnerin ein Kissen anbot.

„Soll ein reicher Erbe aus der Welt geschafft werden? Wie? War dir ein Liebhaber untreu?"

Die Alte war ihrem Besuch nähergerückt, und ihre grünlichen Augen suchten durch die Spalten der Larve das Gesicht derselben. Kaum hatte die Vornehme dies bemerkt, als sie das Gesicht abwandte.

„Gib dir keine Mühe, Alte", flüsterte sie ängstlich, „du erkennst mich nicht, und wehe dir, wenn du mich erkenntest, ich bin mächtig."

Esther bemerkte, daß ihr Gast Furcht zu hegen begann. Dies schmeichelte ihr in hohem Grad, und um ihre Wissenschaft in das gehörige Licht zu setzen, breitete sie sogleich alle ihre Gläser, Flaschen, Lampen und Mixturen am Boden aus, mit großer Wichtigkeit die Kraft der einzelnen Salben erklärend, von denen sie meistens behauptete, ägyptische Könige seien die Erfinder derselben gewesen.

„Laß uns zur Sache kommen, Alte", unterbrach die verhüllte Frau die Anpreisungen.

„Ah, ich bin immer bei der Sache", erwiderte die Jüdin.

„Verschließe die Tür", fuhr die andere fort, ihre erregten Atemzüge unterdrückend, „was ich dir anzuvertrauen komme, muß Geheimnis bleiben. Allerdings verlange ich Gift von dir, aber du wirst schaudern, wenn ich dir sage, für wen ich es verlange."

„Nun?“

„Du selbst sollst dieses Gift nicht nur kochen, sollst es auch eigenhändig verabreichen.“

„Wie?“ rief die Alte. „Rede weiter, Herrin – ich selbst – wem gilt es?“ –

„Neige dein Ohr dicht an meine Lippen und vernimm.“ –

Alsdann entspann sich zwischen beiden ein sehr leise geführtes Zwiegespräch, das ziemlich lange währte und das die Alte sehr zu befriedigen schien. Endlich erhob sich ihr hoher Gast. „Tue, wie ich dir geheißen habe“, sagte er und ließ bei diesen Worten der demütig lächelnden Alten eine Börse in die Hände gleiten. Als sich die Verhüllte hierauf eiligst entfernte, stand Esther noch einige Minuten in Nachdenken versunken. „Ein seltsames Zusammentreffen“, murmelte sie tonlos, „sie hat denselben Plan wie ich, nur das Resultat ist ein verschiedenes. Denselben Plan. Und ich kenne sie doch“, setzte sie dann lauter hinzu, höhnisch um sich blickend, „ich will nie mehr im Leben ein Gift kochen, wenn das nicht Poppäa Sabina war. Ich weiß, sie liebt die Juden, sie will uns wohl. Und wie schlau sie ist. Ha, ha! Ich durchschaue dich! Du willst deinen Kaiser in Schrecken setzen, damit, damit er die andere, die dir im Weg ist – doch still, was plaudere ich da! Hat es niemand gehört? Ist es doch nur eine Vermutung, eine kleine, richtige Vermutung!“ Esther hatte die flache Lampe angezündet, deren Flamme jetzt einen Topf über dem Dreifuß beleuchtete. Aus einer Mauerspalte, die geschickt mit Mörtel verstopft war, zog die Alte einige getrocknete Kräuter hervor, hinkte an den Dreifuß zurück, über dessen Asche kleine, blaue Flammen tanzten, und blies mit dem zahnlosen Mund die Funken in die Luft, dabei vorsichtig die Kräuter über dem Topf zerbröckelnd. Wasser auf die zerriebenen Kräuter gießend, kauerte sie sich neben den Dreifuß und beobachtete die Flammen, wie sie um den Bauch des alten Topfes züngelten. Bewegungslos saß sie, bis der Topf anfing zu summen, dieses eintönige Summen wirkte einschläfernd auf sie, die Augen fielen ihr zu, der Kopf hing an dem hageren Hals mit dicken Adern herab, die grauen Haare, die unter der Stirnhaube hervorquollen, flatterten in dem heißen Hauch des erglühenden Kochgeschirrs. Nicht lange hatte sie geschlafen, als sie von der Straße her tönendes Stimmengemurmel aufweckte. Sie fuhr empor, rückte den Kessel und eilte an die Haustüre. Dort unten in der Straße erkannte sie im zitternden Schimmer vieler Fackeln mehrere vermummte Gestalten, die einen Mantel ausgespannt hielten, auf dem sie unter Gelächter eine magere, langhaarige Gestalt in die Luft schleuderten, sie geschickt wieder auffingen, um sie von neuem in die Luft zu schleudern. Die magere Gestalt wirbelte possierlich die dünnen Beine, ihre langen Haare flatterten, wenn sie aus der Luft herabsauste. Es war der uns bekannte, arme Dramatiker, der hier von Übermütigen geprellt wurde und dem die Angst die Kehle zuschnürte.

„Seht“, rief einer der Quäler des Langhaarigen, „welchen Schwung er besitzt, wie er den Sternen entgegenstrebt, bei Zeus, er ist ein Poet, der im Flug seines Genius die Erde nicht mehr berührt.“ Der gequälte Dichter bat endlich um Erbarmen, doch sein Gewimmer belustigte die Vermummten so sehr, daß sie ihm zuriefen, er werde erst dann wieder den Schmutz der Erde berühren, wenn er aus seiner Höhe herab eines seiner Gedichte deklamiere. Die Alte lachte in sich hinein.

„Nero belustigt sich“, murmelte sie, „seltsam, seltsam, und hier koche ich ihm eine Speise, die den Herrn der Welt machtloser machen könnte wie jenen armen Schlucker, den er dort prellt auf einem Mantel.“

Sie hinkte zu ihrem Feuer zurück, und während sie die grünliche Flüssigkeit des Topfes in eine kleine, dreieckige Tonflasche abgoß, überlegte sie: „In drei Tagen hat er Wache zu stehen, mein Rufus, vor dem Gemach des Kaisers. In drei Tagen, solange gäre, süßer Trank, der du mächtiger bist als der Herr der Welt. In drei Tagen! Rufus! In drei Tagen!“ Und geheimnisvolle Zauberformeln flüsternd, verbarg sie die Tonflasche in der Mauernische.

Neuntes Kapitel

Wir finden einige Tage später die nördlich vom Janiculus gelegenen Gärten Neros von einer zahlreichen Menge durchströmt. Am Hof war Octavias zurückgezogene Lebensweise aufgefallen und hatte sofort den Verdacht des Kaisers erregt, der, sehr erzürnt darüber, daß sich der Plan zu vereiteln drohte, dem Petronius befahl, denselben schleunigst zur Entwicklung zu bringen. Petronius befand sich in großer Verlegenheit. Wie sollte er das Werk zur Ausführung bringen, wenn sich die Kaiserin gegen jede Berührung abschloß. Um nun die Kaiserin zu zwingen, sich wieder unter Menschen zu zeigen, hatte der Festordner Petronius bei der Anordnung dieses Gartenfestes seine ganze Phantasie aufgeboten. Octavia konnte die Einladung des Kaisers nicht abschlagen, sie erschien in reichgeschmückter, aber verschlossener Sänfte. Kaum hatte der kaiserliche Zug mit Einbruch der Dunkelheit die Gärten erreicht, so sah man hohe, säulenartige girlandenumwundene Stämme emporragen, die nach oben in einen riesigen Blumenstrauß endigten. Von weitem erkannte man hoch in den Lüften, über den Wipfeln der Pinien nur die schön geordneten Blumenbukette, näherkommend gewahrte das Auge mitten in jedem dieser Sträuße einen menschlichen Körper. Dieser Körper war derart befestigt, daß es den Anschein hatte, als entschwebe er, ein Gott oder Geist, den Blumen. Noch fehlte die Beleuchtung der Gärten. Als Nero, auf seiner Sänfte ruhend, den Festordner verwundert fragte, welche Überraschung er ihm zu bereiten gedenke, da er keine einzige Fackel ringsum bemerke, lächelte dieser, winkte mit der Hand, und mit einemmal züngelten Flammen an den Säulen empor, diese zu ungeheuren, lebendigen Fackeln umgestaltend. Der ganze Horizont schmückte sich mit Flammen, es war, als schwebe ein loderndes Diadem vom Himmel zur Erde nieder. Dieser Anblick erregte des Kaisers poetisches Gemüt auf das lebhafteste, er ließ den Zug vor einer kleinen Villa haltmachen und begehrte, während das ganze Gefolge sich auf bereitstehenden Lagern niederließ, Musik zu hören. Auf der Terrasse der Villa, dicht an der Balustrade stehend, betrachtete er nun die weithin leuchtenden Fackeln, die sich in den Teichen spiegelten und deren Blumenornamenten jetzt ächzende, schauerliche Todeslaute entquollen. Mehrmals zu Metellus gewandt, rief er: „Das solltest du malen, das ist ein prächtiges Schauspiel. Sieh! Wie sich das Grün der Büsche rot färbt, wie die Flammen höher hinauflecken. Diese armen Menschen, wie nichtig doch das Leben ist – nicht wahr? Ein Traum, ein Schatten ist dauernder! Weh uns Sterblichen! Aber laßt mich Musik vernehmen, die Schreie der Erstickenden mögen untergehen in den Wogen des Wohllauts." –

Darauf ließ er sich, während blutrote Blitze über die Versammlung zitterten und die allmählich heller aufflammenden Riesenfackeln das Dach der Villa in zuckenden Purpur tauchten, eine Lyra reichen. Die ihm geordneten Polster verschmähend, legte er die Toga in malerische Falten, hob den Arm, und als jetzt aus dem Inneren der Villa eine schmelzende Flötenmusik ertönte, neigte er in wehmütiger Begeisterung das Haupt und legte zum Zeichen, daß die Umstehenden ihn in seinen Kunstbetrachtungen nicht stören sollten, den Finger auf den Mund. Metellus sah von dem ganzen Schauspiel nicht viel mehr als geputzte Larven nebst einigen hellen Punkten in der Dunkelheit. Das, was ihn mit quälender Ungeduld der Gegenwart entrückte, war ein Stückchen Papyrus! Dieses Blatt war ihm, da er kaum den Garten betreten hatte, von einem Unbekannten in die Hände geschoben worden. Es mußte irgendeine Nachricht von ihr enthalten, die ihn bis zu dieser Stunde so streng gemieden hatte, die sich jetzt aus ihrer Sänfte begab und dort, das Haupt zu Boden geneigt, saß. Endlich eine Kunde, endlich ein Liebeszeichen! Das Gestöhne der Verbrennenden erscholl klagender, aber ihm waren die Sinne wie ausgelöscht, da er zum erstenmal diejenige wiedersehen durfte, die er so oft in seinen Träumen umarmt hatte. Mehrmals versuchte sich Metellus der Kaiserin zu nähern. Als er es endlich fertiggebracht hatte, an vielen Tagen vorbeistreifend, ihrem Stuhl gegenüber zu stehen, hob sie, nachdem er mehrmals seine Gegenwart durch leises Husten zu erkennen gegeben hatte, das Haupt. Wie erschrak er jedoch über den Blick, den sie ihm zuwarf. Kalt wie die Steine des Diadems auf der schmalen Stirn, leblos ruhten ihre Augen auf ihm, so absichtlich teilnahmslos, als sei er ein Fremder, mit dem sie nie in Beziehung getreten war, mit dem sie nie in Beziehung treten wolle. Dieser Blick schnitt ihm weh durchs Herz, noch einmal versuchte er ihre Aufmerksamkeit zu erregen, indem er, dicht hinter ihren Stuhl tretend, ihren Namen flüsterte. Sie jedoch erhob sich, ohne sich umzublicken, mit fast beleidigender Entschiedenheit. Als wisse sie nicht von seiner Anwesenheit, trat sie an mehrere der Umstehenden heran, wechselte Höflichkeiten, lächelte und bewies sich ganz als huldvolle Kaiserin. Metellus stand, als traue er seinen Augen nicht. Wie? Hatte ihn dieses Weib geliebt? Jetzt, in diesem Augenblick, da er sie nach so langer Zeit zu begrüßen hoffte, entfloh sie ihm? Konnte sie fade Schmeicheleien tauschen, sich verbeugen, lächeln? Seine Augen sahen tränenüberfüllt ins Leere, und erst eine Ahnung, die ihm sagte, die Kaiserin könne, um jeden Verdacht zu vermeiden, diese Kälte heucheln, brachte wieder Leben in seine Glieder, nahm den schmerzenden Druck von seiner Brust. Der Brief! Lies den Brief, rief es in ihm. Er wird dir Aufschluß geben. Zusammengeballt hielt er das Blatt in der linken Faust, aber sein Standort bot zu wenig Helle, konnte zu leicht von allen übersehen werden, er mußte, ohne Aufsehen zu erregen, an den Kandelaber gelangen, der in dem Vorgemach der Villa brannte. Zitternd vor Erwartung hielt er es noch einige Minuten aus. Dann schlich er sich vorsichtig nach der Villa. Das hell erleuchtete Vorgemach betretend, ließ er sich nicht Zeit, prüfende Umschau zu halten, sondern wähnend, er befände sich allein, eilte er dicht an den vergoldeten Kandelaber. Hastig wurde das Blatt entrollt, es enthielt nichts, es war ein weißes, unbeschriebenes Blatt. Wie? Ein Scherz? Ein Betrug? Aber der Künstler war allmählich in die am Hof üblichen Listen eingeweiht worden. Er näherte das Blatt der Flamme, und unter ihrer versengenden Glut traten deutliche Buchstaben auf der weißen Fläche hervor. „Du findest mich in der Grotte des Bacchus." – Das war der ganze Inhalt des Briefes, doch wie Götterzuruf klang er seinem Ohr, als er ihn jetzt halblaut vor sich hinsprach. Sofort bemächtigte sich seiner die alte Fröhlichkeit. Wenigstens einen Augenblick hindurch verscheuchte der Glücksstrahl alle Nebel und gab ihm die glückliche Kurzsichtigkeit der Jugend zurück, die nur für die Gegenwart lebt. Im überströmenden, fast kindischen Dankgefühl biß er die Lippen zusammen, schloß die Augen und küßte das Metall des Leuchters, das sein Gesicht kühlte, während das Geprassel der lebendigen Fackeln und die sanften Flötenklänge herüberwehten. Die Grotte des Bacchus lag, wie er wußte, am westlichen Ende des neronischen Zirkus. Sie aufzusuchen, war er sogleich bereit, und so sehr beherrschte ihn die Wonnetrunkenheit, daß er sich keineswegs klarmachte, was er eigentlich, dort angekommen, tun sollte. Ebensowenig zweifelte er in seiner glückseligen Blindheit daran, daß er in jener Grotte Octavia finden werde, obgleich er sich hätte sagen müssen, daß es mit Octavias Charakter nicht wohl übereinstimmte, nach der Art anderer vornehmer Frauen nächtliche Abenteuer in Szene zu setzen. So wenig hatten ihn seine Erfahrungen von seinen Irrtümern zu befreien vermocht, trotz mancher Täuschung, trotz manchen Bedenkens, immer noch hoffte er, das Glück, das ihm sein Inneres vorlog, außerhalb anzutreffen. Wie bodenlos war das Wort des Burrus: Die Kaiserin sei in Gefahr! Jetzt haßte er den Burrus, der seinem Glück hatte entgegenarbeiten wollen, und wünschte, ihm diesen Haß zeigen zu können. Die zum Himmel wehenden Flammensäulen draußen im Garten warfen jetzt bis in das Gemach ihre Lichter, doch den Künstler weckte erst das Aufstoßen eines Speerschafts auf dem glatten Marmorboden aus seinen Gedanken. Sich umwendend, sah er Rufus im Hintergrund des Gemaches vor dem Teppich einer Tür Wache stehen, doch brachte ihn der Anblick des finster dreinblickenden Kriegers durchaus nicht aus der Fassung. Im Gegenteil, kindlich heiter nickte er ihm zu und rief: „Armer Freund, daß du hier Wache stehen mußt."

„Du bist glücklich?" entgegnete der Krieger. „Laß dich nicht stören."

„Ja, die Götter gaben mit Glück", sagte Metellus, mit einem Seufzer den Kopf senkend, als erliege er der Wucht seiner Seligkeit, „ich bin ein Gott!" fügte er dann leise lächelnd hinzu.

„Und ich bin ein Hund!" kam es ingrimmig über die Lippen des Kriegers. Metellus reichte dem Unmutigen die Hand und versprach, ihn in seinen Bestrebungen zu unterstützen. Der Soldat lachte hämisch.

„Gestern gaben sie mir zu kosten den Rebstock", preßte er heraus, „ich wollte, sie hätten mich totgeschlagen. Kann ich etwa nicht mehr als diesen Speer tragen oder rechts kehrtmachen? Kann ich etwa nicht lächeln und mich verbeugen und fragen, wie hast du geruht, o Gebieter? Habe ich etwa weniger Gehirn im Schädel als des Kaisers Lieblingsidiot Vatinius?"

Metellus überhörte zwar die Anklagen und sarkastischen Bemerkungen, die Rufus in den Bart brummte, nichtsdestoweniger gab er Antwort darauf, als sei er der aufmerksamste Zuhörer gewesen.

„Ganz recht, ganz recht", sagte er gedankenlos, „ich will dir helfen, gewiß."

„Ich muß bleiben, was ich bin", murmelte der Soldat „wer kann mir helfen?"

Metellus aber verstieg sich in seinem Taumel zu dem unsinnigen Versprechen, er werde den Kaiser um die Beförderung des

Kriegers angehen. Der Soldat, der wähnte, Metellus spotte seiner, trat, eine mißtrauisch-zornige Miene annehmend, einen Schritt zurück.

„Brauchst du Geld?" fragte unser Freund, die erzürnte Miene gänzlich übersehend. „Hier, nimm. Ich habe genug! Sieh nur, eine ganze Tasche voll."

Er schüttete lachend das Geld auf einen Tisch und verließ, ohne eine Antwort abzuwarten, das Gemach. Noch immer stand Nero, die Leier im Arm, an der Brüstung, obgleich sich bereits ein empfindlicher Brandgeruch bemerkbar machte. Dicke Rauchwolken überlagerten die Terrasse, Funken durchzogen wie herabgefallene Sterne einsam die schwarze Luft, das Heulen der Sterbenden klang erstickter. Unser Künstler hatte, trotz eifriger Umschau, Octavia nicht mehr unter den Versammelten bemerkt, was ihn bewog, seiner selbst kaum noch bewußt, sogleich die Grotte des Bacchus aufzusuchen. Kaum hatte er die Terrasse hinter sich, als aus dem Schatten eines dunklen Myrtengebüsches Burrus auftauchte.

„Einen Augenblick Geduld, mein Freund", rief der alte Kriegsmann, „ich habe mit dir zu sprechen."

Des Künstlers fieberhafter Erwartungszustand wäre selbst für seine Freunde, die ihn etwa hätten aufhalten wollen, gefährlich geworden. Da nun aber der ganz seiner selbst entrissene Knabe seinen vermeintlichen Feind vor sich sah und dieser Feind sogar Miene machte, ihm den Weg zu vertreten, überfiel ihn eine wahrhaft unsinnige Wut. Er kannte sich selbst nicht wieder, so sehr umkrallte die Leidenschaft plötzlich sein Gemüt.

„Was willst du?" keuchte er atemlos.

„Ein Befehl der Kaiserin", flüsterte Burrus, „du mußt fliehen, noch in dieser Stunde, die Kaiserin will es."

„Fliehen?" gab der nervös Zitternde zurück. „Alter Lügner, begib dich weg, sonst könnten deine alten Knochen mit meinen jungen in schmerzliche Berührung kommen."

Burrus wollte den Davoneilenden am Mantel fassen. Metellus wandte sich, einen halb tierischen Laut ausstoßend, um und schlug mit der geballten Faust dem ihn Festhaltenden auf die Brust. Freilich schämte er sich dieses Schlags, sobald er ihn getan hatte, eilte jedoch mit fliegender Hast davon.

Der Kaiser, immer noch die Flammen bewundernd, hatte indes nach seinem von ihm erfundenen Kühltrank begehrt, da das Absingen mehrerer Lieder seine Kehle angegriffen hatte. In dem Vorgemach der Villa, zwischen Schneemassen, stand der goldene Becher, der das kostbare Getränk enthielt. Da die Silberwanne, in welcher der Becher abgekühlt wurde, zu umfangreich war, um sie auf die Terrasse zu bringen, sich auch der Schnee an der Luft zu rasch erwärmt haben würde, schritt der Kaiser, sobald er ein Lied beendet hatte, nach dem Gemach der Villa, dort seine Kehle zu befeuchten, was ihm noch den Vorteil bot, auf seinem Weg die Verbeugungen und Beifallsbezeigungen der Höflinge entgegenzunehmen. Nach einem besonders langwierigen Gesangstück verfügte er sich denn auch in das Gemach und wollte eben den Becher an den Mund heben, als eine Hand – die Hand des wachhabenden Rufus – sich zwischen den Goldrand des Bechers und die kaiserlichen Lippen schob. Dem Kaiser versagte die Stimme vor Erstaunen, sein Auge stierte wutvoll auf den Krieger, der wankend, den zitternden Speer im Arm, bleich wie ein Verurteilter, vor ihm stand.

„Trinke nicht, hoher Herr", stammelte Rufus mit klappernden Kinnladen, als durchschauere ihn ein Frost.

„Wo? Was?" schwebte es von den sich entfärbenden Lippen Neros. „Du wagst es …"

Rufus schwieg, man hörte nur die Flamme des Kandelabers rauschen. Der Kaiser, dessen breites Gesicht anfangs zornig erglüht war, erbleichte mehr und mehr, als er in die unheilverkündenden Züge des Soldaten blickte, und als dieser jetzt ein kleines dreieckiges Tonfläschchen vom Tisch nahm, das dicht am Rand der Silberwanne gelegen hatte, setzte der Kaiser den Becher mit allen Anzeichen des Schreckens nieder.

„Gift!“ hauchte Rufus. „Ein Weib – in dem Becher“ –

Nero sah, den dicken Hals drehend, um sich, gleich einem, dem man die Kehle würgt, dann winkte er Rufus zu schweigen, als sei es ihm unerträglich, das Wort ‚Gift‘ aussprechen zu hören.

„Rufe Petronius“, brachte er, mehrmals vergebens ansetzend, endlich mühsam hervor und schleppte sich, die Beine nachschleifend, als Rufus ging, ganz gebrochen nach einem Stuhl, weißer im Gesicht als die Toga, mit der er sich den Angstschweiß abtrocknete. War es denn möglich? Ihn, den Herrn der Welt, wagte man zu vergiften? Doch, es war so, hier lag das Fläschchen! Noch wenige Augenblicke, und der große Künstler hätte nicht mehr die Welt beglückt. Indem er dies erwog, war ein Plan in dem Haupt des erfindungsreichen Herrschers zur Reife gediehen. Als Petronius mit dem Soldaten eiligen Schrittes nahte, hatte sich Nero erholt, hieß die Tür sorgsam schließen, deutete dann auf die Silberwanne, heuchelte die grimmigsten Magenschmerzen und stotterte, sich im Stuhl zurücklehnend, seinen Festordner scharf beobachtend:

„Weh' mir! Ich bin vergiftet!“ Der freudige Schrecken, der bei dieser Äußerung über Petrons Züge glitt, befriedigte indes den Gebieter, dem es beliebte, seinen Freund einmal auf die Probe zu stellen, keineswegs oder nur insofern, als dieser Schrecken seiner Schauspielergabe schmeichelte.

„Vergiftet? Wirklich vergiftet?“ stotterte Petronius.

„In der Tat, ihr möcht' einen neuen Kaiser wählen, mit mir ist's vorbei“, keuchte der Heuchler, den der arme Petronius mit einer ungläubigen Miene fixierte.

„Wen sollen wir wählen?“ fuhr Petronius fort.

„Bei Pluto, du sagst das mit einer Ruhe – ich glaube, es wäre dir gerade recht, mich wie eine alte Tempelratte von hinnen fahren zu sehen“, sagte Nero mißtrauisch, „aber mein Lieber, diesen Scherz bereite ich dir noch nicht. Zum Glück hat mich dieser treue Krieger davor bewahrt, meinen guten Freunden in der Rolle des sterbenden Ajax zu erscheinen."

Petronius hatte, seine Verwirrung überwindend, seinen Mienen den besorgtesten Ausdruck verliehen, seine Lippen flossen von Beileidsbezeigungen über, die so wohl angebracht, so geschickt gesteigert waren, daß der Gebieter, der sich vom Stuhl erhob, nichts an ihnen auszusetzen hatte und demgemäß sagte:

„Recht gut! Du spielst deine Rolle vortrefflich! Du hast an mir, dem großen Mimen, gute Studien gemacht! Ich bin gerührt, bei Zeus, deine Freundschaft rührt mein Herz." Dann sich einen Augenblick besinnend, warf er sich auf den Stuhl und murmelte, düster vor sich hinstarrend, vielleicht mit aufrichtigem Schmerz: „Götter! Es meint es keiner ehrlich, sie sind alle Heuchler, alle! Ich weiß es! Welches Los das der Herrscher! Wehe uns! Die Krone taugt nicht für irdische Stirnen!"

Doch diese Laune ging vorüber, wie sie gekommen war, da Petronius auf den guten Einfall geriet, die große Kraft zu rühmen, mit der sein Gebieter die Todeszuckungen eines Vergifteten zu künstlerischer Darstellung brachte. Dieser scharfsinnigen Kunstkritik lauschte der Kaiser wohlgefällig, und wie von diesen überströmenden Lobausbrüchen geknebelt, winkte er ihm verdrossen, die Sache gut sein zu lassen. Sobald sein Auge jedoch auf das Giftfläschchen fiel, überkam ihn von neuem die Todesangst. Das Giftfläschchen mit stieren Augen betrachtend, fingerte er, seiner Gewohnheit gemäß, zu beiden Seiten seiner Hüften entlang, wobei er die Toga manchmal zuckend in seine Hände verwickelte, und erst der Ausruf Petrons „Welch ein Künstler wäre in dir gestorben" brachte ihn wieder zu sich selbst.

„Wenn ich getrunken hätte", sagte er mit einer Gebärde des Entsetzens, „was hätte die Welt verloren! Verstummt wäre für alle Zeiten der beredteste Dichtermund!" Und nun malte er, von seiner theatralischen Phantasie hingerissen, das Bild seines Sterbens

– den großartigen Gesichtsausdruck der Leiche, die Kränze, welche die trauernde Kunst auf seine Bahre niederlegen werde, den düsteren Leichenzug mit seinen Tubaklängen, den prächtigen Scheiterhaufen – dies alles stellte er mit Beredsamkeit dar und schloß, er werde diesen Vergiftungsversuch dem römischen Volk auf dem Forum berichten und durch die Gewalt seiner Worte, die Macht seiner Tränen die Herzen der Römer überwinden. Dann wendete er sich an Rufus, denselben auffordernd, die Einzelheiten des Falles zu berichten.

„Ich stand", berichtete dieser innerlich erregt, „ich stand in mich versunken vor dieser Tür, als mich behutsame Schritte weckten. Mich umsehend, gewahrte ich ein völlig verhülltes Weib, das sich leise jenem Tisch näherte, auf dem dein Becher, o Herr, in der Wanne stand. Ich ließ sie, um ihr Vorhaben zu beobachten, ruhig gewähren, bis sie den Tisch erreicht hatte. Jetzt sah ich, wie sie aus ihren Gewändern dieses kleine Tonfläschchen zog, es über den Becher hob und einige Tropfen in dessen Inneres fallen ließ. Mir stieß vor Erstaunen, ja, ich darf sagen Entsetzen, der Speer heftig auf den Fußboden, das Weib schrak zusammen, die Tonflasche entsank ihrer Hand, sie eilte nach jener kleinen Tür, und ich, der ich ihr nacheilen wollte, hatte das Unglück, mit meinen nägelbeschlagenen Sandalen auf dem glatten Marmor auszugleiten, sonst würde ich sie festgenommen haben, obgleich die Schnelligkeit ihres Rückzugs an das Wunderbare grenzte."

„Es ist gut", sagte der Kaiser, „deine Belohnung soll eine ungewöhnliche sein. Wie ist dein Name?"

„Rufus", sagte der Soldat, den die Erzählung sichtlich angegriffen hatte.

„Wohlan, Rufus, ein Landgut in Bajä ist dir bereits gewiß." Sich an Petronius wendend, sagte Nero alsdann leiser:

„Wer, glaubst du wohl, ist der Anstifter dieser Tat?"

„Ich wage nicht, einen Verdacht zu äußern", entgegnete Petronius. Der Kaiser trat dicht zu ihm heran und flüsterte dann mit einer Stimme, die jeden Widerspruch niederschlug, mit einer Betonung, die einem Befehl glich:

„Niemand anders als Octavia wollte mich so früh in die Unterwelt befördern."

Der Festordner, der ahnte, welche Folgen dieser Argwohn nach sich ziehen mußte, versuchte trotz der gerunzelten Stirn seines Herrn Einwendungen zu machen. Der Kaiser hörte seine Auseinandersetzungen ohne Gegenrede an.

„Du wirst dafür sorgen", sagte er, am Ende derselben ein leises Gähnen unterdrückend, „daß die bewußte Angelegenheit sich in drei Tagen entschieden hat. Am dritten Tag von heute an will ich Beweise in Händen haben, die mir den Tod Octavias dem Volk gegenüber zur Pflicht machen."

Petronius, einsehend, daß nicht länger hinauszuschieben oder zu widersprechen war, verbeugte sich. Es mußte ein Gewaltstreich ausgeführt werden, soviel stand dem erfindungsreichen Höfling fest.

„Mein Gebieter, ich bedarf, um dieses tragische Lustspiel in Szene zu setzen, deiner Person", lächelte er verschmitzt und erklärte dem Kaiser ausführlich die Rolle, die er zu übernehmen habe. Das Theatralische der beschriebenen Situation sagte dem Kaiser sehr zu, er rieb sich die Hände und versicherte, er würde den betrogenen Ehegatten um so besser spielen, als er ihn vorher einzustudieren gedenke.

„Jedoch ich werde, um Metellus zu diesem Schritt zu bewegen, bewaffneter Macht bedürfen", äußerte Petronius im Laufe der Unterredung einmal fragend. Worauf Nero zur Antwort gab, das sei wohl möglich, überhaupt wünsche er das Werkzeug, sobald es ausgedient hat, verschwinden zu sehen. Er machte dabei eine schalkhaft wegwerfende Handbewegung und flüsterte in gutmütigem Ton, der Knabe könnte plaudern! „Nur im Fall er sich widersetzt, ist sein Tod unvermeidlich", entgegnete der Festordner, der eine gewisse Neigung zu Metellus nicht unterdrücken konnte. Hierauf verließ der Kaiser, über allgemeine Abspannung klagend, das Gemach. Auf der Terrasse angekommen, zeigte er sich von seiner liebenswürdigsten Seite, scherzte mit seinen Zitherspielern und lobte die Kohorte seiner Beifallsbezeiger. Dem Petronius hatte er noch zugeflüstert, er möge dafür Sorge tragen, daß von dem Mordanschlag nichts unter die Leute käme, damit, wie er sich ausdrückte, das Beispiel keine Nachahmer fände. So lächelte er und lobte fortwährend, schenkte sogar zwei Angeklagten, die Spottverse auf ihn gemacht und verbreitet hatten, die Strafe, indem er sagte, die Verse zeugten von Talent, das Talent habe ein Recht zu leben. Diese erkünstelte Heiterkeit wußte er so lange zu bewahren, bis man ihn mit Anstrengung in die Sänfte gehoben hatte. Rasch ließ er die Vorhänge herab, schloß die Augen und ließ sich in schnellem Tempo nach dem Palast tragen, während sich Petronius, über den in Ausführung zu bringenden Hauptschlag nachgrübelnd, in den Gebüschen des Gartens verlor. Der gewandte Höfling konnte es sich nicht wegleugnen, sein Herz hatte an dem frischen Jüngling Gefallen gefunden, eine zarte Neigung zog ihn zu dem Unverdorbenen, auf dessen Reinheit er, der raffinierte Wüstling, herabblickte wie auf die längst entschwundene Zeit der Kindheit. Sollte er ihn warnen? Das hieße die Gunst des Kaisers verlieren! Aber ihn dem Netz zu überliefern, schien ihm, als er so dahinwandelte, manchmal unmöglich, unvereinbar mit der Stimme seiner Brust. Um ein Gebüsch biegend, gewahrte er von fern eine Gestalt, die er nach schärferem Hinsehen erkannte. Dort floh Metellus durch die Büsche des Gartens. Sollte er ihn aufhalten? Einen Augenblick hindurch verwünschte er seine Stellung, sein Verhältnis zum Kaiser, es war ihm, als sehe er dort seinen Sohn ins Verderben eilen und die Füße seien ihm an den Boden gewurzelt, er dürfe ihn nicht zurückhalten vom Abgrund. Seinen Lippen entrang sich zitternd der Laut Metellus, den jedoch der Hineilende nicht hörte.

Metellus hatte unterdessen, den Garten durchirrend, nach der Grotte des Bacchus gesucht. Auf dem Weg hatten ihn weder die Nymphen, die um Quellen lagerten, noch die Frauen, die in den Hainen tanzten, aufzuhalten vermocht. Die verkleideten Tänzer, die jenen nächtlichen Spuk aufführen mußten, konnten kaum seine Neugier erregen. Einen seltsam schönen Anblick boten die fackelerhellten Tempel, aus denen Liebesseufzer, vermischt mit sanfter Flötenmusik, strömten, noch seltsamer nahmen sich die Kähne auf den Teichen aus, die, von schuppenglatten Meerungeheuern umschwommen, goldene Furchen im Wasser zogen. Fern über den vom Fackelschein kupferbraun gefärbten Baumwipfeln schwamm der Himmel in tiefer Röte, die den Ort bezeichnete, an dem die lebendigen Kandelaber allmählich verglommen.

„Pflegt die Liebe, o Sterbliche", wehte es aus den erglühenden Säulen eines den Hügel herabschauenden Tempels, „bald umarmen euch statt blühender Mädchenarme schwer hinschwebende Nebel des Orkus, laßt nicht vorbeifliehen die Jugend, ohne genossen zu haben, was der Jugend den Reiz verleiht, denkt doch selbst der stumpfe Greis gern der rosenfarbenen Tage, die ihm nimmer wiederkehren, und weint eine Träne der Stunde, in der er versäumt hat, Wonne zu schlürfen. Pflegt der Liebe, huldigt der Allmutter Venus, ihr Joch ist sanft und blumenumkränzt." Metellus blieb stehen und lauschte den süßen Klängen, die über die Wiesen herüberwogten, mit feuchten Augen, indes zwischen den erglühenden Säulen der Altar geheimnisvoll flammte und dunkle Gestalten sich in dem mystischen Feuer bewegten. Dort will ich fragen, wo die Grotte zu finden ist, dachte der Verirrte. Da er den Hügel hinanklomm, erhob sich neben ihm eine weiße Gestalt und sagte:

„Willst du dein Schicksal vernehmen, Metellus, das ich in den Sternen las?"

„Wer bist du, ich kenne dich", gab der Jüngling zurück, „du bist kein Weib!"

„Frage nicht, wer ich bin", erwiderte die verhüllte Gestalt, „frage, wer du bist."

„Ich weiß, wer ich bin", sagte Metellus, und von Angst gepackt, eilte er den Hügel hinab. Ratlos, wo er sich hinzuwenden habe, begegnete ihm ein als Merkur verkleideter Sklave, der ihn in kurzer Zeit vor eine künstlich aufgetürmte Felsenmasse führte, deren phantastische Zinken der Mond mit phantastisch-grünlichem Schleier überrieselte. Hier war es einsam. In der Ferne ragten die Bogen des Zirkus, in der Nähe schimmerten weiße Marmorgestalten auf schwarzem Taxusuntergrund, die Drähte eines vergoldeten Vogelhauses blitzten durch die Nacht, und aus dem breiten Baldachin der Pinien ragte die Zypresse schwermütig und stolz in den Nachthimmel. Des Knaben Erwartung steigerte sich ins unerträgliche, als dieser Merkur, geheimnisvoll lächelnd, ihn durch eine kleine, in den Felsen angebrachte Tür schob, die sich hinter ihm schloß, und er, von Nacht umgeben, dastand. Er wagte es, weiterzugehen, nach einer Stelle zu, aus der klagende Flötenhauche ertönten. Wie er fühlte, berauschte sich sein Sinn an einem wunderlichen Geruch, der aus der Finsternis aufquoll. Zugleich mit diesem Geruch erfüllte eine bläuliche Helle den Raum, die alle Gegenstände in einen die Neugier reizenden Schleier hüllte, und ehe Metellus noch klar über das, was er sah, zu urteilen vermochte, fühlte er seinen Hals von zwei Armen umschlungen, die ihn auf ein Lager niederzuziehen bestrebt waren. Schon diese dreiste Berührung setzte ihn in Erstaunen, überrieselte ihn mit angenehmem Befremden. Zwar beklemmte die Vorstellung, von der edlen Octavia auf diese unedle Weise umarmt zu werden, sein Herz und erfüllte es mit unverstandener Trauer, doch ließ er sich, wie in wehes, seliges Sinnen verloren, auf die Polster niederziehen, ganz in Hingebung zerschmelzend. Wie er nun trotz der Tugendkraft, die ihn heiß überdrang, verschämt den Kopf neigte und sich, während sein Haupthaar unter dem warmen Atem eines Frauenmundes erzitterte, nicht zu regen wagte, fühlte er zwei Lippen auf seinem Nacken brennen, und seinem unmännlichen Benehmen zürnend, wendete er sich um, mit beiden Armen heftig das geliebte Wesen an sich reißend. Kaum hatte er sich umgewendet, als er die schmerzhafte Täuschung empfand, nicht Octavia, wie er gewähnt hatte, Poppäa hielt ihn umschlungen. Poppäa lächelte mit ihrem listigsten Lächeln unter der Hülle ihrer rosenbestreuten Kleidung hervor. Dem sterbenden Gladiator, der unter dem glühenden Eisen des prüfenden Totenbeschauers zuckt, kann nicht erbärmlicher zumute sein, als es Metellus nun zumute war. Wie ein Schrei, der nicht laut wird, aber dennoch die Brust zu zersprengen droht, zitterte es in ihm, und das grausame Bewußtsein, daß ihn Octavia nicht liebe, überkam ihn, als habe man ihn mit Ruten geschlagen, als müsse nun sein Blut aus jeder Pore seines Leibes dringen. Poppäa bemerkte an dem erlöschenden Blick des Jünglings, was in ihm vorging, sie kräuselte unwillig die Brauen, bis sie sich über der Nase berührten.

„Was ist's, das dich plötzlich in die Höhe scheucht, da du mich kaum umarmtest", fragte sie, „gefällt dir Poppäa nicht? Wen dachtest du hier zu finden? Ich errate, wen du hier zu umarmen wähntest, aber ich sage dir, hüte dich, daß es andere erfahren, es ist dein Untergang."

Da er sie nicht anhörte, flüsterte sie zornig:

„Octavia gedachtest du hier zu finden, gestehe es!"

Sie durchbohrte ihn mit dem Blick der Eifersucht, aber selbst der Name Octavia schien ihn nicht aus seiner Schwermut zu erwecken. Nochmals begann sie mit lauter Stimme:

„Oh, diese Octavia, sie verdient den Tod, da sie dir den Tod gibt. Ja, schau mich rätselhaft an, sie wird dir den Tod geben, deine Octavia. Ich darf nicht reden, Gewalt bindet mir den Mund, aber ein Wort von mir wäre hinreichend, dich jene Octavia verfluchen zu lassen."

Da er jetzt die Augen matt zu ihr aufschlug, fühlte sie allmählich Mitleid mit dem Erblassenden, der noch immer einem Toten ähnlich vor sich niederstarrte. Doch da ein schönes Gesicht im Schmerz erst die tiefsten Geheimnisse seiner Schönheit unwillkürlich entschleiert, entbrannte das wüste Weib wie nie zuvor in den Tieftraurigen. Sie begann ihn, der aufgesprungen war, schmeichelnd wieder herabzuziehen, dabei alle ihr zu Gebot stehenden Mittel der Koketterie in Anwendung bringend, bald lächelnd, bald schmollend, bald froh, bald verschämt spielte sie mit seiner Hand.

„Was findest du denn Anziehendes an Octavia?“ scherzte sie. „Bin ich nicht ebenso schön wie sie? Lobt man nicht mein Haar, meine Hand, meinen Fuß – sieh! Welch kleine Hand ich besitze und wie sonderbar, dein Haar ist goldig wie das meine – uns haben die Götter füreinander geschaffen. Oh, wie du mir gefällst, mein Freund, wie schön dein Arm ist – aber zürne mir nicht, daß ich dir dies sage, die Liebe reißt mich hin, verzeihe meiner Raserei.“ – Nun drückte sie ihr Haupt an seine Brust, Zärtlichkeit, Eifersucht übermannten sie, Tränen entquollen ihrem Auge, die sie mit seiner Kleidung trocknete, und hastig, als fürchte sie jedes Wort, stieß sie unter Schluchzen hervor:

„Sie wollen dich töten, du bist verraten, fliehe!“

Und sich selbst vergessend, teilte sie Metellus mit, welches Netz man um seine Glieder gewoben hat, teilte sie ihm mit, daß er die Triebfeder jener grausamen Maschine sei, die man zur Vernichtung Octavias in Bewegung gesetzt hat. Metellus hörte anfangs Worte ohne Sinn, Gestammel, Geseufze, allmählich dämmerte ihm im entferntesten Winkel seines Bewußtseins die Ahnung, daß jene Worte, die er hörte, nicht bloß Worte seien, es bildete sich ein Nebel von Vorstellungen und Ideen in seinem Kopf, eine ängstliche Spannung umfesselte seine Gedanken, und als Poppäa ihren unklaren, von Schluchzen und Ausrufen der Zärtlichkeit unterbrochenen Bericht beendet hatte, war es ihm, als kreise, in immer mehr sich verengenden Kreisen, ein Unerhörtes, nicht zu Nennendes um sein Haupt. Er wußte alles und wußte nichts. Da er sich jetzt langsam unter dem bedrückenden Schmerz wie unter einem zusammengestürzten Haus hervorarbeitete, fühlte er mit Erstaunen, ja, mit Angst, wie an die Stelle des Schmerzes allmählich eine seltsame Verzweiflung, eine halb tierische Wut trat. Er wußte nicht, wem er zürnte, er zürnte! Und zwar so grimmig, als müsse er alles, was sich in seiner Nähe befand, zertrümmern, als könne nur Blut sein Inneres befriedigen. Alles Geordnete, Regelmäßige war ihm verhaßt, und in diesem qualvollen, an Wahnsinn streifenden Moment fiel ihm das schmeichelnde Weib in die Augen. Wie ein dickes Schwert drang es ihm vom Herzen aus ins Gehirn, jede Ader erschwoll ihm, er haßte, er drückte die ihm gereichte Hand so stark, daß Poppäa, ein Stöhnen unterdrückend, auf das Lager zurücksank und, als sie jetzt, da er auf sie zustürzte, jenen irren, grellen unheimlichen Blitz in seinen Augen bemerkte, wollte sie erschrocken um Hilfe rufen. Es war zu spät. Und es geschah, was nie hätte geschehen sollen. Er genoß, was nicht als Betäubungsmittel innerer Verzweiflung hätte genossen werden sollen.

Wir finden Metellus in derselben Nacht im Park wieder, gänzlich zerstört sich an den Boden werfend und mit heißen Tränen die Erde befeuchtend. Eine vernichtende Reue war über ihn gekommen, Schmerz und Wut hatten sich in erschlaffende Selbstanklagen aufgelöst. Er zuckte, ganz seinem wilden Jammer dahingegeben, wie ein unter Rutenstreichen Verendender, auf dem Gras, sich nichts anderes wünschend als Vergessenheit. „Wenn das Liebe ist, was ich genoß", sagte er sich, „so sei sie verflucht, sie ist der Hohn der Götter über die erhabenen Gefühle der Staubgeborenen. Wie konnte ich dieses Weib umarmen, während ich sie verachtete, während ich ein anderes, edles Weib im Herzen trug! Ich verstehe mich nicht! Ich verzweifle an mir selbst und bin mir ein Abgrund von Widersprüchen! Liebe ich denn jene andere nicht? Oder bin ich ihrer nicht wert?" Wohin war das süße Dämmerlicht seiner Tugendtage geschwunden, wohin das unbestimmte Weben und Träumen seiner unschuldigen Knabenseele. Nun hatte er Gewißheit, aber sie drang ihm wie ein übermäßig helles Licht in die brennenden Augen. Er war zum Mann geworden, aber auf falschem Weg, nicht im Tatendrang des Lebens, allmählich mit schöner Sicherheit, in edler Reife, wie das Siegesgespann, das zum krönenden Ziel fliegt – nein! Gewaltsam hatte er die Männlichkeit an sich gerissen, noch an Geist und Körper ein Jüngling, war es ihm, als habe man ihn zum lebenssatten, verdrießlichen Greis gemacht. Stephanos saß, die Lippen halb geöffnet, neben seinem Herrn im Gras. Es war ihm ganz unerklärlich, daß sein Herr auf dem Boden lag und das Gesicht in das morgenfeuchte Gras drückte, als wollte er sich verbergen. Er berührte verwundert seines Herrn Haupt, sagte aber nichts, sondern zog seine Hirtenflöte, die ihm sein Herr geschenkt hatte, heraus und begann, ihr leise Töne zu entlocken. Schon sah man über Rom die Morgenröte zittern, schon ließen sich die ersten schüchternen Stimmen erwachender Vögel vernehmen in den Blättern, der leichte Morgenwind umschmeichelte kühlend die heiße Wange des Unglücklichen und spielte in dem unschuldigen Gelock des Jüngeren. Die sanften Flötenhauche klangen anfangs dem Zerschmetterten wie Hohn.

„Laß das“, sagte er unmutig. Der Knabe setzte beschämt die Flöte vom Mund, konnte indes, als er einige Zeit Blumen gepflückt hatte, dem Drang nicht widerstehen und begann von neuem zu blasen. Noch einmal ermahnte ihn sein Herr ärgerlich zur Stille.

„Was fehlt dir nur?“ fragte der Kleine halb weinerlich. „Darf ich nicht Flöte spielen? Du bist so wunderlich! Bist du traurig, o Herr, oder freust du dich?“

Metellus verbarg sein Haupt an den Knien des Kindes, vor dessen Reinheit er eine Art scheuer Ehrfurcht empfand.

„Blase die Flöte, ich erlaube es dir, Stephanos“, flüsterte er, seinen Widerwillen gegen das Geräusch überwindend, „aber blase ganz leise! Deinem Herrn ist nicht wohl.“

„Bist du krank?“ fragte der Sklave.

„Nein", sagte Metellus errötend.

„Dein Blick ist so krank", wendete der Knabe ein, „soll ich schweigen?"

„Frage nicht und beginne", gab der Herr zurück, sich seines verwüsteten Gemüts schämend. Hiermit drückte er einen Kuß auf die reinen Lippen des Stephanos, und dieser erwiderte vergnügt den Kuß, was den Jüngling indes eher zu erschrecken als zu erfreuen schien. Er erblaßte und wendete sich entsetzt ab.

Erfreut setzte das Kind die Flöte an die Lippen.

„Höre nur, das ist ein Lied, an das ich mich aus meiner früheren Heimat noch erinnere."

Die sanfte klagende Musik, das rosige Erglühen ringsum in Büschen und Wolken, der kühle Morgenwind mit seinem Tau durchschauerte Metellus wie eine süße, wehe Ahnung, er seufzte auf und lächelte, indem er die tränenden Augen schloß. Nun schlief er, aber beängstigende Träume suchten ihn heim. Seine Stirn verfinsterte sich, Unwille schwebte um seine Brauen, er wälzte sich auf den Rücken, murmelte abwehrende Worte und setzte sich plötzlich stöhnend in die Höhe. Erwachend griff er sich an die fiebernde Stirn.

„Was ist das? – Und ist's möglich? – Wie war mir denn? – Sagte sie das?"

Und wie nach Atem ringend, faltete er die Hände. Stephanos lachte laut auf, als er seinen Herrn in so fassungsloser Verwirrung erblickte, und fragte, ob er im Traum einen Himmlischen erblickt hätte. Metellus schaute irr um sich, er hatte die Stimme Poppäas im Traum vernommen.

„Ist es Wahrheit, was sie mir verriet?" murmelte er. „Nein! Ich habe es geträumt, das kann nicht Wahrheit sein, es wäre zu unerhört."

Dann erzählte Stephanos, Bewaffnete hätten sich, als er die Flöte geblasen hatte, diesem Ort genähert, er habe deutlich ihre Helme im Morgenlicht durch die Büsche blinken sehen.

„Bewaffnete?“ fragte der Jüngling, noch schlaftrunken. „An diesem Ort?“

„Ja“, entgegnete der Kleine, „vielleicht bekommen wir ein militärisches Schauspiel zu sehen. Horch! Da sind sie wieder, ich höre ihre Armschienen rasseln.“

Kaum hatte Stephanos geendet, als der Festordner Petronius auf dem nächsten Kiesweg erschien, ganz in blauen Morgenduft getaucht. Metellus starrte ihn geistesabwesend an, als er jetzt höflich lächelnd nähertrat.

„Hast du einen Augenblick Zeit?“ fragte er mit gesuchter Unterwürfigkeit, die indes ihren Eindruck nicht verfehlte.

„Ja, ja“, stieß Metellus fragend hervor, sich nicht vom Platz rührend.

„Dann habe die Güte, mir zu folgen.“

„Warum?“

„Der Kaiser hat eine neue Gnade deinem Haupt ersonnen, mein Gebieter.“

„Gebieter redest du mich an?“

„Du wirst es von jetzt ab sein“, entgegnete, sich verbeugend, der Festordner.

Der ergebene Ton und die Anrede „mein Gebieter“ bestachen das Herz des Unerfahrenen, dem die übermüdeten Sinne den Dienst des klaren Überlegens überdies versagten. Metellus sprang empor und folgte, wie in dumpfem Traum, dem Festordner, der ihn einlud, in einer bereitstehenden Sänfte Platz zu nehmen. Als sich beide in den Kissen niedergelassen hatten, schloß Petronius die Vorhänge. Noch bemerkte der übermüdete Jüngling, wie sich der enge Raum in Bewegung setzte. Dann war es ihm, als ob behutsame Schritte, unterdrücktes Waffengeklirr, verworrenes Stimmengewirr an sein Ohr schlügen, aber das taktmäßige Wiegen der Sänfte fesselte ihn mit unüberwindlicher Schläfrigkeit. Er entschlummerte, obgleich er sich heftig gegen die lähmungsartige Schwäche sträubte. Petronius lag neben ihm in dem halbdunklen

Raum, preßte die Lippen fest aufeinander und betrachtete unaufhörlich die matten, schlummernden Züge seines Opfers. Zuweilen strich er ihm die Haare aus dem Gesicht, aber nicht mehr überkam ihn das Bedürfnis, den geliebten Jüngling zu retten, die Gewohnheit des Gehorsams hatte seine Seele verhärtet, stumpf und bleiern lag das Herz in seiner Brust, und in seinen Mienen ruhte ein starrer Schmerz. Schließlich konnte er sich nicht enthalten, einen Kuß auf die glatte Stirn des Schlafenden zu drücken, warf sich auf die andere Seite und schloß die Augen, als wolle er den Schlaf herbeitrotzen.

Als Metellus wieder erwachte, fand er sich auf seinem Zimmer im kaiserlichen Palast. Der Abend war bereits hereingebrochen, die letzten Strahlen der untergehenden Sonne röteten die Löwentatzen seines Lagers, spiegelten sich an den Wänden und schlichen an dem Vorhang hinauf, der den dämmernden Garten halb verhüllte. Auch über den runden, ziegenfüßigen Tisch, an dem Metellus saß, spielten die Strahlen. Die Rolle, die er in Händen hatte und die er mit stieren Augen immer und immer wieder überlas, erglühte, und das aschfahle Gesicht des Jünglings log unter der roten Strahlenschminke Lebensfrische. Er hatte die Rolle, da er erwachte, auf dem Tisch gefunden, sie lag so absichtlich bequem, daß er sie finden mußte. Auf ihren glatten Blättern stand eine Aufforderung geschrieben, die er jetzt seit einer Stunde unaufhörlich überlas. Endlich ließ er die Rolle sinken und schlug sich mit der geballten Faust vor die Stirn. „Ein Plan! Ein verabredeter Plan“, stöhnte er, „und ich war das Werkzeug? Ich Tor, der ich wie mit verbundenen Augen im allzu Klaren tappte.“ – Und es war keine Täuschung, kein Traum, hier stand es. Er befühlte die Rolle, sie war von Petronius unterschrieben. Es war derselbe Plan, den ihm Poppäa mitgeteilt hatte, er erinnerte sich jetzt jedes ihrer Worte, wie man sich in wachem Zustand des nächtlichen Traumes erinnert. Die Rolle bot ihm nebst einem Landgut hohe Ehrenstellen an, wenn er einwilligte, Octavia in einer Nacht in eine Situation zu verwickeln, die den Herbeieilenden ihre Treue als Ehegattin verdächtigen mußte. Was mit ihm geschehen sollte, wenn er sich weigerte, auf diese Schurkerei einzugehen, sagte die Rolle nicht. Und waren das Menschen, mit denen er verkehrt? Wurde es ihm endlich klar, welche saubere Gesellschaft ihn umgab? Und war denn einer besser gewesen als die anderen? Umgrinste ihn nicht Eigennutz, Genußsucht in jeder Gestalt? Mit Entsetzen wandte sich sein Blick ab von dem Leben, das er bisher ungeprüft hingenommen hatte, ein Grauen durchdrang ihn, in solcher Welt zu atmen verdammt zu sein, nur scheußliche Larven, Klauen und Zähne starrten ihm entgegen, wo er hinblickte. Ihm schien, er wandle bereits da, wo er einst hinkommen sollte, in die von Schwermut umdunkelte Unterwelt. Und Octavia? Hatte er sie nicht ohne zu wollen betrogen? Burrus hatte nicht gelogen? Der Kaiser war ihrer bereits überdrüssig! Diese Gewißheit, der Menschenhaß mit seinem öden Erkalten, die Liebe mit ihrer pressenden Sehnsucht, das bittere Durchschauen der Welt, alle diese verschiedenartigen Empfindungen zogen an seiner Seele vorüber, schlugen manchmal wie vernichtende Wellen über seinem Haupt zusammen und erstickten den letzten Rest von Kindlichkeit. Er legte die Rolle weg, brachte sie von neuem an das Auge und rief ein über das andere Mal: „Octavia! Man treibt ein Spiel mit uns! O Herrin, verzeihe mir, oh, verzeihe mir, Burrus! Oh, wäre ich geflohen damals. Ich töte sie, ich töte, die ich liebe!"

Sich die Brust zerschlagend, sank er mit dem Kopf an die harte Wand und gab sich ganz seinem Schmerz hin, der ihn schüttelte wie ein Riese.

So stand er einige Zeit, kindisch weinend und doch nicht mehr ein Kind. Da es dunkler wurde und die nicht mehr geröteten schwarzen Bäume des Gartens im Nachtwind rauschten, wollte er sich emporraffen, doch legte sich eine Hand auf seine Schulter, Petronius war unbemerkt eingetreten. Die beiden standen sich schweigend gegenüber, Metellus schweratmend, Petronius ängstlich beobachtend.

„Du hast die Rolle gelesen", begann der letztere, den Kopf abwendend, „nun, ich denke, du willigst ein?"

„O gewiß", knirschte Metellus höhnisch und durchbohrte den Verlegenen mit dem Blick stiller Wut.

„Du willigst ein?" wiederholte der andere kleinlaut.

„Oh, mein trefflicher Lehrer", versetzte der Künstler, „bei Zeus! Deine Schule war gut, dein Plan fein! Schade, daß du dich in mir geirrt hast. Warum fiel auch deine Wahl auf mich, den Provinzialen? Gibt es nicht genug Gladiatoren oder Gaukler in Rom! Deine Menschenkenntnis hält nicht Schritt mit deinen Jahren, du hättest dir denken können, daß der unkluge Metellus nicht taugt für deine feinen Künste. Aber getrost, mein Freund! Rom ist groß, in zwei Tagen hast du ein anstelligeres Werkzeug gefunden. Nimm es mir nicht übel, wenn ich nicht gerne zum Schurken werden möchte, obgleich die Gelegenheit sehr verlockend ist."

Metellus' Schmerz war so tief, verbreitete sich dergestalt über das Leben als Ganzes, daß er der Fassung sehr nahe kam und den Zorn unterdrückte. Petronius nahm die bitteren Anschuldigungen seines Opfers hin, als sei er darauf vorbereitet gewesen, mit gesenktem Haupt, glanzlosem Auge.

„Sage deinem Kaiser, ich verachte ihn", fuhr der Jüngling fort, „das ist meine ganze Antwort. Und nun mache mir Platz, ich verlasse den Palast."

Der Höfling rührte sich nicht.

„Hast du mich verstanden?" rief der Knabe. „Weiche von der Tür, ich will dieses Haus verlassen, ihr seid Schändliche, mit deren Atem ich den meinen nicht vermischen mag." Da der Festordner immer noch in derselben Stellung verharrte, schritt Metellus auf ihn zu.

„So muß ich mir den Ausgang erzwingen", rief er, „und dich als Sklaven betrachten, den man mit Fußtritten vertreibt."

„Mir sagst du das?“ fuhr Petronius empor, indes Metellus die Fäuste ballte.

Wirklich trat der alte Höfling einen Schritt zurück, als des Jüngeren Hand kräftig seinen Arm umspannte.

„Ich werde doch“, murmelte der Knabe, „dieses ausgetrocknete, wurmzerfressene Höflingsgestell von der Tür vertreiben können.“ – Kaum hatte er jedoch den Türvorhang hinweggerissen, als er mit dem Ausruf „Gewalt“ auf den erblassenden Lippen zurückprallte. Er war umzingelt, eingeschlossen, war ein Gefangener! Da standen sie vor ihm, in dunkelroten Fackelschimmer getaucht, die erbarmungslosen Werkzeuge der Tyrannei, wie erzene Bildsäulen standen sie. Er griff sich an die Stirn – gefangen? War es möglich? – Die Züge der Prätorianer starrten ihm hinter den Pfosten entgegen. Blitzende Speere richteten sich auf seine Brust.

„Gewalt“, stammelte er höhnisch, „glaubt ihr, mich zwingen zu können? Warum steht ihr dort? – Geben ergraute Krieger sich zu Henkersknechten her? Oh, welche Römer, seht die tapferen Nachkommen des Romulus!“

Die Krieger standen noch immer regungslos wie Erzbilder, der Rauch der Fackeln zog an ihren Reihen entlang und wölbte sich schwarz um die Türpfosten.

„Ich handle im Auftrag meines Herrn“, entgegnete Petronius mit unsicherer Stimme, „du kennst den Willen des Kaisers, er verheißt dir Reichtum, willfährst du ihm – er verheißt dir den Tod, weigerst du dich, ihn auszuführen.“

„Den Tod, wenn ich mich weigere, ein Weib zu kränken?“ rief der Jüngling, indem er den Türvorhang sinken ließ.

„Den augenblicklichen Tod“, versetzte der Festordner.

„Und kannst du wähnen, elender Tyrannenknecht, der Tod sei mir willkommen, nachdem ihr mir die Larven vom Gesicht meiner Mitmenschen gerissen, mir gezeigt habt, daß sie Wolfsgesichter verbergen, nachdem ihr mir gezeigt habt, wie hohl, wie leer das Treiben der Welt ist? Meinst du, es sei für denjenigen noch ersprießlich zu leben, dem widerfahren ist, was mir widerfuhr? Ich erstaune, daß noch einer zu leben wagt, nicht darüber, daß der Weise den Tod herbeisehnt. Nur zu, macht ein Ende mit mir, wenn es euch beliebt."

Metellus hatte diese Worte mit dem aufgeregten Pathos gesprochen, dessen sich oft selbst die Phantasielosen unwillkürlich bedienen, sobald ihre Lage sich ins Tragische steigert.

„Ich gebe dir Bedenkzeit", erwiderte ihm Petronius, „und da ich dir stets freundschaftlich gesinnt war, füge ich hinzu: Du mögest der Gewalt weichen und statt des Todes Belohnung dahinnehmen." Metellus hatte die Arme über die Brust gekreuzt und blickte finster brütend vor sich nieder. Es war keine Lüge, anderen oder sich selbst gegenüber, wenn er den Tod herbeiwünschte. Das Leben starrte ihm, jeden Reizes entkleidet, ins Auge wie ein fleischentblößter Totenschädel, dessen liebliches Lächeln sich in sarkastisches Grinsen verwandelt. Genüsse hatte es nicht mehr für ihn, selbst die Liebe zu jener hohen Frau war aus seinem Busen geschwunden bis auf einen bedeutungslosen Rest. Petronius, dem der ganze Auftritt, wie man an seinen scheuen Blicken ersehen konnte, peinlich war, beobachtete den Sinnenden noch einige Minuten mit verschleierten Blicken. „In der Tat, er scheint in diesem Augenblick den Tod nicht zu fürchten", sagte er zu sich selbst, „schade um ihn!" fügte er seufzend hinzu.

Da wollte es der Zufall, daß sich Metellus an dem Speer eines Prätorianers den Arm ein wenig ritzte, als er einen Schritt gegen die Reihe der Krieger machte, und diese glauben mochten, er wolle entfliehen. Es war ungewiß, ob dieser kleine, körperliche Schmerz eine Sinnesänderung in dem Busen unseres Freundes hervorrief, doch bemerkte Petronius, daß er, als er sein eigenes Blut fließen sah, erbleichte. Achselzuckend wollte sich Petronius mit den Soldaten entfernen, als Metellus seinen Namen rief. Erfreut hierüber kehrte der Festordner zurück.

„Sei vernünftig, füge dich in die Umstände", ermahnte er, „was nützt dir der Tod!"

Metellus sah ihn mit halb verlegenem, halb verächtlichem Lächeln an.

„Ja, in der Tat, was nützt er mir", sagte er. „Wohl gesprochen, mein Freund."

Diese Mahnung des Festordners hatte den Geist des anfangs Ratlosen plötzlich wie mit innerem Licht beleuchtet. Er sah einen Ausweg vor sich, es winkte ihm ein entfernter Hoffnungsschimmer. Warum soll ich dem Betrug nicht Betrug entgegensetzen, sagte er sich. Und so unbeholfen er sich auch unter der Maske der Verstellung benehmen mochte, er sah ein, daß es hier angebracht war, sich seiner Offenheit zu entäußern.

„Macht mit mir, was ihr wollt, ich weiche der Gewalt", sagte er nach einigem Nachsinnen, indem er sich bemühte, ein möglichst argloses Gesicht zur Schau zu tragen.

„Du willigst ein?"

„In alles!"

„Du vollführst den Plan?"

„Was braucht es der Fragen?" entgegnete der Jüngling, der in beständiger Angst schwebte, man könne seine ihm ungewohnte Maske durchschauen. Petronius reichte ihm erleichtert aufatmend die Hand.

„Dir bleibt keine andere Wahl", sagte er, „du gestaltest die Welt nicht um, folglich mußt du dich von ihr umgestalten lassen."

„Sehr wahr, mein Lehrer in der Weltweisheit", sagte der Knabe mit frostiger Stimme, „ich gebe dir hierdurch den Beweis, daß ich Octavia nicht liebe, wie du zu glauben schienst, und daß mir mein Leben mehr wert ist als ihre Ehre – bist du jetzt hiervon überzeugt?"

„Es bleibt dir keine andere Wahl", sagte der Höfling ausweichend.

„Und daß ich den Kaiser nicht erzürnen möchte", fuhr Metellus mit noch klangloserer Stimme fort, „ich bitte dich, verschweige, was ich im Augenblick der Verwirrung hervorstieß und versichere den Kaiser meiner Ergebenheit."

„Ich werde es mir zur Lebensaufgabe machen, dein Wohl zu befördern", sagte Petronius zweideutig.

„Und nun laß mich die Einzelheiten des Plans wissen", entgegnete Metellus mit fast befehlendem Ton, durch dessen Festigkeit er sich einen inneren Halt zu geben versuchte.

„Zwei Stunden vor Sonnenaufgang", begann Petronius flüsternd, „werde ich dich in die Gemächer der Kaiserin geleiten. Die Kaiserin wird zu dieser Stunde noch der Ruhe pflegen. Du dringst bis in ihr Schlafgemach, dessen anstoßende Gemächer von Lauschenden besetzt sind. Es bedarf zwischen euch beiden, dir und der Kaiserin, nur weniger Worte – das genügt, um euch zu überraschen, euch anzuklagen."

Metellus schauderte, da er sich in dieser erniedrigenden Situation dachte.

„Das genügt nicht", fiel er dem Sprechenden ins Wort, „ich bedarf einer halben Stunde. Wenn dieses Schauspiel auf die Lauschenden den Eindruck der Wahrheit machen soll und nicht den einer einstudierten Posse, so muß ich mindestens eine Stunde Zeit haben. Auch wäre es gut, die Lauscher erst später, wenn ich mich bereits länger bei der Kaiserin aufgehalten habe, in die anstoßenden Gemächer zu dirigieren."

Metellus hatte mit übermäßig strenger Entschlossenheit gesprochen. Petronius besann sich, und wähnend, der Knabe sei in seine frühere unbefangene Denkungsart zurückgefallen, neigte er billigend das Haupt. „Ich muß deine Gründe gutheißen", sagte er, „du magst recht haben. So geschehe es nach deinem Willen, halte dich bereit – zwei Stunden vor Sonnenaufgang."

Hiermit verließ er, heiterer als er es betreten hatte, das Gemach. Draußen auf den weiten Gängen hörte man den Mosaikfußboden widerhallen unter den sich entfernenden Schritten. Kommandorufe ertönten, dumpfe Echos erstarben ferner und ferner. Metellus saß lauschend, den Kopf in die hohle Hand gestützt. „Ich fange an, mich in die Welt zu finden“, murmelte er, „ich überliste die Listigen, wollten es die Götter, daß ich die arme Herrin aufklären kann, damit sie gerettet werde!“

Dann sprang er auf, lachte ingrimmig vor sich hin und darauf, das Gesicht in den Händen verbergend, mußte er seine ganze Kraft sammeln, um nicht in lautes Weinen auszubrechen. Als er jetzt mit sonderbarer Unruhe in dem Gemach auf und nieder eilte, manchmal stehenblieb, einige Worte murmelte, erschien Stephanos und erzählte, draußen im Garten sei prächtiger Mondschein, aber dort in dem Gebüsch stehe ein Soldat. Metellus blickte hinab. Kein Lufthauch bewegte die Blätter der schlummernden Bäume, von Zweig zu Zweig troff das Gold des Mondes, drückende Schwüle sammelte sich über den totenstillen Wipfeln. So stand er regungslos und erwartete die zweite Stunde vor Sonnenaufgang und dachte der Zeit, da er als freigeborener Künstler zum erstenmal Rom betrat, jetzt ein Gefangener.

Zehntes Kapitel

In Octavias Schlafgemach über dem Lager hing eine kleine Ampel, die ihr trübes Licht auf die ermatteten Züge der ruhenden Kaiserin herabgoß. Die hohe Frau starrte mit weitgeöffneten Augen die babylonischen Verzierungen des Bettvorhangs an und versuchte vergebens die trüben Gedanken des Tages zu verscheuchen. Da ihr dies nicht gelingen wollte, schlug sie an ein neben dem Bett stehendes Metallbecken. Dreimal mußte sie schlagen, ehe der vibrierende Klageton die Dienerin weckte. Der Vorhang des Nebengemachs teilte sich, Meroë, nur ein Tuch um die Schultern, trat ein.

„Verzeihe, ich schlief so fest", gähnte die verschlafene Ägypterin, „schläfst du noch nicht, gute Herrin?"

Octavia, ohne ihr auf diese Frage Antwort zu geben, verlangte Platos Werke.

„Den Band, in dem ich gewöhnlich lese", sagte sie mit einer Betonung, als koste es ihr übergroße Mühe, ihren Worten Zusammenhang zu geben. Meroë wankte schlaftrunken an das Büchergestell, indem sie die Zehen der nackten Füße, die den kalten Marmorfußboden berührten, krümmte.

„Ich weiß nicht, es ist so unruhig heute nacht", gähnte sie, die Rolle der Herrin reichend, „draußen im Garten knirscht zuweilen der Kies, durch die Gänge hallt es seltsam. Ach! Wie ich schläfrig bin."

Sie stand vor dem Bett wie ein Rohr, das der Wind hin und her wiegt.

„Setze dich ein wenig zu mir, mein liebes Kind", sagte die Kaiserin, „erzähle mir von deiner Heimat."

Die Zofe setzte sich ziemlich verdrießlich neben dem Bett nieder und spielte mit dessen Purpurfransen.

„Nun?“ fragte die Kaiserin.

„Ach ja“, gab die Zofe zurück, ein abermaliges Gähnen unterdrückend. Hierauf trat eine Pause ein, die Flamme der Ampel zuckte, der Vorhang bewegte sich leise im Nachtwind.

„Mir ist heute so weh ums Herz, Meroë, ich kann vor Kummer nicht schlafen, es wäre recht schön von dir, wolltest du mich ein wenig durch Plaudern zerstreuen“, sagte die Kaiserin, sich in den Kissen aufrichtend, das müde Gesicht mit den furchtsamen, großen Augen auf die Freundin richtend.

„Gewiß, recht gern“, erwiderte die Zofe, indes ihr Haupt müde auf die Brust herabfiel, den fetten Nacken entblößend. Beide schwiegen. Die Kaiserin zitterte krampfartig mit dem Haupt, als seien die Sehnen ihres Halses mürbe und altersschwach geworden. Es war ein erbarmungswerter Anblick, dieses edle, stolze Haupt zittern zu sehen. Nach längerer Zeit fuhr die Kaiserin fort:

„Vielleicht sind wir nicht mehr lange zusammen, wie wirst du dann ohne mich in dieser Welt leben?“

„O nein, o nein“, seufzte die Dienerin und hob schläfrig den Kopf mit den zugefallenen Augenlidern.

„Ja, es geht mit mir zu Ende“, begann die Kaiserin aufs neue, „von Tag zu Tag sinkt meine Geltung, schon wagen meine Freunde kaum mehr mit mir zu reden. Alles flieht mich, und verschiedene Äußerungen, die der Kaiser in bezug auf mich fallen ließ, weissagen das Schlimmste. Bald werde ich meinen Bruder umarmen. Denke dir, Liebe, Andromachus bat den Kaiser, mich zu verbannen, und der Kaiser soll ihm geantwortet haben, ich könne ebensogut in Rom sterben. Ist das nicht traurig, mein Kind, den Tod immer vor Augen zu haben und doch nicht sterben zu können? Manchmal ist es mir, als sei ich längst gestorben. Sage doch, wirst du meinen Scheiterhaufen mit Wein besprengen, wenn mich die Flammen verzehren, wirst du mir Tränen nachweinen, Meroë?“

Noch ehe Octavia geendigt hatte, verkündigten die regelmäßigen Atemzüge Meroës, daß sie sanft entschlummert war. Octavia lächelte traurig.

„Gehe zu Bett, du Arme", sagte sie und schüttelte die Entschlafene an der Schulter.

„Hier ist das Buch", stieß diese erwachend hervor, rieb sich die Augen und sah verstört um sich. „Ich bin so müde", setzte sie dann weinerlich hinzu.

„Gehe zu Bett", sagte die Herrin noch einmal und wandte sich von ihr ab dem Bettvorhang zu.

Meroë reckte sich wie eine Katze, gähnte stärker als zuvor und entfernte sich taumelnd. Ein pressendes Schmerzgefühl in der Brust, drückte die Gebieterin das Haupt in die Kissen und versuchte die menschenfeindlichen Gedanken, die gewaltsam an ihr Herz drangen, zu verscheuchen.

Dem Bett gegenüber stand die Büste des Sokrates, auf diese versuchte sie ihr ganzes Seelenleben mit einer Art starrer Verzweiflung zu konzentrieren, als sei diese Büste imstande, ihr eine Zuflucht zu gewähren. Der stumpfnasige Weise schien ihr mitleidig zuzulächeln, sein grotesker Schatten am Fußboden, die Beleuchtung seines kahlen Schädels, die tiefe Stille ringsum, der Nachthauch, der wie ein Freundeswort durch das Gemach schwebte, alles dies prägte sie ihrem Geist ein, und so gelang es ihr, dem reinen Anschauen hingegeben, sich das Denken zu verbieten. Zwar manchmal schlüpfte dennoch eine vorlaute Mahnung an ihrem Bewußtsein vorüber, doch raubte jetzt die geistige Abspannung allen diesen Mahnungen oder Befürchtungen ihre Bestimmtheit, ihre schmerzliche Schärfe. Die hohe Frau hatte sich, da sie von Kindheit an zu leiden gewohnt war, eine Virtuosität angeeignet, mit deren Hilfe es ihr gelang, alles aus ihrer Vorstellung zu verbannen, was ihr gefährlich werden konnte. Selbst das Süße, das Liebliche wußte sie in der Vorstellung, mit eigensinniger Härte gegen sich selbst, zu umgehen. Sie war grausam gegen sich selbst und fand Genuß in dieser Grausamkeit, sie war ihr eigener Tyrann. So hatte sie es zuwege gebracht, das Bild des Metellus in der Seele zu tragen, ohne eigentlich an ihn zu denken. Er war wie ein Licht, das sie durchleuchtete, ohne daß sie es sah, sie dachte nicht an ihn, und doch war er ihr gegenwärtig, immer gegenwärtig. Sie mochte tun, was sie wollte, er bildete den Hintergrund aller ihrer Gedanken. Allmählich zerfloß die Büste des Sokrates in einen weißen Nebel, die Ampel gab den Ornamenten der Decke unsichere Konturen, schließlich zerschmolz ihr trüber Schein mit dem Schatten der Möbel. Dann fielen der Ruhenden, als die Müdigkeit unerträglicher wurde, die Augen zu, noch fühlte sie den kühlen Hauch der Nacht auf der Wange, dann schwebte er von der Decke herab, der sorgenentrückende Schlaf. Tiefe Atemzüge atmete ihre nun entlastete Brust, aber diese Atemzüge, dieses befreite Lächeln wurde seit einigen Minuten belauscht. Gelehnt an die vergoldeten Bettpfosten, im Schatten des Vorhangs, stand seit einiger Zeit der, dessen Wesen sie eben noch tief in der Seele nachempfand, Metellus! Er hatte sich eingeschlichen und sah jetzt mit hartem, glanzlosem Auge auf die Schlafende herab, deren ovales Gesicht auf den Kissen im aufgelösten Haupthaar schwamm. Der schöne Arm ruhte auf dem entblößten Busen und wurde von ihm gehoben, edler Friede umschwebte ihre Gestalt, von der schmalen Stirn an bis dahin, wo ihre Zehen eine Erhöhung in der Purpurdecke bildeten. Metellus wagte sie nicht zu wecken, obgleich er weder Ehrfurcht noch sehnende Leidenschaft in ihrer Nähe empfand. Er fühlte sich so ausgestorben, so leer, seit sein Herz an allgemeiner Enttäuschung erkrankt war. Das Leben schien ihm nicht mehr lebenswert, die Liebe nicht mehr liebenswert, alles Begehren schien in ihm erloschen, glimmte aber unter der Asche des Lebensüberdrusses fort. Dieses Weib war ihm, wie er sich einbildete, nicht mehr der Inbegriff alles Schönen und Hohen, jene schmachtende Demut, in die ihn früher ihr Anblick versetzt hatte, war einer Geringschätzung gewichen, jenes schamhafte Entzücken, das ihn vor einigen Tagen noch in ihrer Nähe durchschauerte, hatte einer fast spöttischen Gleichgültigkeit Platz gemacht. So versuchte er in der Schlummernden nicht den einst heiß begehrten Leib zu sehen, sondern vernichtete jede aufkeimende, tiefere Empfindung, bis eine seltsame Vorstellung in ihm durch den trügerischen Schimmer der Ampel hervorgerufen wurde. Dem Bett gegenüber stand ein Spiegel, und in diesem Spiegel sah der Knabe den Kopf Octavias, aber blässer und ohne Hals. Augenblicklich entstand in ihm das Bild einer Enthaupteten. Gerade so fahl, so leblos starrte dort das Gesicht aus dem goldenen Spiegelrahmen. Da ging ein schneidender Schmerz mitten durch seine Brust, peinliches Mitleid befeuchtete seine Augen, die sich jetzt mit milderem Glanz auf die Schlafende richteten. Sie war blässer und magerer geworden, um ihre geschlossenen Augen hatten sich dunkle Ringe gebildet, der ganze Gram, das ganze Elend ihres zerrütteten Lebens schaute selbst aus dem Frieden ihres Schlummers. Als er sie nun längere Zeit betrachtet hatte und allmählich fühlte, wie sein Herz immer weicher wurde, versuchte er dieser Schwäche niederzukämpfen. Dies tat er mit solcher Lebhaftigkeit, daß er das, was in ihm rang, leise mit den Lippen nachsprach. Dabei entschlüpfte ihm unwillkürlich das etwas lauter gesprochene Wort „Torheit“, und dieses Wort genügte, um den leisen Schlaf der Kaiserin zu stören. Sie seufzte auf, zog die Brauen schmerzlich zusammen und rief klagend:

„Meroë, bist du es?“ Sie rief zum zweitenmal, und da sie keine Antwort erhielt, setzte sie sich in den Kissen empor und lispelte traurig: „Oh, ich schlief so gut.“ Sie wollte sich wieder legen, aber einen sich regenden Schatten neben dem Vorhang bemerkend, wandte sie sich um.

„Ich bin es, Herrin“, sagte Metellus mit ruhiger Stimme, stehenbleibend, wo er stand, und die Kaiserin, die mit dem Instinkt des Unglücks an seinem stillen Gesichtsausdruck sogleich erriet, daß ihn nicht Leichtsinn hierhergetrieben hatte, erschrak kaum, sah ihn mit bange fragenden Blicken an und sagte, nachdem sie das beklemmende Gefühl, das sie im Hals drückte, gleichsam hinuntergeschluckt hat:

„Metellus, ich habe von dir geträumt!"

An Metellus' Ohr schlug dieses Wort wie eine Geisterstimme aus der Unterwelt, so tonlos, so farblos. Ein trunkenes Weh durchzitterte ihn. Da er die Augen schloß, stand er wie einer, über dessen Seele ein bedrückender, böser Traum schleicht.

„Ich bin nicht gekommen, um dich nach deinen Träumen zu fragen", wehte es rauh von seinen sich kaum bewegenden Lippen. Er fühlte aber, wie eine frostige Aufregung sein Gebein durchschauerte, und mußte sich zugleich beschämt eingestehen, daß dieses Weib ihn bei weitem reiner, inniger liebte, als er sie liebte, daß er einer so weltvergessenen Liebe nicht würdig sei. Wie schlecht ich bin, rief eine Stimme in seiner Brust, sie liebt mich, der ich sie in den Armen der Poppäa vergaß und der ich auch in diesem Augenblick sie nicht so liebe, wie ich sollte. Die Kaiserin sah ihn mit dem großen, schweren Auge noch immer weltentrückt an und sagte:

„Du hast recht, mich zu tadeln, ich sollte an das Land denken, wo es keine Träume mehr gibt." Dann setzte sie sich empor, und es war seltsam, wie die Schamhafte jedes Schamgefühl verlassen hatte, wie sie den Unterschied der Geschlechter nicht mehr zu kennen schien. Sie kleidete sich an, ordnete ihr Haar und beschaute sich sogar im Spiegel, ganz als sei sie allein. Sie betrachtete sich offenbar nicht mehr als Lebende, sie war ein Schatten, der dem Orkus entfloh, um nach Ablauf der gegönnten Frist wieder hinabzusteigen. Den Jüngling ergriff diese träumerische Beiseitesetzung des Schicklichen so sehr, daß ihm, obgleich sich keine Miene seines Gesichtes bewegte, eine Träne nach der anderen brennend über die Wangen lief. Als sie ihren Anzug vollendet hatte, setzte sie sich ermattet auf das Lager, legte die Hände in den Schoß und betrachtete ihren Freund mit jenem eigentümlichen, leblosen und doch herzzerreißenden Blick niedergekämpfter Leidenschaft.

„Du weinst", sagte sie, „weinst du um das Los Octavias?"

Nun erst bemerkte Metellus, daß er weinte, er schüttelte hastig das Haupt und wollte reden.

„Du hast Ursache, um mich zu weinen", flüsterte sie dann träumerisch, mit halb geöffneten Lippen zu ihm hingebeugt, „ich weiß, weshalb du kommst, ich habe es um dich verdient, daß du um mich weinst."

Metellus schüttelte das überwältigende Schmerzgefühl von seiner Brust und sagte, indem er versuchte, hart zu erscheinen:

„Es ist Gefahr im Anzug, du bist bedroht."

Dann berichtete er mit möglichster Fassung den Plan, den Nero zu ihrem Verderben ausgesonnen hat, und erst als er andeuten mußte, daß man ihn als Werkzeug ihres Falles verwendet habe, begann seine Stimme zu beben, und er brach ab. Die unerwartete Eröffnung dieses Anschlags machte einen stärkeren Eindruck auf die unglückliche Frau, als Metellus erwartet hatte. Nicht mit Ruhe und Hoheit nahm sie diese Enthüllung hin. Die Lippen aufeinanderpressend, hatte sie zugehört, jetzt befiel sie ein heftiges Zittern, ihr Atem ging schwer, und ihr Auge glühte im Fieber der Todesangst.

„Nicht wahr, ich bin schwach, ich bin töricht", sagte sie, sich entschuldigend, „ich sollte anders sein, ich weiß es" – und dabei griff sie mit beiden Händen nach ihren Schläfen. „Oh, in welche Gewalt gaben mich die Götter, welch ein furchtbarer Mensch."

Metellus suchte nach Worten des Trostes, fand jedoch nur unartikulierte Laute.

„Welch ein furchtbarer Mensch", wiederholte sie noch einmal, den Gatten meinend, um dann in Schweigen zu versinken. Hinter dem Vorhang hörte man Meroë schnarchen, dies war der einzige Laut, der die Stille unterbrach, und dessen tierisches Behagen wunderlich zu der inneren Qual der beiden Wachenden stimmte.

Ein etwas heftigerer Windstoß blies den Vorhang vom Altan zurück, man sah die Scheibe des Mondes traurig zur Hälfte in das Gemach lugen, ein welkes Blatt flatterte lautlos herein, nachdem es ungewiß in der Luft zitterte.

„Metellus", stieß sie nach einer längeren Pause bebend hervor, „Metellus, oh, es ist furchtbar – ich werde sterben ..."

„Sterben? Kann dich der Gedanke entsetzen?" entgegnete Metellus.

„Ich bin ein Weib", jammerte sie jetzt, ihre Schwäche mit dem Aufgebot ihrer ganzen Geistesbildung unterdrückend, „wir haben nicht euren Mut – sterben! Oh, wo finde ich Trost – ich habe nichts, woran ich mich halten könnte."

Sie faltete die Hände und sah verzweiflungsvoll zu dem Jüngling empor, dessen halb mitleidige, halb erstaunt mißbilligende Miene ihr das Kleinliche dieses plötzlichen Ausbruchs zum Bewußtsein brachte. Sie ließ demütig die Stirn sinken und sah beschämt vor sich nieder.

„Verzeihe meiner Schwachheit", sagte sie dann, „ich will stark sein, ich will mir Mühe geben, stark zu sein. Wer Plato gelesen hat, sollte den Tod nicht fürchten. Ein Plan, mich zu stürzen, oh, es ist schändlich. Was habe ich armes Weib verbrochen, daß man darauf sinnt, mich aus der Welt zu schaffen? Oh, es ist schändlich!"

Metellus berichtete die Einzelheiten des Plans und auch die Überraschung, die noch heute nacht hier in dem Schlafgemach stattfinden sollte.

„Ich bin gekommen", endigte er, „um dir dies mitzuteilen und dann, noch ehe deine Feinde uns zu überraschen vermögen, zu fliehen, vielleicht nach Bajä oder wo mich sonst mein Fuß hinträgt."

Die Kaiserin wußte nichts weiter zu sagen als: „Oh, es ist schändlich", was sie mechanisch immer wiederholte, die Arme zitternd gegen die entblößte Brust gedrückt. Ihr Jammer war um so ergreifender, als man ihm ansah, wie er mit ihrer durch Studien errungenen Seelengröße rang. Die hohe Bildung, die sie sich angeeignet hatte, beugte gewissermaßen unter dem Hauch des Todes ihr Haupt. Als Metellus sie in diesem Zustand erblickte, war es ihm, als rissen ihn zwei Rosse mitten auseinander, der Fußboden wankte unter ihm, und die Zunge klebte ihm glühend am Gaumen, als er jetzt stammelte:

„Lebe wohl, es ist Zeit, daß ich gehe, sie dürfen mich heute nacht nicht mehr in Rom finden. Wenn es möglich ist, versuche ich dich zu retten, vielleicht, daß die Bürger einen Versuch wagen, dich den Klauen deiner Verderber zu entreißen."

Als er dieses halb unverständlich hervorgepreßt hatte, wollte er sich schleunigst zum Gehen wenden, mit männlicher Kraft ein Ende zu machen. Als sie sein Hinwegeilen jedoch bemerkte, riß sie sich gewaltsam aus der lähmenden Geistesverwirrung empor, die ihr die Glieder band. Er hatte den Vorhang zurückgestreift, der mondbeglänzte Park lag ihm zu Füßen in der Schwüle der Nacht, die blaue, schwüle Nacht, in der die Wipfel goldig zitterten, spiegelte sich in den glatten Marmorwänden. Fern am Himmel schob sich eine dunkle Wolkenwand heran, die zuweilen ein leises Murren hören ließ, als koche in ihr ein mächtiger Zorn. Noch ehe er den Altan, der in den Garten führte, erreichte, stand Octavia vom Lager auf, einige Schritte zu ihm hinwankend. Es war, als besänne sie sich, als begriffe sie allmählich, was er zu tun gedenke, fragend schaute sie nach ihm hinüber, und er, die Hand auf der metallenen Altanbrüstung, sah beklommen zu ihr zurück. Die feinen Glieder nur von dem dünnen Gewand umflossen, stand die schlanke Gestalt der Herrin im bläulich müden Mondglanz da. Zitternd am ganzen Leib, als laste ein ungeheures Gewicht auf seinen Schultern, mit dem Ausdruck eines elend Verschmachtenden, sah er zögernd nach ihr hin. Nun rang sie die nackten Arme über dem Haupt, so daß sich ihr Busen unter dem Gewand hob, und bewegte die Lippen, ohne Worte hören zu lassen. Ein heftiger Windstoß durchsauste jetzt das Gemach, der Vorbote eines nahenden Gewitters, alle Teppiche, Gewänder und Blätter rauschten, es war, als rege sich das Leblose im Traum. Die dunkle Wolkenwand schob sich im Sturmschritt näher wie eine Legion, die zur Schlacht eilt, manchmal erglühte sie, wie von innerer Wut strotzend, dann rollte sie wieder schwarz daher. Noch immer standen die beiden unschlüssig, er erwartete, sie würde näherkommen, sie erwartete dasselbe von ihm. Im Hintergrund des Gemachs, da, wo es in das andere Gemach mündete, wurde leise eine Falte des Vorhangs zurückgeschoben. Sie bemerkten es nicht, die beiden Abschiednehmenden. Die Spalte vergrößerte sich, ein spähendes Auge wurde sichtbar, aber nur der marmorne Sokrates bemerkte das heimtückische Gesicht, hörte das unheilvolle Geflüster, das Waffengerassel. Octavia schritt näher an Metellus heran, schließlich stand sie dicht vor ihm, zwar schmerzbewegt, aber gefaßter. Sie gab sich Mühe, die Kaiserin zu zeigen, ihren Schmerz mit Würde zu bezwingen. Beide rührten sich nicht. Endlich lispelte sie:

„Sage mir nur eines vorm Tod, Metellus – hast du mich geliebt?"

Den Kopf zur Erde gebeugt, hauchte er: „Ja, Herrin!"

„Ich danke dir", gab sie zurück, „jetzt werde ich leichter sterben."

Ein neuer Windstoß rauschte durch beider Gewänder, ein dumpfes Grollen erschütterte die Luft, das drohend anwuchs, weithin hallend.

„Und du – du Herrin?" fragte Metellus mit vibrierender, atemloser Hast. „Oh, sprich, hast auch du – mich ..." Er zögerte.

„Stille, mein Freund", unterbrach sie ihn ernst, „ich bin die Kaiserin, mir ziemt es nicht zu lieben. Nimm die Versicherung, daß du mir meine letzten Lebenstage verschönt hast. Was kann dir an der Liebe einer Unglücklichen gelegen sein – doch nun! Leb' wohl! Es ist Zeit, daß du gehst."

„Oh, noch nicht", flüsterte er, plötzlich von der Macht seiner Leidenschaft überwältigt.

„Bedenke meine Sicherheit", entgegnete sie.

„Jetzt noch nicht", wiederholte er, „ich kann jetzt nicht gehen, verzeihe mir, Herrin – du bist so schön …"

„Wie selbstsüchtig das von dir ist, mir das jetzt zu sagen", hauchte sie, „du liebst mich nicht, sonst würdest du anders sprechen."

„Oh, laß mich deine Lippen berühren", bat er, „oh, wie schön du bist …"

Sie lächelte und schüttelte verneinend den Kopf.

„Die Hand wenigstens", bat er.

„Du würdest die Hand einer Toten küssen", sagte sie.

„Oh, ich weiß, es ist schlecht von mir", murmelte er.

„Nicht schlecht", fiel sie ein und streichelte ihm das Haar aus der Stirn. „Armer Knabe", setzte sie hinzu, „wie gern täte ich alles für dich, alles! Und so liebst du mich wirklich? Armer Knabe …"

„Küsse mich, und ich bin reich", flüsterte er.

Dann betrachtete sie ihn wie berauscht, faßte mit beiden Händen sein Haupt und drückte einen langen, heißen Kuß auf seine Stirn.

Er wollte sie hingerissen umarmen, aber indem er aufsah, streifte sein Blick den Hintergrund des Gemachs. Er hatte zu lange gezögert! Sie waren es! Ein konvulsivischer Aufschrei entrang sich seinem Mund, mit beiden Händen faßte er die Brüstung des Altans und stürzte sich fast besinnungslos hinab in die Gebüsche des Gartens. Die Kaiserin hatte sich umgeblickt, hinter dem Teppich des Nebengemachs hervor blitzten die Helme Bewaffneter, neugierige Gesichter lugten aus den beiden anderen anstoßenden Gemächern, Petronius flüsterte dem Kaiser, der aus der Gruppe seines Gefolges schritt, einige Worte ins Ohr, und der Kaiser, seine Stirn in finstere Runzeln legend, blieb mit einer Gebärde der Überraschung mitten im Schlafgemach stehen.

„Er ist entflohen", sagte Petronius auf Octavia deutend, während der Kaiser, an seinem Nachtgewand nestelnd, ein paar Schuhe für seine nackten Füße erbat, immer noch den starren Blick auf die Schuldige geheftet.

„Ich eilte aus dem Bett und wollte es nicht glauben", sagte der Kaiser mit studierter Würde, sich zu seinem Gefolge wendend, „aber nun muß ich es glauben. Seht her – mein Bett ist geschändet, der Herr der Welt besitzt nicht einmal, was jeder brave Bürger besitzt – ein treues Weib! Weh mir! Ich bin entehrt! Sprecht, was verdient diejenige, die mir das getan hat?"

Die Anwesenden standen regungslos, aller Augen ruhten auf Octavia. Der Kaiserin Gesicht begann, als sie ihren Gatten erkannt hatte, zu glühen, darauf zu erblassen. Eine irre, wahnsinnige Wut verzerrte zu gleicher Zeit, je länger sie in das brutale Heuchlergesicht des Gatten sah, ihre schönen Züge bis zur Unkenntlichkeit.

„Ist dies eine passende Stunde, um sich modellieren zu lassen? Kannst du leugnen, daß der Bildhauer dich besuchte?" fuhr der Kaiser fort. „Schon lange bin ich deinem Lebenswandel auf der Spur, diesmal habe ich meinen Zweck erreicht, den Beweis deiner Untreue in Händen. Die Richter Roms werden dein Urteil sprechen, das Volk Roms wird erkennen, wen es in dir verehrt. Bis dahin will ich dich unter militärischen Gewahrsam stellen, damit es dir vergehe, nächtlicherweile Ovids ‚Kunst zu lieben' in Prosa zu übersetzen."

Octavia hatte ihn mit Blicken, die er vermied, durchbohrt.

„Du?" – keuchte sie, sich bebend an die Brüstung des Altans klammernd. „Du? – Geschändet – dein Lager? – Du?" Sie rang nach Worten, keines findend in ihrer übermenschlichen Erregung.

„Es gibt keinen Namen für deine Verruchtheit", schrie sie auf, und da der Kaiser an sie hintrat, konnte sie sich nicht mehr beherrschen, sie spie ihm ins Gesicht, daß ihm die Feuchtigkeit von dem rötlichen Haar über das rechte Auge herabtroff. Darauf verließ sie ihre mühsam aufrecht gehaltene Kraft, stöhnend sank sie an der Brüstung zu Boden, sich mit halb unbewußtem Schamgefühl in die Falten des Vorhangs hüllend. Nero verließ mit dem Ausdruck alberner Wut auf dem verlegenen Gesicht das Gemach, während Octavia noch lange am Boden liegen mußte, ehe die bestürzten Dienerinnen es wagten, die Bewußtlose aufzuheben.

Elftes Kapitel

Poppäa Sabina schlummerte noch, als der Kaiser gegen Morgen an ihr Lager eilte. Das Licht der Ampel, das über den Bettpolstern von der Decke herabfiel, mischte sich mit dem ersten Strahl des Morgenrots, als der Kaiser vorsichtig den Vorhang zurückzog und einen Kuß auf die blonden Locken seiner Geliebten drückte. Poppäa gähnte und fragte sehr verdrießlich, wer die Unverschämtheit besitze, ihr den kostbaren Morgenschlaf zu rauben, und selbst als sie das Gesicht ihres hohen Gönners, der sich schalkhaft versteckt hielt, in den Falten des Vorhangs erblickte, entrunzelte sich ihre unzufriedene Stirn noch nicht.

„Welche Torheit", rief sie, „mich zu wecken. Weißt du nicht, daß der Liebhaber seine Geliebte nicht überraschen soll, wenn sie Toilette macht?"

„Wenn sie Toilette macht?" fragte Nero erstaunt.

„Ja, sieh her ..." rief Poppäa ärgerlich, und schlug den Vorhang gänzlich zurück, worauf Nero erschrocken einige Schritte vom Lager wich. Poppäa hatte das ganze Gesicht mit einer dicken Kruste verklebt, die aus in Milch getauchtem Brotteig bestand. Dieser Teig diente zur Glättung der Haut, und Poppäa, die wie alle schönen Frauen sich nicht gern bei den Geheimnissen ihrer Toilette belauschen ließ, war untröstlich darüber, daß ihr Liebhaber sie in diesem verklebten Zustand sah. In der Tat war von ihrer Schönheit nicht viel zu bemerken, ihre Haare lagen in Hülsen gewickelt, das Gesicht glich einem rauhen Tierfell, Busen und Hände steckten in gesalbten Tüchern, der ganze Körper glich einer eben erst einbalsamierten Mumie. Nero hatte sich Gesicht und Hände mit Milchquark besudelt, überdies die Hand an einer Haarnadel geritzt und schien durch den Anblick dieser verunstalteten Glieder seiner Geliebten einigermaßen ernüchtert. Endlich rief Poppäa nach der Zofe, die sofort mit einer Schüssel voll lauer Milch nebst einem Tuch erschien und auf Befehl der Herrin die Brotkruste herunterwusch. Bald tauchte hinter der schwarzen Rinde das weiße Gesicht auf, und ohne sich um ihren hohen Besucher zu kümmern, erhob sie sich vom Lager, ließ sich die Tücher abnehmen, bis sie endlich erklärte, jetzt wolle sie allein mit ihrer Dienerin gelassen werden, sie werde nie zugeben, daß der Kaiser tieferen Einblick in ihre Toilettenkünste gewänne.

„Noch tieferen Einblick?" lachte Nero, der sich bereits wieder in der besten Laune befand. „Welche Überraschung könnte meiner noch warten? Wird sich vielleicht noch herausstellen, daß, was ich bisher umarmt habe, gar nicht dir angehört? Den Busen läßt du dir aus Griechenland kommen, die Haare aus Germanien, die Arme aus Syrien – woher nimmst du die Zähne? Und welche Salbe küsse ich anstatt deiner Lippen?"

„Verlasse mich auf der Stelle", entgegnete sie verstimmt, „du siehst, ich bin heute häßlich und werde immer häßlicher. Wenn du nicht gehst, bewaffne ich meine Dienerinnen mit Haarnadeln und lasse dich zur Tür hinausstechen."

„Wenn ich dir nun sage, daß in wenigen Tagen unsere Hochzeitsfeier stattfinden soll", erwiderte Nero, „was beginnst du jetzt mit mir?"

„Wie", rief Poppäa, „unsere Hochzeit? Redest du die Wahrheit?"

„Octavia ist bereits des Todes angeklagt, in wenigen Tagen wird das Urteil gefällt."

Und Nero teilte ihr die Ereignisse der vergangenen Nacht mit, worauf sich sofort ihre Laune verbesserte.

„Ich! Kaiserin Roms! Meine Nebenbuhlerin entehrt, gestürzt?" jubelte die Übermütige. „Oh, du bist mein Gott – komm, laß dich umarmen, mein Jupiter!"

„Nicht Jupiter", sagte Nero, indem er sich von der Stürmischen küssen ließ, „dein Herkules laß mich sein! Ich habe vor, nächstens im Zirkus einen (natürlich dressierten) Löwen vorm Volk zu erwürgen – also laß mich dein Herkules sein."

Nun erkundigte sich Poppäa vorsichtig nach Metellus, und als sie erfuhr, er sei entflohen, verbarg sie ihre Bestürzung, die sich indes steigerte, als Nero erklärte, man werde dem Entflohenen nachsetzen und ihn, da er gefährlich sei, unschädlich machen. Poppäa wurde hierauf auffallend still, sah zu Boden und nickte nur zuweilen mit dem Haupt, als der Kaiser ihr die Absicht weitläufig auseinandersetzte, er wolle künftig Rom Neropolis nennen, um seinen Namen unsterblich zu machen. Endlich wagte sie ihn zu unterbrechen, um in gezwungenem, gleichgültigem Ton zu fragen, ob es denn unbedingt nötig sei, daß Metellus sterben müsse, worauf der Kaiser sie befremdet ansah, ein „natürlich" hinwarf und dann in seinem begonnenen Gespräch fortfuhr. Als er sie endlich verlassen wollte, versuchte sie noch einmal auf Metellus zurückzukommen, indem sie lachend meinte, es sei schade um den hübschen Menschen, man solle ihm doch das Leben lassen. Nero wurde nachdenklich und begann seufzend mit einigen Worten die Nichtigkeit des Lebens, die Vergänglichkeit der Schönheit zu schildern, so daß Poppäa hoffte, er werde in dieser philosophischen Laune den Entflohenen begnadigen, plötzlich jedoch brach er ab und fragte sie, ob der Name „Neropolis" nicht sehr schön klänge, worauf er sich, als sie dies bejahte, entfernte.

Poppäa ließ sich von ihren Zofen mit der ganzen Umständlichkeit, die ihre Toilette erforderte, ankleiden, wobei ihr zu aller Verwunderung keine tadelnden Worte, wie sie sonst so häufig waren, entschlüpften. Zum erstenmal legte sie den Salben, Spiegeln und Schmuckgegenständen gegenüber eine gewisse Gleichgültigkeit an den Tag, selbst der Frisur ihrer „Bernsteinhaare" widmete sie diesmal nur verhältnismäßig geringe Aufmerksamkeit. Gegen

Mittag ließ sie sich in ihrer Sänfte zu Rufus tragen, den die Gunst des Kaisers bereits zum Legaten gemacht hatte. Die sehr reich ausgestattete Wohnung des Rufus befand sich in der Nähe des Forums, und als Poppäa die prächtigen, aber plumpen, unkünstlerischen Räume betrat, hatte sie nicht lange auf den Hausherrn zu warten. Rufus schien eher scheuer, finsterer geworden, sein Lächeln, mit dem er seinen Besuch zum Sitzen einlud, war leblos, frostig. Poppäa behandelte ihn nicht wie einen Emporkömmling, sondern wie einen vom alten Adel, lobte die Einrichtung der Zimmer, die indes von sehr wenig Geschmack, aber viel Geld zeugte, kam auf den Kaiser zu sprechen und erkundigte sich nach Esther, seiner Mutter, welcher Frage Rufus auswich. Sie sei krank, sei nicht zu sprechen, warf er hin und lenkte verwirrt das Gespräch auf seine Statue des Apollo, die in seiner Nähe stand.

„Zehntausend Denare hat sie mich gekostet", sagte er, „als ich sie von Griechenland herüberkommen ließ. Sieht man dem Marmor an, wieviel er kostet?"

Hiermit unterließ es der Soldat nicht, auf die kostspielige Nutzlosigkeit dieser Werke aufmerksam zu machen, und meinte, einer seiner gutgedrillten Rekruten könne, wenn man ihm die Sache mit dem Rebstock beibrächte, eine solche Statue umsonst herstellen. Poppäa wartete ungeduldig, bis er geendet hatte, und kam alsdann so plötzlich mit solch absichtlicher Entschiedenheit auf das Ereignis, dem Rufus all sein Glück, seine Höhe verdankte, daß der Krieger, Schlimmes ahnend, zusammenzuckte.

„Wer mag es wohl gewesen sein", flüsterte sie, „der den Kaiser ermorden wollte? Man sagt Octavia? Glaubst du hieran?"

Sie beobachtete die erschrockene Miene des Rufus, lauschte auf seine gestammelten Redensarten und überzeugte sich bald davon, daß sie den richtigen Punkt getroffen habe, um ihn sich dienstbar zu machen. Sogleich verließ sie dieses Thema, und ehe ihr Gegner sich noch erholt hatte, erzählte sie ohne vermittelnden Übergang lebhaft von dem entflohenen Metellus, so daß in der Brust des

Rufus sogleich der Verdacht entstehen mußte, er solle ihr einen wichtigen Dienst leisten, den sie dann ebenfalls mit einem Dienst – dem Schweigen über ein Geschehenes, Dunkles – belohnen werde. Sofort verbreitete sich über des Kriegers Züge ein verbindliches Lächeln. Sie ahnt alles, sagte er zu sich selbst, laut jedoch sagte er:

„Herrin, du weißt, daß du über mich zu befehlen hast – wir sind allein! Rede."

Poppäas Gesicht glühte.

Zwölftes Kapitel

Der Kaiser hatte sich einige Tage nach der erzählten Katastrophe in seine Gärten tragen lassen, woselbst er seinen Beifallsbezeigern den „Hohlziegelton“ beizubringen bemüht war. Der Hohlziegelton, der rhythmisch und fast dem Gesang ähnlich die Melodie unterbrechen mußte, war eine Art des Beifallklatschens, die dem Ohr des hohen Sängers, ihres schönen Taktes und der Schwierigkeit ihrer Ausübung wegen besonders wohl gefiel. So stand er denn heute auf einem Stuhl, während etwa tausend junge Burschen mit schön gekräuselten Haaren ihn umgaben, die Augen auf ihn gerichtet, die Hände zum Applaudieren erhoben. Von der Toga umwallt, den Lorbeer in dem rötlichen Gelock, fuhr er über die im Sonnenglanz blitzenden Saiten der Lyra, deren Töne die affektierten Gesichtszerrungen begleiteten, die ihm die Anstrengung des Singens abnötigte. Seine Stimme klang dumpf, die Adern seiner Stirn schwollen bedenklich an, sobald er seiner Kehle höhere Töne erpressen mußte. Der Beifall sollte immer genau in die Pausen seines Gesanges einfallen, was insofern schwer zu bewerkstelligen war, als meistens die zu früh geregten Hände den Schluß des Vortrages verdarben, so daß zu befürchten war, bei der Aufführung des Musikstückes werde dem Volk ein guter Teil der göttlichen Töne des Kaisers verloren gehen. Menekrates stand neben dem Stuhl und zählte den Takt. Eben hatte ein Triller den „Tod der Klytemnästra“ beendigt, als sich ein Sklave zu Menekrates heranschlich, ihm eine Nachricht ins Ohr zu flüstern. Der heutige Tag war zur Hinrichtung Octavias ausersehen worden, ihr Urteil war gefallen. In dieser Morgenstunde, die der Kaiser mit Gesangübungen hinbrachte, sollte die Kaiserin zum letztenmal das Licht der Sonne erblicken. Nero fragte den Sklaven, was es gäbe, und erfuhr: Andromachus habe sich geweigert, der Kaiserin die Adern zu öffnen, er sei Arzt, nicht um das Leben zu enden, sondern es zu erhalten, habe er entrüstet ausgerufen.

„Will mir dieses Weib auch noch im Tod unerträglich werden", entgegnete der Kaiser, „dann ruft einen Barbier oder einen anderen Heilkünstler", setzte er verdrießlich hinzu, „jetzt bitte ich aber, mich nicht weiter zu stören. Wenn ihr nur einigen Kunstsinn besäßet, würdet ihr meine Mußestunden nicht mit so peinlichen Gegenständen unterbrechen."

Trotzdem kostete es den hohen Sänger einige Überwindung, in dem Gesang fortzufahren, was indes kaum seine vertrautesten Freunde bemerkten. Mehrmals irrte sich sogar seine Hand in der Saite, und einmal sah er sinnend vor sich nieder, als beunruhigten ihn innere Vorstellungen.

„Ich habe heute nacht sehr schlecht geschlafen", flüsterte er während des Spiels dem Menekrates zu, „mir träumte, Octavia schleppe mich durch einen dunklen Gang bis an einen Abgrund. Ich sehe ein, daß ich heute nicht in der Stimmung bin zu singen. Ich will mich im Wettfahren üben."

Hierauf wurden die Beifallsbezeiger verabschiedet, und Nero, dessen Stirn sich noch nicht entwölkt hat, forderte seinen Hofnarren Vatinius auf, ihn zu erheitern. Als Vatinius vergebens nach Scherzen suchte, befahl ihm sein Herr, sogleich heitere Wendungen hören zu lassen, widrigenfalls ihm Prügel zuteil würde.

„Gibst du dich als Narr, so sei es auch zu jeder Stunde, sooft es mir beliebt, dich witzig zu finden", sagte Nero.

„Scherze will ich schon zum besten geben, Gebieter", sagte der geängstigte Narr, „jedoch das Lachen hängt von dir ab, über deine Lachmuskeln bin ich nicht Herr."

Und nun bewegte er sich in der billigsten Art des Komischen, in zweideutigen Redensarten. Niemand lachte indes über die unflätigen Witze des Verwachsenen, und eben wollte der Kaiser den bereitstehenden Wagen besteigen, als ein neuer Bote eintraf.

„Octavia bittet darum, daß ihr von Andromachus' Hand, von keinem anderen die Pulsadern geöffnet werden möchten", verkündigte er.

„Man bringe diese Nachricht dem Andromachus", entschied Nero. Dann wendete er sich zu Petronius.

„Wie geht sie dem Tod entgegen?" fragte er leise. Petronius zuckte die Achseln.

„Sie spricht kaum ein Wort", sagte er finster.

„Läßt sie keine Bemerkung über den Kaiser fallen?" fragte Nero. „Tadelnd, verwünschend?"

„Keineswegs", entgegnete Petronius.

„Das gefällt mir nicht", stieß Nero hervor, „sie soll mich hassen. Hätte sie mir doch geflucht. Warum flucht sie mir nicht?"

„Sie las im Plato, bis die Wachen eintraten, ihr das Todesurteil zu verkündigen", fuhr Petronius fort.

„Im Plato? Nun? Und dann?" fragte Nero weiter, indem er, seine Spannung nicht merken lassend, das Zaumwerk der Rosse prüfte.

„Dann legte sie das Buch weg und nickte mit dem Haupt, als sei sie mit dem Weisen einverstanden", erwiderte Petronius.

„Und sagte kein Wort des Hasses?"

„Nein!"

„Und zeigte nicht die geringste Todesfurcht?"

„Nein", entgegnete der Festordner nochmals, die Achseln zukkend.

„Sie trotzt mir bis ans Ende", murmelte der Kaiser.

„Ihre Wangen begannen zu glühen", fuhr Petronius fort, „sie atmete schwerer, und man sah die blauen Adern ihrer Schläfen pochen."

Hier flüsterte der Kaiser vor sich hin, lächelte ein tückisches, befriedigtes Lächeln, nahm aber sofort eine bedauernde Beifallsmiene an.

„Später trat sie auf den Altan und sah lange zur Sonne auf, bis sie die Augen schmerzten. Sie schien Abschied von der Welt zu nehmen, denn sie hob die Hand empor, als grüße sie den Himmel. Dann ließ sie sich Wasser reichen und begoß ihre Lieblingspflanzen, schaute nochmals auf den Garten hinaus und zog schweigend den Vorhang vor den Altan."

„Gift hätte die Sache beschleunigt", murmelte Nero, nach der Peitsche greifend, „was sagt das Volk?"

„Es verhält sich ruhig", entgegnete Petronius.

„Sorge dafür, daß man des Metellus habhaft wird", flüsterte er dann, den Wagen besteigend, „sein Tod ist notwendig, wie du leicht begreifst."

Petronius verabschiedete sich, und der Kaiser fuhr langsam seinem Zirkus entgegen, um sich im Wettfahren zu üben, das er leidenschaftlich liebte. Als er gegen Mittag müde und bestaubt im Palast ankam, überbrachte man ihm die Nachricht von dem Tod seiner Gemahlin, die er, ohne ein Wort zu entgegnen, hinnahm. Zu seinem Vertrauten Spikulus äußerte er später:

„Nun mag sie hingehen und mit ihrem Bruder kosen." –

Gegen Abend trafen sich Burrus und Andromachus in einer Halle des Palastes. Andromachus hatte Poppäa, eines leichten Unwohlseins wegen, besucht. Burrus, der die Nachtwachen stellte, wartete auf ihn. Beide schüttelten sich schweigend die Hände und schritten dem Garten zu, in dessen verschlungenen Wegen sie sich verloren. Es war eine stürmische, unruhige Nacht, die Bäume rauschten, Blätter jagten vorüber, Stämme ächzten, und der Mond verschwand oft hinter Wolken. Lange wurde kein Wort zwischen ihnen gewechselt, jeder wußte, mit was sich der andere innerlich beschäftigte, jeder achtete des anderen Kummer, bis endlich Burrus das Schweigen brach.

„Willst du mir nicht mitteilen, wie die Kaiserin starb?" fragte er.

„Ich!" entgegnete der Arzt mit rauher Stimme. „Warum ich?"

„Man sagt, du habest der Kaiserin die Adern geöffnet", versetzte der Gardehauptmann.

„So weißt du es?" sagte der Arzt peinlich berührt. „Das ist ein anderes, ich dachte, du wüßtest es nicht. O Burrus – es war eine furchtbare Stunde – sie bat mich darum."

Beide schwiegen hierauf.

„Nun ist dem Verderben Tür und Tor geöffnet", murmelte Burrus zähneknirschend, „da sie gefallen ist, wird sich der Tyrann alles und jedes erlauben. Der Wahnsinn sitzt auf dem Thron, und die Dummheit betet ihn an. Oh, eine vortreffliche Welt."

Der Arzt fuhr sich über die Stirn, während Burrus heiser vor sich hin lachte.

„Als ich in ihr Gemach trat", begann Andromachus unaufgefordert seine Erzählung, „sah ich sie, von ihren weinenden Zofen umgeben, auf einem Sessel neben dem Bett sitzen, das sie gerade verlassen hatte. Ihr Anzug zeigte besondere Sorgfalt, ihr Haar war kunstvoll geordnet und mit dem kaiserlichen Diadem geschmückt. Auf den Knien hielt sie ein Schmuckkästchen, aus dem sie Perlen, Ringe und Nadeln an ihre Frauen verteilte.

‚Mit Gold lohnt man zwar treue Dienste schlecht', sagte sie ruhig, ‚aber ihr wißt, dieses Gold soll nur eine Erinnerung an die Geberin sein. Nehmt es hin, und nehmt zugleich den höchsten Lohn, den ich geben kann, hin.' Hiermit ließ sie die Zofen der Reihe nach niederknien und küßte eine jede auf die Stirn, wobei sie einigen das heftige Weinen verwies, hinzufügend, sie selbst freue sich, die Welt verlassen zu dürfen, sei aber betrübt darüber, daß sie ihre guten Mädchen nicht mehr sehen könne.

‚Ihr Armen', fuhr sie dann fort, ‚ich hatte euch die Freiheit schenken wollen, doch dies ist mir verweigert worden. So müßt ihr denn geduldig im Joch ausharren, bis die Stunde kommt, die jetzt an mich herantritt und die eure Fesseln lösen wird. Habt Nachsicht mit mir, wenn ich nicht weiterrede und wie es Brauch ist, euer und meiner Henker Mitleid zu erregen versuche – das

Sprechen fällt mir schwer.' Du magst dir denken, Burrus, wie mir diese Worte ins Herz schnitten, ich wagte nicht, mich zu nähern, sondern blieb im Hintergrund des Gemaches stehen. Dann sah sie mit einem verschleierten Blick regungslos in die Ferne, als suche sie dort ein unbestimmtes, beglückendes Etwas."

„Die gute Herrin stirbt", sagte Meroë verwundert und betrachtete neugierig das stille Antlitz, aus dem die großen Augen fast gespenstisch schwarz hervorquollen. „An was mochte die Herrin denken, Burrus? Es war so ruhig, wie in einem Krankenzimmer. Die Zofen traten kaum hörbar auf und unterdrückten ihre Tränen. In der Ferne rieselte der Brunnen des Vorgemachs durch die Bäume. Die Kühle des schattigen Gemachs lud zum Schlafen ein, und der Tod, wenn er jetzt eintreten sollte, schien nur der stillere Bruder des Schlafs. Als ich näherkam, bemerkte sie mich, und ein befriedigtes, dankbares Lächeln glitt über ihre erschöpften Züge.

„Ich danke dir, daß du kommst", sagte sie, „nur von deiner Hand will ich sterben."

Ich seufzte tief auf.

„Du hast recht: Freunde sollten sich auch diesen Liebesdienst erweisen", entgegnete ich, „da es geschehen muß, soll kein Stümper meiner hohen Freundin Körper verletzen."

Wieder versank sie in jenes träumerische Schauen, und als ich fragte, an was sie denke, lispelte sie: „Oh, störe mich nicht! Ich sehe so viel Schönes. Auch liebe Worte höre ich. O Andromachus, es stirbt sich nicht schwer, wenn man liebt." Dann befahl ich den Dienerinnen im Nebengemach, ein warmes Bad zu bereiten, zog mein Kistchen unter der Toga hervor, öffnete es und wählte ein kleines, sehr scharf geschliffenes Instrument. Bei dem Anblick der blinkenden Messer schrieen mehrere Zofen auf. Octavia sah sich mit einem Blick tiefer Kränkung um, und ich winkte dem Soldaten, der die Zofen entfernte.

„Meroë bleibt", sagte Octavia, „komm, gib mir deine Hand, Gute."

„Oh, laß mich auch gehen“, bat Meroë seufzend, „ich kann das nicht sehen, Herrin, ich mag kein Blut sehen …“

„Willst du deine Herrin verlassen in dieser Stunde?“ entgegnete Octavia vorwurfsvoll, und die Sklavin setzte sich, beständig ächzend und das Gesicht abwendend, neben der Herrin nieder.

„Ist das Bad bereitet?“ fragte ich, um meinen sich verwirrenden Geistern eine Ablenkung zu geben. Der wachhabende Soldat bejahte, und ich fragte Octavia, ob ich beginnen solle.

„Nur noch ein Wort“, lispelte die jetzt von einem Schüttelfrost Ergriffene, der ansteckend auf meine Nerven wirkte, „hast du Nachricht von ihm?“

„Von Metellus?“ fragte ich.

„Ja“, sagte sie.

Ich schüttelte verneinend den Kopf.

„Wenn du mich liebst, Andromachus“, flüsterte sie, meine Hand an ihre Lippen drückend, „wenn du mir die Qual meiner letzten Stunde versüßen willst, so versprich mir, des Knaben Aufenthalt zu erkunden, für seine Zukunft Sorge zu tragen. O Andromachus! Ich habe ihn sehr geliebt!“ Sie ließ einen Augenblick hindurch ihren Tränen den Lauf, gewann es aber über sich, dieselben ebenso schnell, wie sie gekommen sind, wieder zu verbannen. Ich versprach ihr, um was sie bat, und sie drückte mir leise die Hand.“

„Es ist gut“, sagte sie mit mühsam hervorgeschnellten Worten – „ich – bin – bereit …“

Dann erbat sie sich noch einmal Platos Apologie, die auf dem Bett lag, überlas die Rede des Sokrates, die er nach seiner Verurteilung an seine Richter gehalten hat, legte das Buch weg und sagte nochmals: „Ich bin bereit.“

Hiermit hielt sie mir ihre schönen Arme entgegen, ich erfaßte die rechte Hand, indem ich das Instrument vom Tisch nahm, und nun rauschte es mir in den Ohren, und ich zitterte so heftig, daß ich mich gewaltsam fassen mußte. Ich glaube, ich stammelte noch etwas von Schmerzlosigkeit oder gab einen anderen Trost, an den ich nicht glaubte. Wir Ärzte müssen ja immer Trostgründe in Bereitschaft haben wie die Schiffskapitäne im Sturm. Meroë stand auf und krallte sich in der Herrin Kleid.

„Nicht, nicht“, stöhnte sie halb abgewandt.

„Meroë, hast du nur diesen Trost für mich?“ sagte die Kaiserin mit einer grabesdumpfen, hohlen Stimme, die mich durchschauerte. Dabei war ihr Gesicht farblos.

„Oh, nur nicht schreien, Herrin“, jammerte die Törin von Zofe, „das kann ich nicht hören, o schreie nur nicht“, worauf die Gebieterin eine Handbewegung machte, die bedeuten mochte, verlasse mich! Dreimal mußte ich das Messer ansetzen, ehe ich mich überwinden konnte, in die feinen blauen Adern zu schneiden. Octavia schüttelte beim drittenmal mißbilligend den Kopf und rief: „Pätus, es schmerzt nicht!“

Da schnitt ich, verzweiflungsvoll in Tränen ausbrechend, zu, aber das Blut wollte nicht fließen, es mochte sich krampfhaft nach dem inneren Körper zurückgezogen haben, denn angstvolle Stimmungen wirken in dieser Art zusammenziehend auf die Blutgefäße. Ihr Herz schlug wie im furchtbarsten Fieber. Kaum war ein Schnitt geschehen, als die alberne Meroë ein Geschrei erhob und davonlief. Mir wankten die Knie, ich sah nichts mehr, aber die Kaiserin versuchte zu sprechen und lächelte so gütig dabei, als wolle sie sagen, du bist unschuldig daran. Nochmals schnitt ich tiefer. Endlich brachte sie mit großer Anstrengung die Worte „Bad – das warme Bad“ heraus.

Ich rief nach den Dienerinnen, von denen aber keine den Mut hatte zu kommen, obgleich sie schrieen, als hätten sie und nicht die Herrin zu sterben, so daß ich mich entschließen mußte, die Halbohnmächtige in das Nebengemach zu schleppen. Ich wollte sie bewegen, sich zu entkleiden, was sie zurückwies und wobei einen Augenblick hindurch ihre fahlen Wangen in dunkler Röte erglommen. Das warme Wasser färbte sich, sobald sie in der Wanne saß, sogleich purpurrot, aber laß mich abbrechen – genug!

Ich hielt ihre beiden Hände und schüttelte sie unter dem Wasser, damit das Blut rascher ströme, und sie lächelte und nickte mir so lange dankbar zu, bis sie nicht mehr die Kraft hatte zu lächeln und zu nicken. Das Lächeln ihrer Züge wurde ausdrucksloser, ihr Auge verglaste, ihr Haupt hing über dem Rand der Wanne herab, so daß ihr schönes Haar den Boden berührte und ihr keuscher Busen sich nicht mehr hob. Ich mußte meine Hand gewaltsam aus ihren umklammernden, erkalteten Fingern lösen." Burrus hatte, noch ehe der Arzt geendigt hatte, sein Haupt in den Mantel gehüllt. Andromachus wollte den Schmerz des Freundes nicht stören und entfernte sich, in betrübter Seele erwägend, daß er sich hatte hinreißen lassen, die Sterbeszene ausführlich einem Mann zu schildern, der das Bild Octavias liebend im Herzen trug. Er wandte noch einmal den Blick und sah den Hauptmann noch immer stehen, um ihn her wirbelte die Nacht ihre Blätter, und der Mond warf einen hastigen, sofort wieder erlöschenden Strahl über das tuchbedeckte Gesicht, scharf die Falten abzeichnend. Als Burrus später, nachdem er lange im Garten auf und ab gewandelt war, dem Palast zuschritt, trat eine magere, langhaarige Gestalt aus dem Schatten einer Pinie auf ihn zu, in der er den von Seneca protegierten Poeten erkannte. Die Gestalt trocknete sich mit der zerlumpten Toga die Augen und schien im Übermaß des Grames kaum sicher auftreten zu können.

„O diese edle Gebieterin", jammerte der Langhaarige mit pathetischer Armbewegung, „daß sie so früh sterben mußte. Welch großen Charakter sie besaß, und welch edle Beschützerin der Künste sie war. Ach! Du weißt es, wie aufmerksam sie meinem Drama lauschte und wie sie mir Wein vorsetzte." Burrus machte, weiterschreitend, eine abwehrende, verächtliche Gebärde, aber der Langhaarige folgte ihm mit weiten Schritten wie sein Schatten, unaufhörlich von Lobsprüchen überfließend.

„Die Kunst geht zugrunde, seit sie nicht mehr ist", wimmerte er. „Brot und Wein wird nicht mehr verteilt unter die Dichter, sie leiden Hunger und Frost und werden auf Soldatenmänteln nachts in den Straßen geprellt. O wie sehr leiden sie Hunger."

Burrus, am Palasteingang angekommen, wollte eintreten, als der Poet eine letzte Anstrengung machte, zu seinem Ziel zu kommen.

„Ich habe", sagte er, den Krieger am Mantel fassend, „einen Lobhymnus verfaßt auf die edle Octavia – sieh her", er entrollte das Blatt, „223 Jamben bei schmierigem Öllicht in der Dachkammer gedichtet, während meine ganze Nahrung aus einer Zwiebel bestand – das Volk sagt, sie sei ihrem Gatten untreu geworden, ich habe in meinem Poem ihre Keuschheit besungen." Burrus hatte gute Lust, dem Zudringlichen einen Schlag auf den hungernden Mund zu versetzen, beherrschte jedoch seinen Groll.

„Die Toten bedürfen der Poeten noch weniger wie die Lebendigen", sagte er, „nimm dies und mache dich fort." Hiermit verabreichte er ihm einen Denaren, den der Poet eilfertig einsteckte, während er sich hinterrücks unter Verbeugungen entfernte.

„Aber mein Hymnus", rief er noch, das Blatt emporhaltend. „Er wird so abgefaßt sein, daß er auch auf einen anderen Todesfall paßt", sagte der Hauptmann, „du kannst ihn ja der berühmten Giftmischerin Locusta auf den Scheiterhaufen legen." Als Burrus sich in den Palast begeben hatte, kündigte ihm das Jammern der Dienerinnen das Zimmer an, in dem die Leiche Octavias stand. Als er, durch die Vorgemächer eilend, in dem Gemach ankam, fand er Meroë vor einer Bahre liegen, auf der kein Leichnam zu sehen war. Er wendete sich fragend an eine andere Zofe. „Man hat die Leiche weggetragen", lautete deren Antwort. Die Gegenstände, die umherlagen, Spiegel, Kränze, Kleidungsstücke, machten, von einem trüben Öllicht beleuchtet, den Eindruck, als sei die Bewohnerin des Zimmers soeben abgereist, nur die Bahre deutete an, wohin die Reise gegangen war. Das Öllicht schickte rauchende Kreise zur Decke, und sein matter Schein spielte in dem blutgefärbten, schwachdampfenden Wasser einer Wanne. Der Fußboden war befleckt und zeigte nasse Spuren nackter Zehen.

Burrus entfernte sich und gewahrte im anstoßenden Gemach eine von Octavias Frauen, die sich von einem jungen Palastbeamten das Kinn streichen ließ.

„Früher hast du nichts von mir wissen wollen", flüsterte die Magd.

„Was? Dieses Armband hat sie dir geschenkt", sagte der Beamte zärtlich, „gib mir es, und du sollst keinen treueren Liebhaber finden als mich, deinen Fabius."

„Geh doch! Sie ist kaum tot, und nun redest du so", schmollte die Zofe.

„Ei was! Tot ist tot", lachte der Beamte, „her damit!" Und er entriß der Zofe das Armband, indem er sie küßte und an sich drückte, was sie sich auch nach kurzem Sträuben gefallen ließ.

Dreizehntes Kapitel

In der Nähe von Bajä, da, wo die Straße von Rom kommt, lag dicht an dem Ufer des Golfs eine Villa, deren weiße Mauern über die mondbeglänzte Wasserfläche hinüberschauten auf die schwellenden Hügel des anderen Ufers. Die Nacht war bereits weit vorgerückt, kein Boot mit fröhlichen Insassen belebte mehr die ruhigen Wogen, die den klaren Mond freundlich mit ihren vom Nachtwind kaum bewegten Kämmen spielen ließen. Eine breite Goldstraße floß von der stillen Lichtscheibe des Mondes herab über die Wasserebene bis an die säulenumgebene, rebenumlaubte Terrasse der Villa, auf der sich Rufus und Lukretia umschlungen hielten. Rufus, dem der Kaiser diese Villa zum Geschenk gemacht hatte, blickte indes finster drein und beobachtete die scheuen Zärtlichkeitsbeweise seiner Geliebten wenig oder gar nicht. Auf die Frage, was er sinne, gab er keine Antwort. Dachte er vielleicht an die, der er seine Höhe und sein Glück zu verdanken hatte! Und beunruhigte ihn der Gedanke, daß es noch immer lebe, jenes Weib, das verhüllt, mit der Giftflasche in der Hand, damals an den Becher des Kaisers herangeschlüpft war? Hatte er die Nichtigkeit irdischer Größe, nach der er so lange gestrebt hatte, durchschaut? Dachte er an das Wort jenes Winkelastrologen, den er einst um die Zukunft befragte, und das gelautet hatte: Hüte dich vor dem Weib! Wir wissen es nicht, wir sehen nur, daß der Reichtum, der ihn umgibt, die hohe Stellung, die er bekleidet, ihn nicht heiter, nicht zugänglicher gemacht hat. Für die Reize dieser Mondnacht hat er keinen Sinn, er starrt in die blaue Dämmerung hinaus wie in ein Gefängnis, jeder Windhauch schreckt ihn wie Kettengerassel, jedes Anschlagen der Wellen schreckt ihn wie die Stimme von Verrätern. Lukretia, das Haupt an seine Brust gelehnt, gibt sich indes ihrem zweifelhaften Glück hin, dem Glück, die Geliebte dieses rauhen, finsteren Menschen zu sein. Sie denkt an die Eltern, die in Rom weilen, auf deren Gebot sie den Christenglauben abgeschworen hat, auf deren Gebot sie ihrem Retter die Hand gereicht hat. Dankbarkeit kettet sie an dieses Herz, aber selbst diese Dankbarkeit ist allmählich einem Gefühl von Furcht gewichen. Sie hat ihm gegenüber keinen Willen, sie ist ein zitternder Hauch, den sein Mund gestalten kann, wie er will. So schmeichelt sie ihm, dient sie ihm, ist ihm ergeben, mehr aus bangem Pflichtgefühl denn aus Dankbarkeit. Seit jener Stunde, da sie unter der Tatze des Löwen lag, ist ihre Charakterfestigkeit gebrochen, die Schauer jener Stunde beklemmen ihr noch immer das Herz. Als Rufus die Kranke damals besuchte, machte er einen günstigen Eindruck auf sie, sein entschiedenes Wesen imponierte ihr, dem Wunsch ihrer Eltern wagte sie sich nicht zu widersetzen. Nun aber, seit Rufus sich zu den Günstlingen des Kaisers rechnen darf, versteht sie ihn nicht mehr.

In die blaue Mondnacht hinausschauend, wagt sie ein Lied leise vor sich hin zu singen. Rufus fragt sie barsch, was das zu bedeuten habe, und sie schweigt …

„Ich will eine Ampel anzünden“, sagt sie schüchtern.

„Warum? Der Mond scheint hell genug“, fährt er sie an. Sie unterdrückt ein Gähnen, und er fragt, ob sie denn immer schlafen müsse in seiner Gegenwart, und da ihr hierauf die Augen übergehen, sieht er sie so starr an, daß sie ihre Tränen ängstlich hinunterschluckt. Doch diese Angst scheint sein Herz zu rühren. Er küßt sie und sagt: „Sei mir nicht böse, Lukretia! Du weißt, ich rede anders, als ich denke.“ Und dieses Wort verfehlte seine Wirkung auf das bange Weibergemüt nicht. Sie umschlingt ihn mit ihren weißen Armen, und er läßt sich seit langer Zeit wieder einmal herab, zärtlich zu sein.

„Oh, wie schön die Nacht an deiner Seite ist", flüstert sie, und es ist ihr, als liebe sie den finsteren Mann. Und er hat wirklich einen Augenblick der Hingabe.

Plötzlich unterbricht entfernter Waffenlärm die Stille der Nacht, rötlicher Fackelschein färbt die Büsche des Gartens, und Rufus schreckt empor.

„Was hast du? Warum erbleichst du?" fragt Lukretia besorgt. „Dir ist nicht wohl?"

„Stille", gebietet er, „man kommt."

Ein Sklave tritt aus dem Tor auf die Terrasse und meldet: „Bewaffnete sind im Garten erschienen, und ihr Anführer begehrt, den Herrn der Villa zu sprechen."

Rufus' Knie zittern, aber er faßt sich und sagt: „Führe sie vor mich."

„Dir ist ernstlich unwohl, Geliebter", ruft Lukretia und umschlingt, während er sich ermattet niedersetzt, seine wankenden Knie.

„Unsinn", murmelt er und stößt die schmeichelnde Hand seines Weibes barsch zurück. Die Bewaffneten treten ein, indem sie die Glut ihrer Fackeln auf dem Fußboden zerstoßen.

„Was wünscht ihr von mir?" fragt Rufus, sich gewaltsam fassend.

„Du hast einen jungen Menschen mit Namen Metellus in deiner Villa beherbergt", sagt der Anführer, „ist dem so?"

„Dem ist so", entgegnet Rufus erleichtert aufatmend.

„Gut, dieser Mensch ist – was du nicht wissen konntest – ein Staatsverräter, wir sind ausgesandt, ihn auf Befehl des Kaisers zu töten."

„Fern von mir sei es, einen Verräter zu beherbergen", stößt Rufus hervor, „betrachtet diese Villa als die eure, tut, was eures Amtes."

„Ich wußte, daß du ein Freund des Kaisers bist, wo hält sich der dem Gesetz Verfallene auf?"

„Laßt euch von einem meiner Sklaven das Gemach zeigen, es liegt hier nach der Seeseite, rechts von dieser Terrasse."

„Wohl."

Die Bewaffneten entfernten sich, ihre Waffen drückten sie fest an die Brust, um Lärm zu vermeiden. Rufus sann vor sich nieder.

„Poppäa Sabina würde mir es danken, rettete ich ihn", murmelte er, „soll ich den alten Kato rasch hinaufschicken? Wenn er den Liktoren zuvorkäme, könnte er noch entfliehen."

„Welches Werk bereitet man?" fragte Lukretia furchtsam. „Gilt es dem jungen Mann, den du in dein Haus aufnahmst, da er um Schutz bat?"

Rufus geht, wie von einem edlen Entschluß getrieben, nach dem Eingang der Villa, bleibt unschlüssig stehen, geht weiter und schreitet dann langsam zurück, als ihm die weiße Marmorbüste Neros, die neben dem Eingang steht, in die Augen fällt.

„Ich bin ein Freund des Kaisers", murmelte er dumpf vor sich hin und lauscht in die Nacht hinaus, ob die Häscher ihr Werk begonnen haben, ob sie es vollendet haben.

Während sich diese Szene im unteren Teil des Hauses abspielte, saß droben unter Rebengewinden auf dem platten Dach Metellus vor einem Tisch mit Lesen beschäftigt. Neben seinem Stuhl lag Stephanos am Boden und schlief, noch die Rohrflöte im halboffenen Mund, auf der er gespielt hatte.

„Wie wohl diese Stille, diese Ruhe tut", flüsterte der Jüngling, „nach den Tagen der Aufregung! Wie wohl." Er ließ das Haupt träumerisch sinken und schloß die Augen. Der kühle Wind, der von dem mondbeglänzten Wasser herüberhauchte, spielte in seinen Haaren und trug mit den Düften der fernen Blumenhügel ihm Bilder halbverblichener Erinnerungen zu. Seine Leidenschaft war durch die Aufregung der Flucht eine Zeitlang aus seinem Herzen verdrängt worden, die Liebe zum Leben, in seinem Alter so mächtig, war in ihm erwacht, und obgleich er sich beschämt eingestand, die Liebe jener hohen Frau habe die seinige weit an Kraft und Dauer übertroffen, fühlte er sich doch innerlich zufriedener, ruhiger. Reizend, beglückend mochte seine Liebe einem Weib dünken, aber es war von seiner Seite mehr ein anmutiges, süßes Naturbedürfnis, wenn er küßte. Leicht gelang es ihm, die schönen Fesseln wieder abzustreifen, die ihm ins Fleisch schnitten, und doch konnte man diesem köstlichen Leichtsinn nicht zürnen. Vielleicht war seine Freundschaft zu Stephanos weit inniger gewesen als je seine Liebe.

„Oh, du mußt erfahren, ob sie noch lebt", hauchte ihm der Traum in die Ohren, „und ob du sie retten kannst. Gewiß, du wirst es können! Welche Süßigkeit ruht in dem Bewußtsein, geliebt zu werden, selbst wenn der Gegenstand der Liebe fern ist und niemals ein beseligender Besitz werden kann. Aber besser wäre es dennoch gewesen, du hättest dir an der Freundschaft genügen lassen und hättest nie die glühende, blutsaugende Göttin kennengelernt. O wie sanft ruht sich's im Arm der Freundschaft, wie tückisch, wie unheimlich ist die Gewalt der Liebe!" – So tändelte der Traum mit seinen Gedanken, und plötzlich schien es ihm, als würde das Licht der Ampel, die vor ihm stand, trüber, blauer, ein Dunst quoll auf, die Luft über der blauen Flamme schwoll gestaltenhaft an, es bildete sich ein strahlender Rahmen und in diesem Rahmen – war es Täuschung, war es Wirklichkeit ... Er fuhr mit einem Seufzer empor und sah sich verschlafen um, und nun überdrang ihn ein namenloses Angstgefühl.

„Stephanos!" rief er keuchend. „Stephanos!" –

„Herr ..." stammelte dieser, sich die Augen reibend.

„Sahst du nichts?" fragte er bebend, die Augen wie im Fieber rollend.

„Ein weißes Roß mit Flügeln sah ich im Traum", sagte der Knabe, „das flog gen Himmel – es klang süß, ach! Nun ist es vorbei!"

„Nein! Ich meine ... sahst du – kein Weib?"

„Ein Weib ...?"

„Hier über der Flamme, ihr Blick so öd, so gläsern – ihre Adern waren am Gelenk aufgeschnitten – Blut umströmte ihren Leib" –

„O Herr, du träumst, du rasest!"

„Ach! Stephanos! Gewiß! Sie ist tot!" stammelte er jammernd und drückte, in Tränen ausbrechend, den Knaben an seine Brust.

„O weine nicht", sagte mitleidig der Knabe, „ich will dir vorspielen, Herr, dann wirst du wieder fröhlich."

„Sie ist tot, und ich lebe", kam es seufzend aus seinem Mund, den er in den Locken Stephanos' vergrub.

„Weine nicht, und zeige mir den Stern, der über Griechenland steht", tröstete der Sklave, des Herrn Wangen streichelnd, „warum bereitest du dir Schmerz! Du hast mir versprochen, mit mir nach Griechenland zu ziehen, komm', laß uns aufbrechen! Sogleich!"

Metellus gab keine Antwort, sondern weinte lange vor sich hin, bis er sich endlich die Augen wischte und, krampfhaft mit der Unterlippe zitternd, des Knaben Locken streichelte.

„Horch, man kommt!" sagte der Knabe. „Ich höre Schritte auf der Treppe und Stimmen."

„Nun bist du mein einziger Trost, Stephanos", sagte Metellus mit gebrochener Stimme, „sei gut und lieb gegen mich, willst du?"

Stephanos wollte entgegnen, als Waffengerassel ihn unterbrach. Gleich darauf tauchte in den Falten des Türvorhangs ein Helm auf, unter dessen Metall ein hartes, blasses Gesicht hervorstarrte.

„Bist du es, Rufus?" rief Metellus, die Lampe ergreifend, da es ihm bei dieser schwachen Beleuchtung nicht möglich war zu erkennen. Der Vorhang teilte sich, ein Zenturio trat auf das Dach heraus, grüßte unterwürfig und sagte zu dem bestürzten Jüngling:

„Ich komme von Rom", dann nähertretend, flüsterte er, die Hand vor den Mund haltend, „Octavia sendet mich zu dir!"

„Octavia?" rief der Jüngling freudig erschrocken. „So lebt sie noch?"

„Sie lebt noch", entgegnete der Hauptmann, den Kopf senkend.

„So täuschte mich mein Traumgebilde! Aber rede! Was hast du mir von ihr mitzuteilen, rasch!“ fragte der Erregte.

„Er ist's“, brummte der Hauptmann in den Bart und fuhr dann fort:

„Sie lebt nicht nur, sie befindet sich in deiner Nähe!“

„In meiner Nähe? O ihr Götter!“

„Mir wurde befohlen, dich heimlich zu ihr zu führen.“

„Oh, so befindet sie sich auf der Flucht?“

„Du sagst es, auf der Flucht!“

Der Hauptmann lud, alle weiteren an ihn gestellten Fragen ablehnend, den Arglosen ein, ihm zu folgen, das übrige werde sich ihm aufklären, sobald sie das andere Ufer des Golfs erreicht hätten, er habe strengen Befehl zu schweigen.

„Gehe nicht ohne mich, Herr“, bat Stephanos, doch sein Herr hörte nicht auf ihn, sondern stürmte, wie von einem Schwindel ergriffen, die Treppe hinab in den Garten. Sie lebt noch, das war der einzige Gedanke, der wie ein leuchtender Gott vor seiner Seele schwebte.

„Du mußt wissen, Herr“, sagte der Hauptmann, als beide hinausgetreten waren in die Mondnacht, „du mußt wissen, Octavia weilt am entgegengesetzten Ufer des Golfs. Dort im Ufergestrüpp liegt ein kleines Boot, ich rudere dich schleunigst hinüber. Länger als bis zum Sonnenaufgang dürft ihr nicht zusammenbleiben.“

„Schon gut“, sagte Metellus, ganz in sich selbst verloren, neben dem Hauptmann hinschreitend. Er bemerkte kaum, wie sie sich dem umbuschten Ufer näherten, wie der Hauptmann den Kahn loslöste und wie ein zweiter Bewaffneter im Augenblick, da sie vom Ufer abstoßen wollten, aus dem Gebüsch tretend, behutsam in den Kahn sprang. Man hätte ihn verwunden dürfen, er würde es in diesem Augenblick kaum empfunden haben, sein Geist war von der Erwartung des Wiedersehens wie umschleiert.

„Es geht gut, Julius“, lachte der zweite Bewaffnete hämisch, dem ersten einen Stoß in die Hüften versetzend.

„Auf mich kann sich der Kaiser verlassen", gab der andere zurück, „was ich unternehme, gelingt, aber dieses verfluchte Ruder ist zerbrochen. So stoße doch einmal kräftig das Boot von jenem Stein ab, damit wir hinauskommen."

Der andere vollzog den Befehl und sagte: „Nur keine Übereilung. Wer in die Unterwelt zu reisen gedenkt, darf sich getrost Zeit nehmen."

„Jetzt schwatze nicht, und rudere zu", befahl der mit „Julius" Angeredete. „Schwatzen ist jeder Arbeit Würze", plauderte sein Gefährte, die Ruder einsetzend. Den Mond hielt ein leichter Silberflor umzogen, ein kühler Wind strich über die Wellen, der kleine Kahn schob sich unter den Ruderschlägen ruckweise in die funkenübersäte Ebene hinaus, kein Hauch, kein Ton verkündete in der Natur das Zukünftige, sie lag wie ein unschuldig schlafendes Kind. Metellus sah fröstelnd in die mondbeglänzten Wellen, das Zwiegespräch der beiden überhörend. Dort über der silberschauernden Wasserfläche, wo sich der sanfte Hügel erhob, dort schimmerte eine kleine Villa. War sie das Ziel der Fahrt? – „Kannst du mir berichten, auf welche Art Octavia ihren Feinden entging?" fragte Metellus.

„Leider nicht, Herr", sagte der Ruderer, „ich war nicht dabei. Aber ich denke, Andromachus hat sie tüchtig in die Kur genommen, und du weißt, wenn einen so ein Arzt in Behandlung hat, ist man bald von allen Leiden befreit."

„Ihr seid aus dem Gefolge der Kaiserin?"

„Ja, Herr."

„Nicht wahr, dort in jener Villa übernachtet sie", fuhr Metellus, der seine Erregung nicht länger beherrschen konnte, fort.

„Sie übernachtet", lachte der Ruderer, „sie ist gut aufgehoben, beim Zeus! Übernachtet, ist gut!"

„Sei still, Markus", gebot der andere.

„Du wirst bald mit ihr verkehren, Herr", fuhr der Unverschämte weiter fort. Metellus beschäftigte sich von neuem mit seinen

Gedanken, sein Herz schlug hoch auf, ein beklemmender Seufzer der Seligkeit entrang sich seiner sehnenden Brust.

„Und ich liebe sie doch", rief es in ihm, „ich fühle es an der Glut meiner Wangen! Sie ist mir wie eine liebende, sorgende Schwester! An ihrer Seite werde ich rein und edel leben, nichts Trübes, Störendes darf mir nahen."

„Wohin beabsichtigt sie zu fliehen!" fragte er dann noch einmal.

„Wohin", grinste Markus, „genau dahin, wo du hin willst!"

„Nach Ägypten vielleicht!"

„Noch etwas weiter."

„Nach Äthiopien?"

„Gedulde dich nur, du wirst früher dort sein, als dir lieb ist."

Metellus malte sich bereits die Freude einer gemeinschaftlichen Reise aus, als ihm auffiel, daß der Ruderer dem Zenturio leise ein fragendes „Hier?" zurief. Der Zenturio brummte: „Noch nicht! Weiter!" Und der andere setzte die Ruder von neuem ein. Nun waren sie etwa hundert Schritte vom Ufer entfernt, näher schon erglänzte die Villa. Metellus hielt es nicht länger am Boden des Kahns, er stand auf und trank durstig die kühle, um seine Stirn flatternde Seeluft. Da fiel ihm schmerzlich auf die Seele, daß er seinen Knaben in der Verwirrung des Momentes ganz vergessen hatte. Der arme, verlassene Knabe! Wenn er mit Octavia Italien verließ, wo sollte der Kleine einen Schutz finden, der ihm bereits inniger als ein Bruder ans Herz gewachsen war? „O Stephanos! Komme!" murmelte er und wollte sich umdrehen, dem Zenturio zu sagen, man möge noch einmal an das Ufer zurückrudern, doch zu seinem Erstaunen stand der Zenturio dicht hinter ihm.

„Rudert doch …" Mehr brachte der Verratene nicht hervor, ein Stoß, den er in den Rücken erhielt, raubte ihm die Sprache, brachte ihn derart aus dem Gleichgewicht, daß er sich nur durch rasches Umklammern der Kahnbrüstung vor dem Überbordfallen retten konnte.

„Welche Ungeschicklichkeit“, stotterte er taumelnd, „nehmt euch doch in acht.“

„In acht? Er glaubt, es sei ein Versehen“, lachte der Ruderer, „Zeus steh mir bei! Der ist schwerhörig.“

„Was habt ihr? Was wollt ihr von mir?“ stammelte der Betrogene, und nun erst, da man seine die Kahnbrüstung umklammernden Finger gewaltsam loszulösen versuchte, wurde es licht in des Verlassenen Hirn.

„Das ist eure Absicht, ihr wollt mich töten?“ knirschte er und rang verzweiflungsvoll mit dem Zenturio, der ihn vergebens über Bord zu drängen versuchte.

„Ich bin verraten“, scholl es weit über die stille Wasserfläche, „Hilfe, Hilfe!“

„Halte ihm den Mund zu“, keuchte der Hauptmann, „hilf mir, ihn hinauszustoßen.“

Nun faßte der andere das Opfer an den Füßen. Metellus schlug wütend um sich, er sah wie durch einen blutroten Schleier die Wasserfläche so still, so heuchlerisch vor sich schimmern, die ungeheure Anspannung seiner Nerven rief das Phänomen in ihm hervor, als kreisten die Ufer, der Mond wie von wahnsinniger Faust geschwungen um seine Augen, er fühlte ihn herannahen, den kalten, einsamen Tod im stillen Wasser. Und die Liebe zum Leben erwachte mit einer erschreckenden, stürmischen Gewalt in seiner Brust! Atemholen dünkte ihm so süß, alle Leiden des Lebens schienen ihm so unbedeutend im Vergleich mit der unheimlichen, ungewissen Leere des Todes. Und immer näher beugte die rohe Faust des Kriegers sein blutüberströmtes, widerstrebendes Haupt zu der Wasserfläche hinab. Die Todesangst erdrückte seinen Geist. Wie ein stürzender Berg den Schmetterling zerquetscht, lag sie über ihm. Ja, er wurde schwach, kleinlich – er faltete, so gut es in seiner Lage gehen wollte, die Hände und bat wimmernd um sein Leben, um dieses Leben, das er so oft verachtete. Noch mehr! Die Todesangst machte ihn verächtlich, machte ihn zum Lügner, und ohne sich zu schämen, log er!

„Ich habe Octavia nicht geliebt", jammerte er, „ich hasse sie, ich will sie nie mehr sehen. Ich schwöre es euch zu, nie mehr will ich sie sehen." Er stockte, die Unwahrheit seiner Worte schnitt ihm durchs Herz, aber wie von einer unsichtbaren Meute gehetzt, fuhr er fort, ohne sich zu besinnen: „Bringt mich ans Ufer, ich fliehe in ein fernes Land, und nie mehr soll der Kaiser von mir hören, ihr dürft ihm getrost sagen, ihr habt euer Henkeramt vollzogen."

Die Henker ließen ihn los und besprachen sich leise, während ihr Opfer mit irrem Blick am Boden kauerte.

„Er ist ein hübscher Bursche", sagte der Hauptmann, „wir sollen ihn leben lassen."

Der andere widersetzte sich indes.

„Was, weil er hübsch ist, willst du ihn leben lassen? Andere Leute sind auch hübsch und müssen auch sterben."

„Gut denn!" fuhr der Hauptmann fort. „Ich nehme es auf mich." Dann wendete er sich zu dem Knienden, dessen Atemzüge jagten.

„Springe ins Wasser!" sagte er. „Versuche, das Ufer zu erreichen. Du kannst doch schwimmen?"

„Ja", hauchte der Ermattete.

„Also fort von hier!" rief der Soldat, ihn mit dem Fuß berührend.

„Wie sagst du'" fragte der Sinnbetörte noch einmal.

„Du sollst machen, daß du fortkommst", rief der Soldat, dann sich zu Markus wendend, lachte er:

„Wenn er das Ufer erreicht, ist er uns entwischt, erreicht er es nicht, desto besser."

Metellus atmete tief auf.

„Dank, ihr Götter", kam es aus seiner keuchenden Brust, dann schwang er sich über Bord, daß die Flut aufspritzte, und zerteilte zitternd die kalten Wellen, während ihm die beiden nachsahen. Lange verfolgten sie den weißschimmernden Punkt in den schwarzen Wogen, den weißen Nacken eines halb Rasenden, der alle seine Kraft aufbot, das Ufer zu erreichen.

„Er erreicht das Ufer nicht", sagte Markus.

„Er ist kräftig", sagte der andere, „er erreicht es."

Der Wind hatte sich erhoben. Die Wogen gingen höher, sie ruderten hinter dem Schwimmenden drein, und plötzlich bemerkten sie, wie er sich umwandte. „Helft mir!" kam es matt über seine Lippen.

„Nur zu", rief der Hauptmann, „noch ein paar Stöße, und das Ufer ist dein." Metellus' Kraft war gebrochen, er fühlte eine Nervenerschlaffung herannahen, gegen die zu kämpfen unmöglich war. Die Todesangst hatte seine Muskeln zu gewaltsam durchschauert. Die Frische des Wassers benahm ihm den Atem. Um sich zu zerstreuen, zählte er von eins bis hundert und lispelte manchmal „Stephanos, hilf mir" oder „Octavia, wo weilst du" vor sich hin. Die Augen starr auf ein dunkles Gebüsch des Ufers gerichtet, strengte er die Arme an, aber schon verschwand ihm die Außenwelt. Er mußte Wasser schlucken und spie es wieder von sich. Dann war es ihm, als dröhne unaufhörlich eine Stimme in sein Ohr „Ich will nicht sterben", aber eine andere Stimme antwortete mit frostigem Lachen: „Du mußt."

Immer langsamer wurden die Bewegungen des Schwimmenden, immer träger, noch einmal wehte ein halberesticktes „Helft mir!" über das Wasser, dann sank der weiße Körper. Grünlich glänzte der Nacken unter der Flut, ein gurgelnder Ton, einige Luftblasen, und die Wasserebene schaukelte sich wie zuvor friedlich im klaren, lächelnden Mondschein.

Ende